AF251254

CPSIA information can be obtained at www.ICGtesting.com
Printed in the USA
BVIW120758310520
580417BV00022B/27

تهران

نویـسنده و تصویرگر:
پویا افشار

۱۳۹۷

تهران | نویسنده و تصویرگر: پویا افشار

© By Pouya Afshar 2019 | ISBN: 978-1-949743-07-4

برای ندا

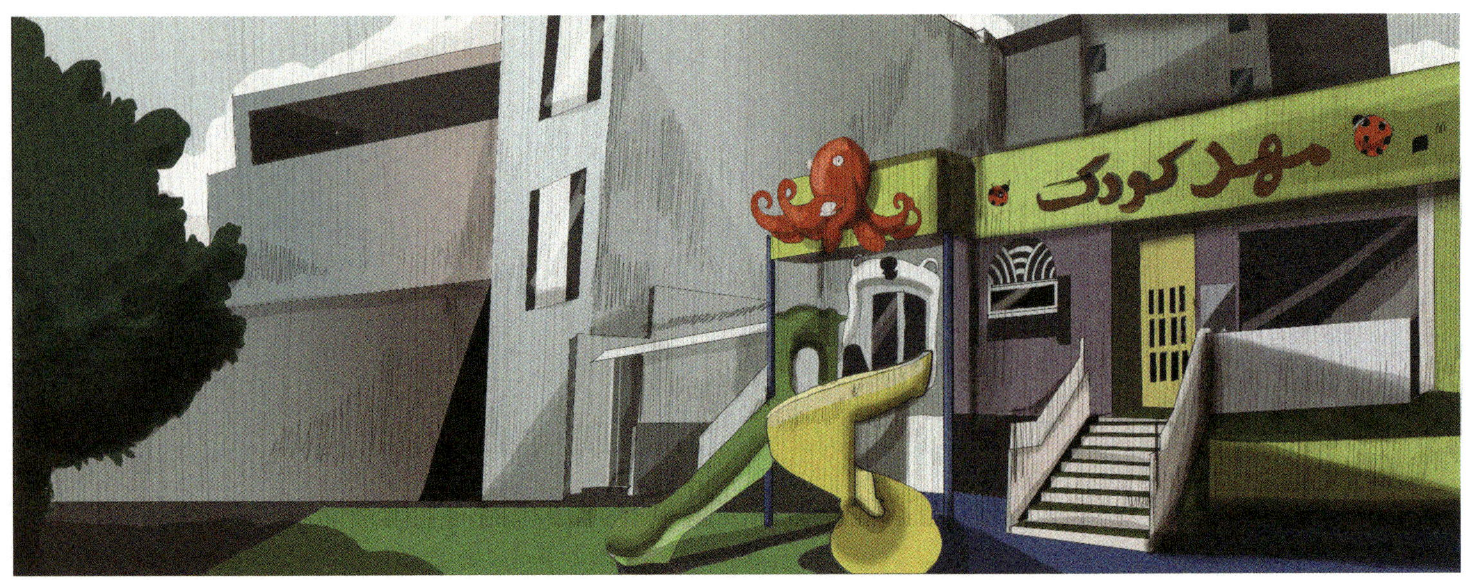

مهد کودک

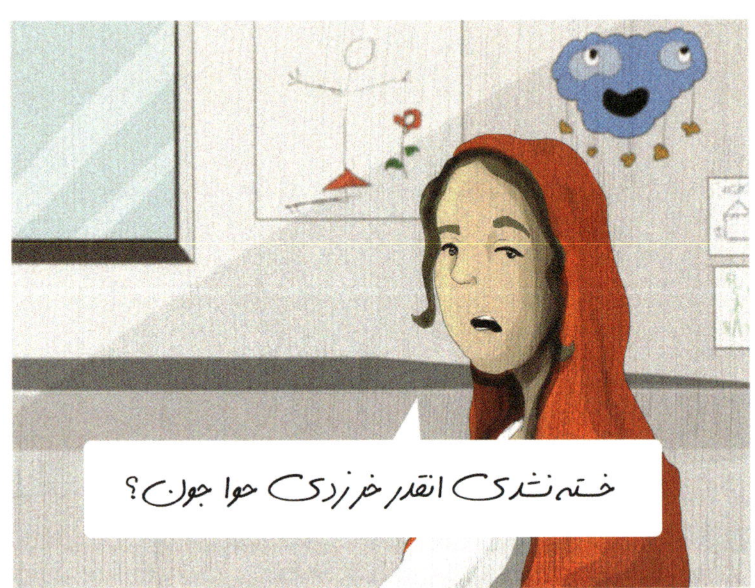

خسته نشدی انقدر خرزدی حوا جون؟

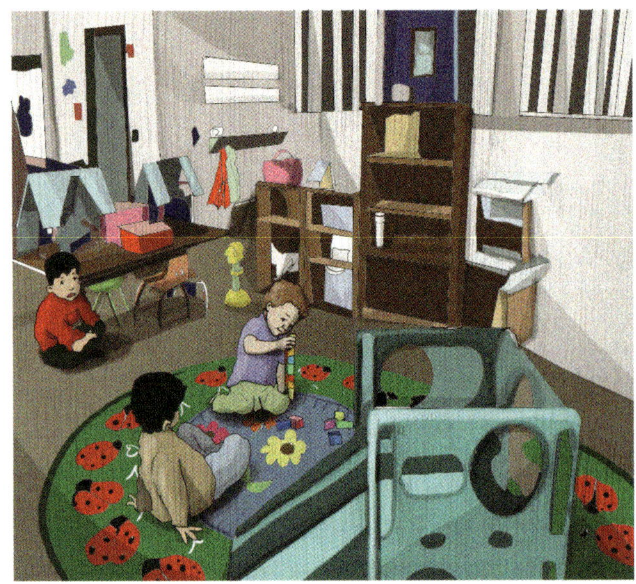

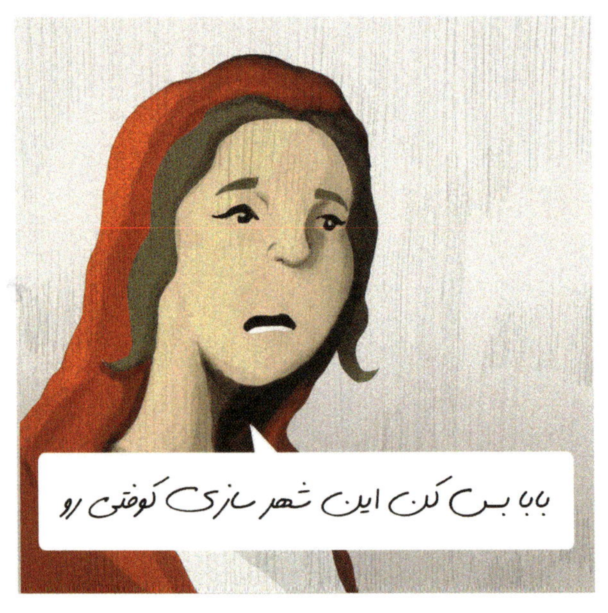

بابا بس کن این شهرسازی کوفتی رو

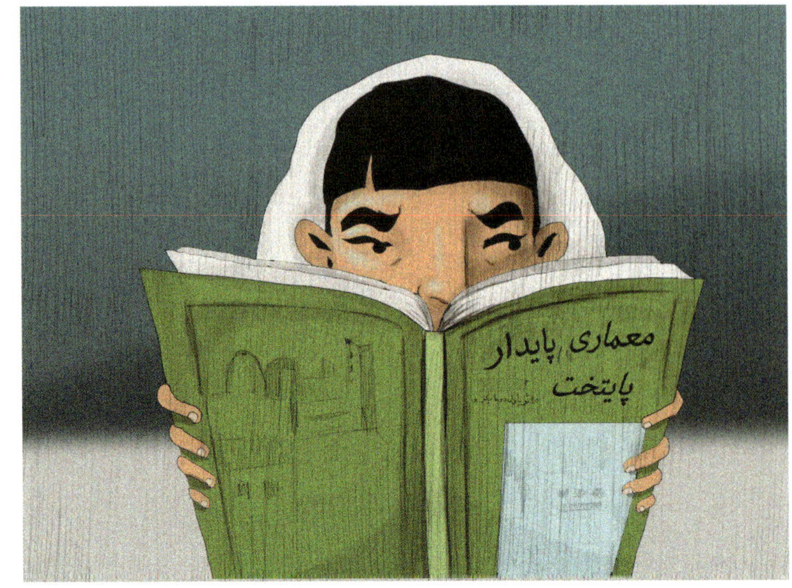

معماری پایدار
پایتخت

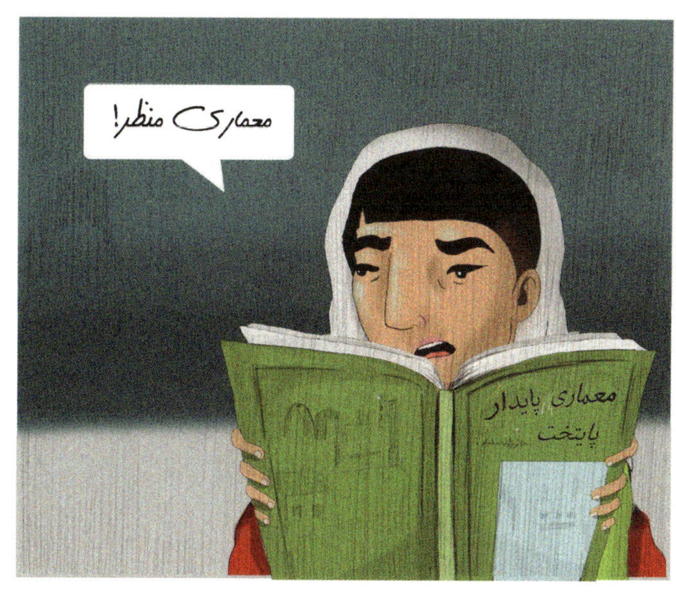

معماری منظر!

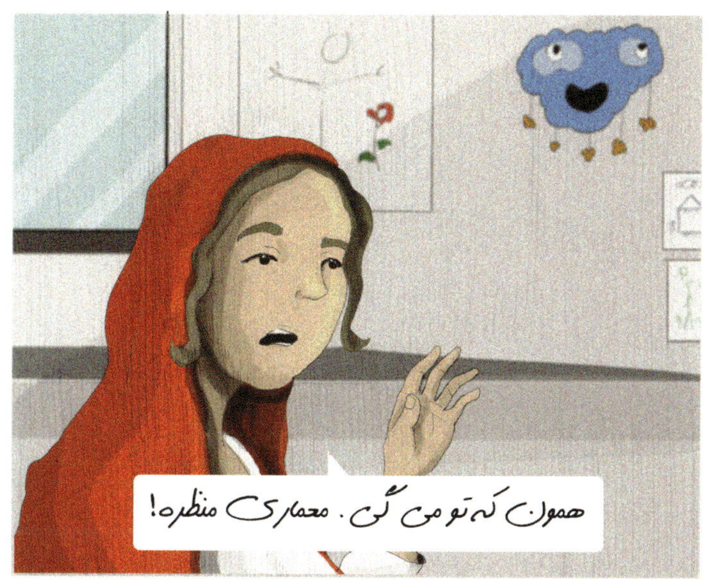

همون که تو می گی . معماری منظره!

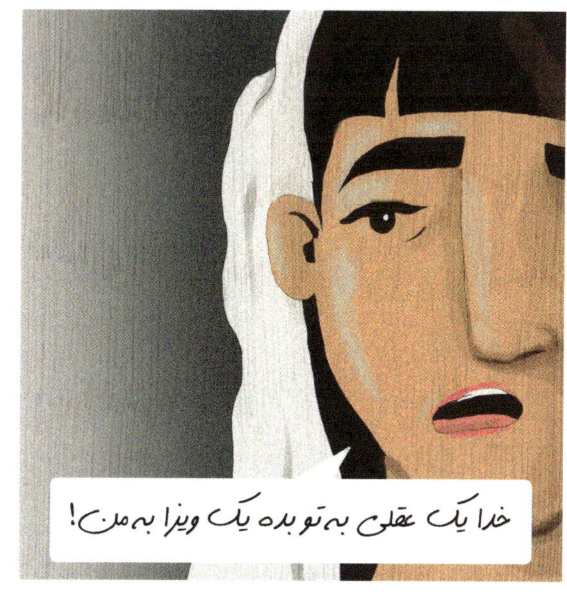

خدا یک عقلی به تو بده یک ویزا به من!

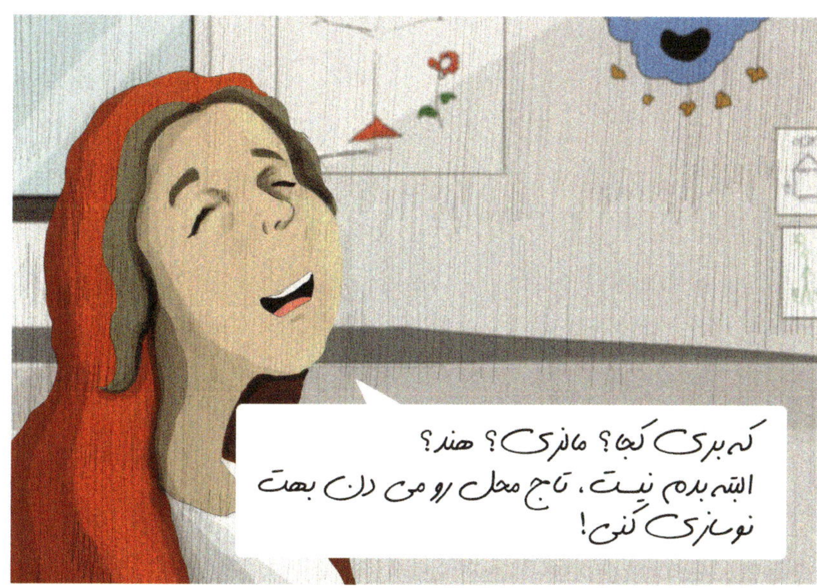

که بری کجا؟ مالزی؟ هند؟
البته بدم نیست، تاج محل رو می دن بهت
نوسازی کنی!

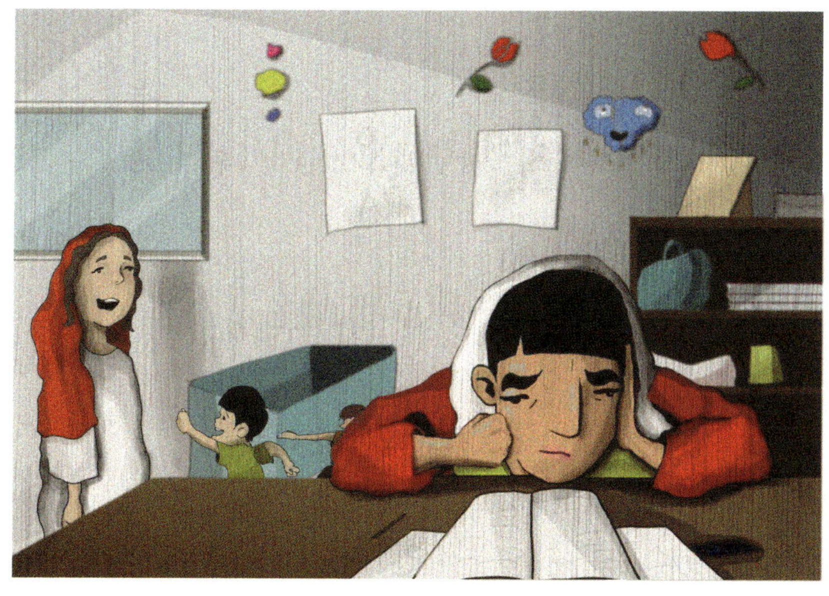

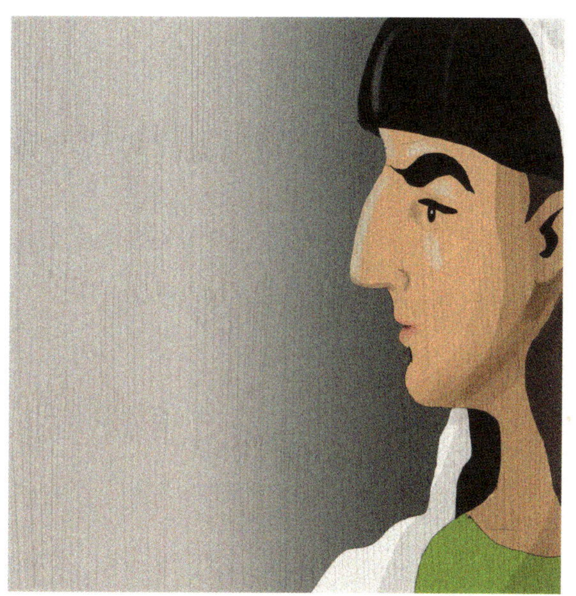

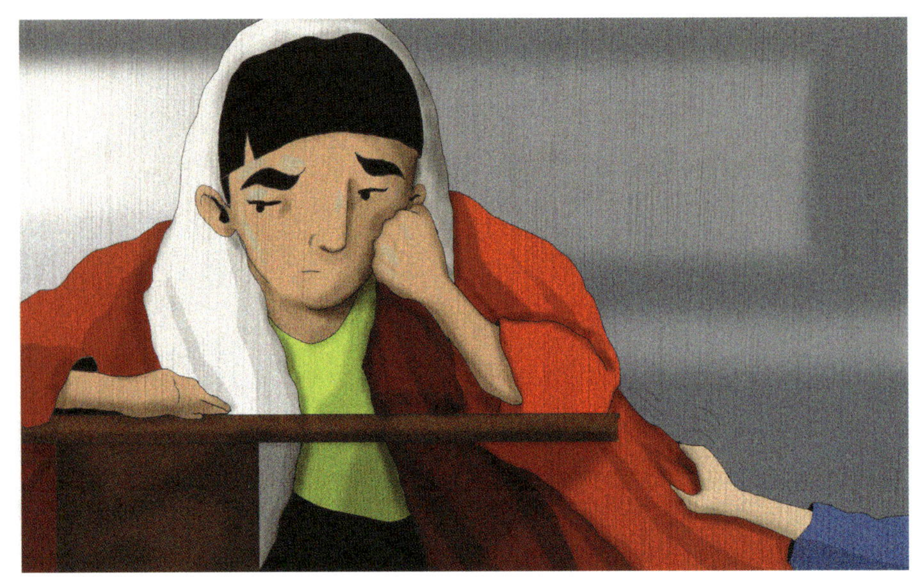
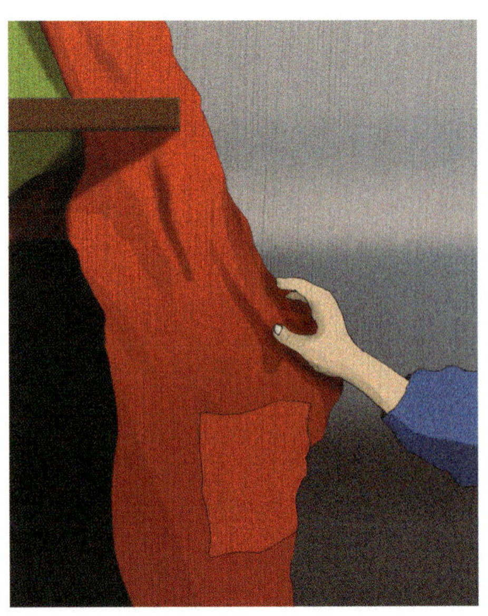
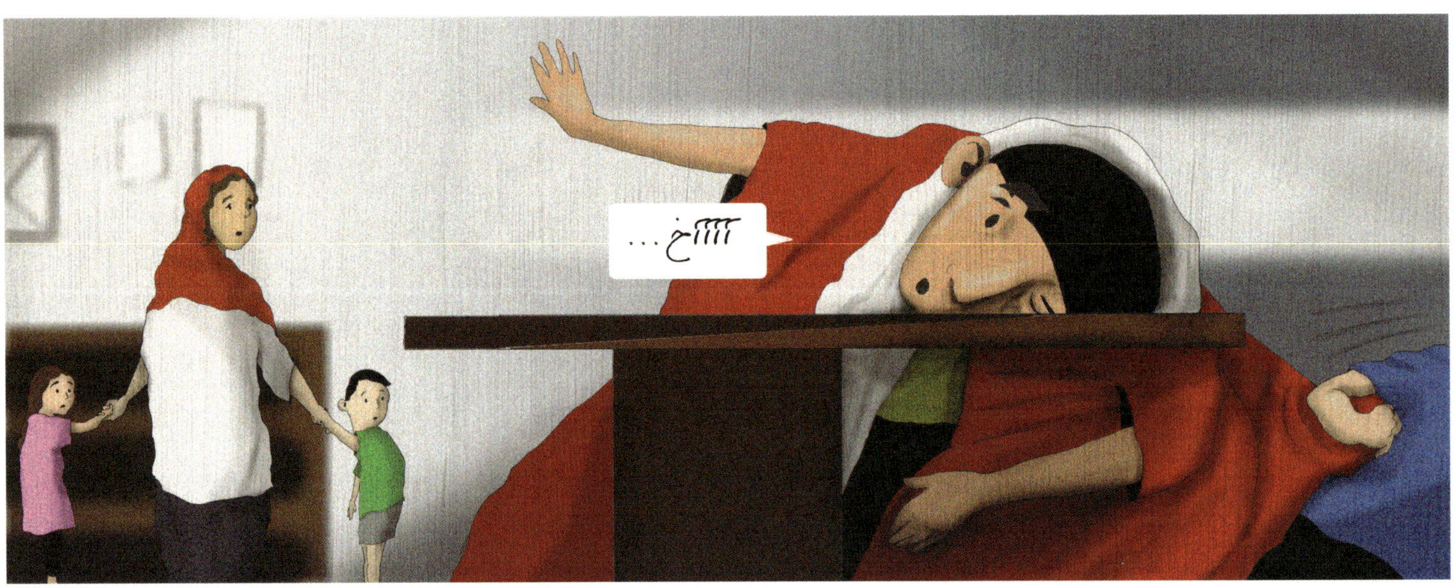
آآآخ...
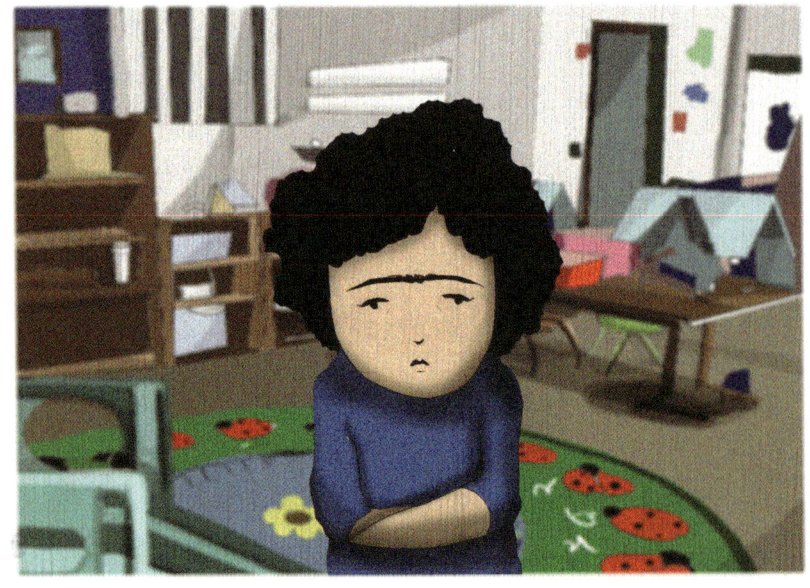
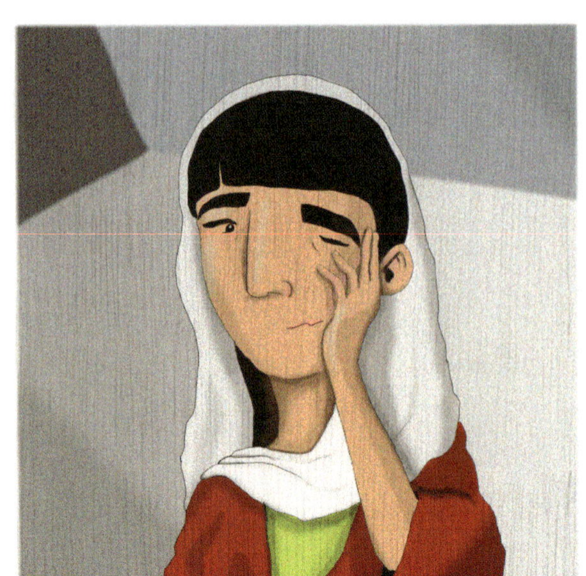

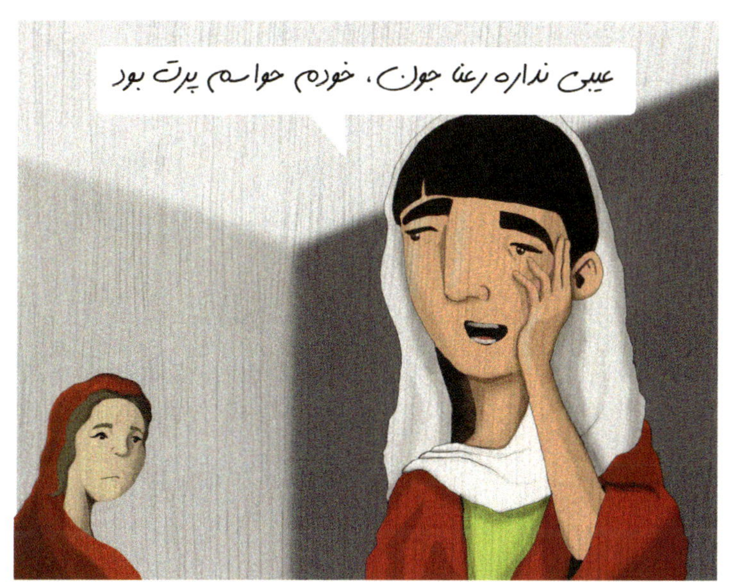

عیبی نداره رعنا جون ، خودم حواسم پرت بود

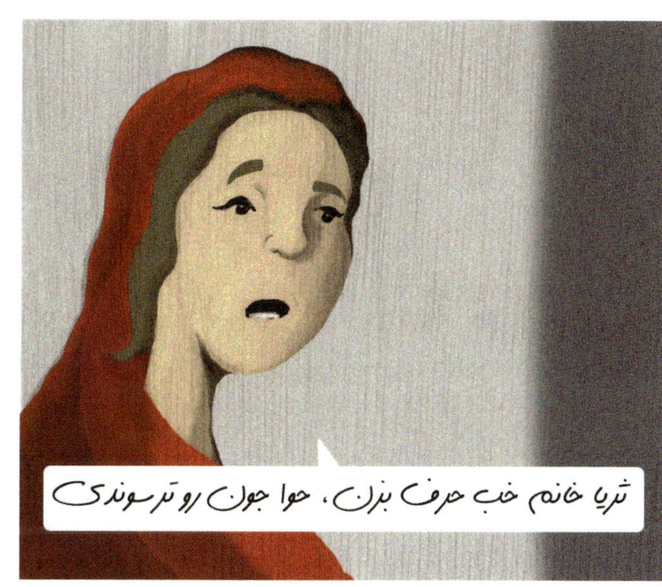

ثریا خانم خب حرف بزن ، حوا جون رو ترسوندی

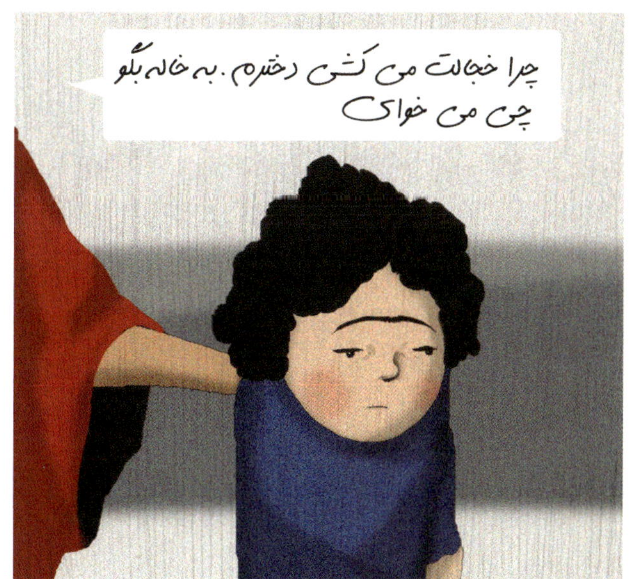

چرا خجالت می کشی دخترم . به خاله بگو چی می خوای

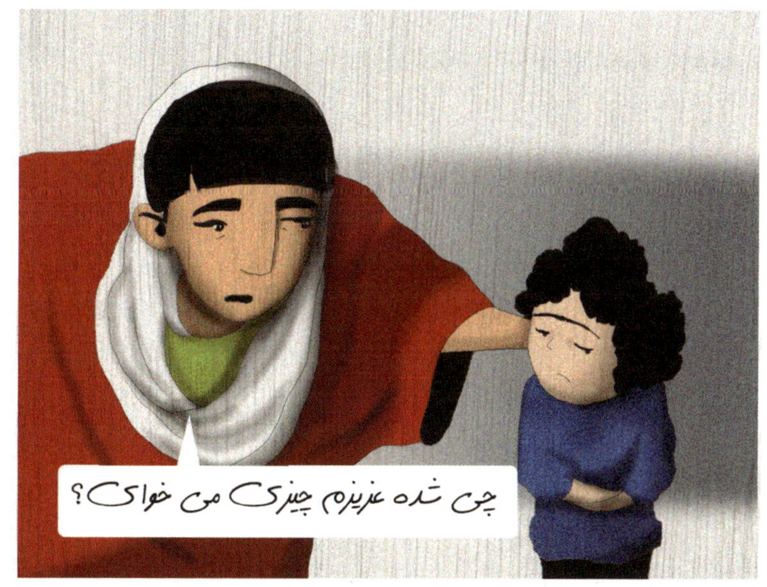

چی شده عزیزم چیزی می خوای؟

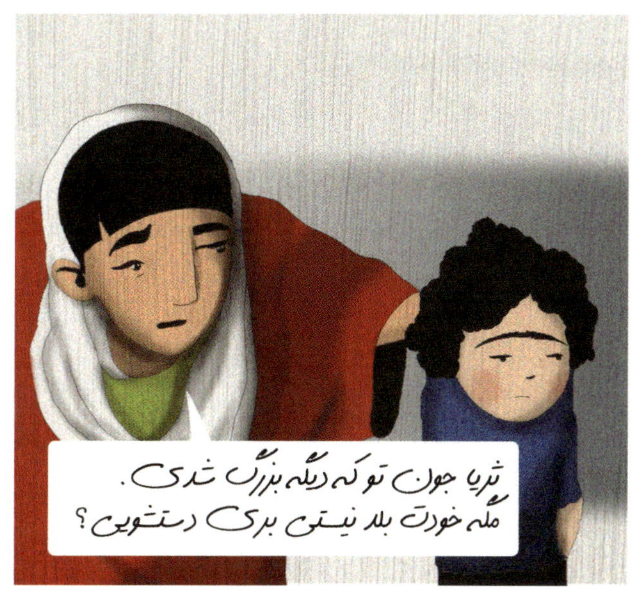

ثریا جون تو که دیگه بزرگ شدی . مگه خودت بلد نیستی بری دستشویی؟

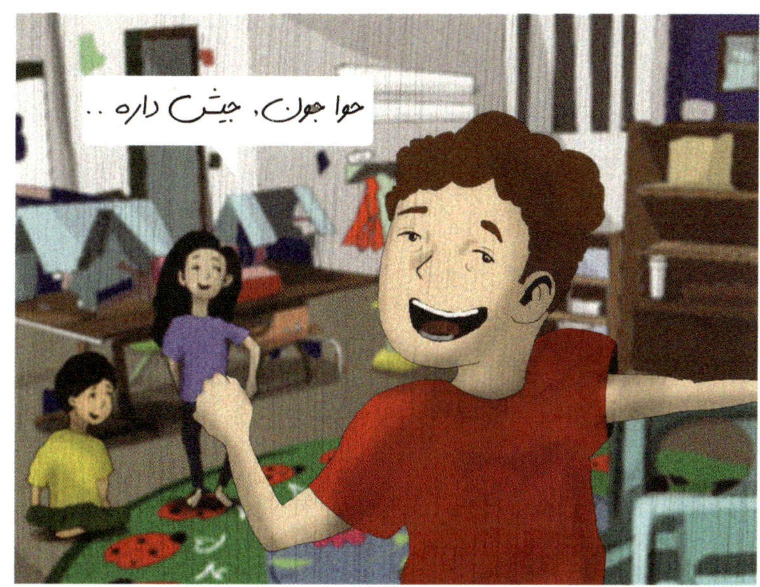

حوا جون ، جیش داره ..

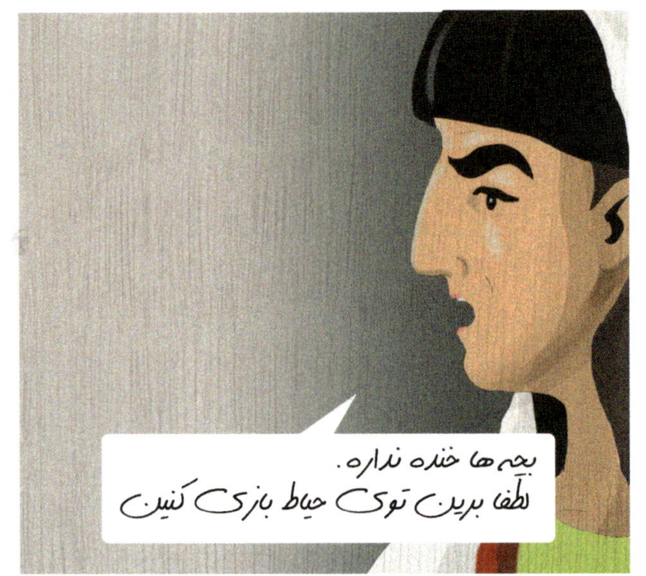

بچه‌ها خنده نداره.
لطفاً برین توی حیاط بازی کنین.

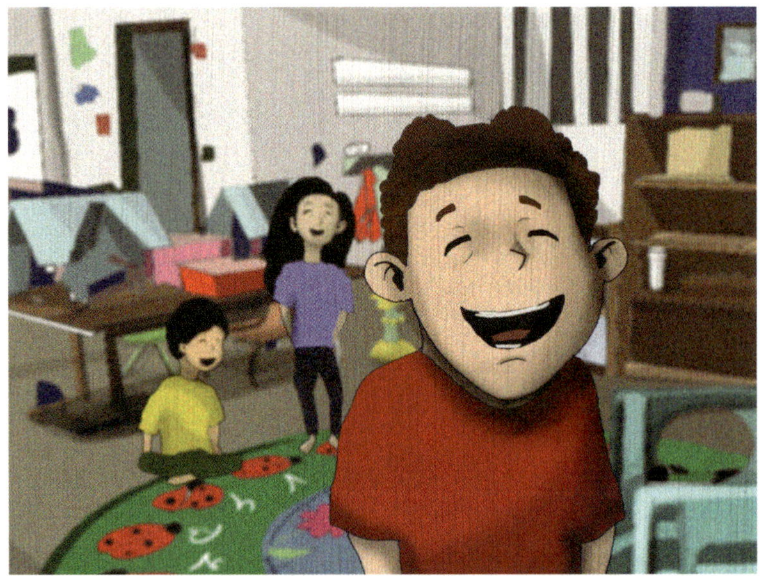

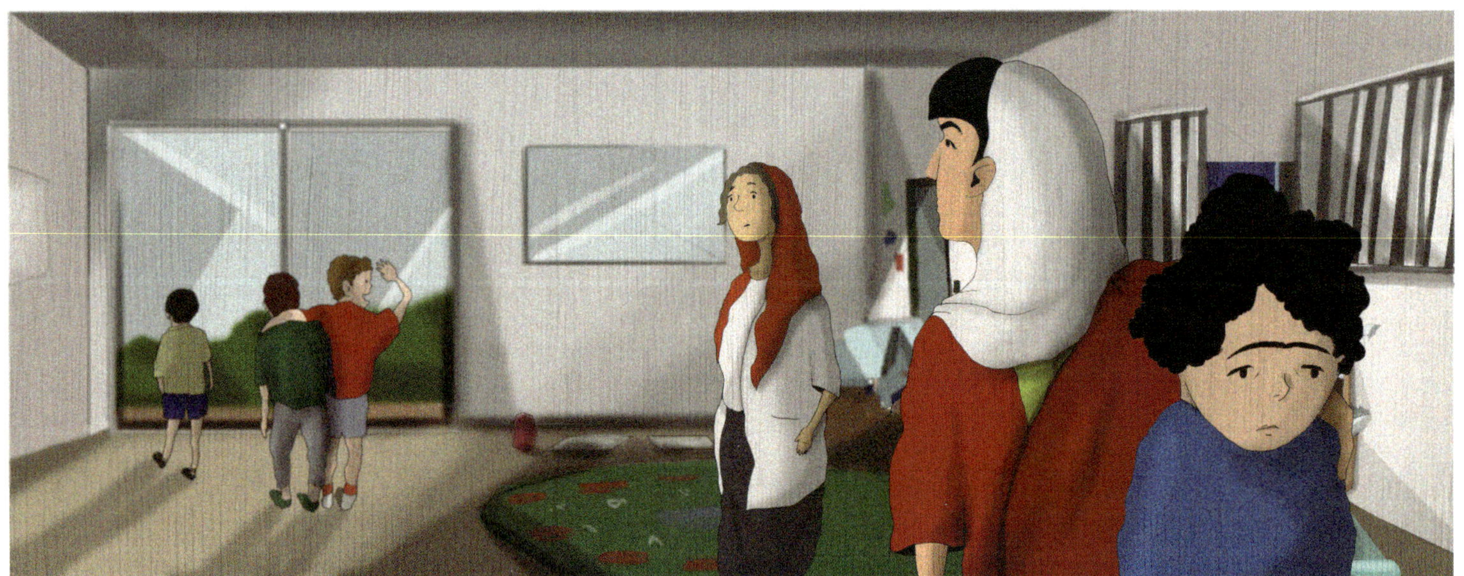

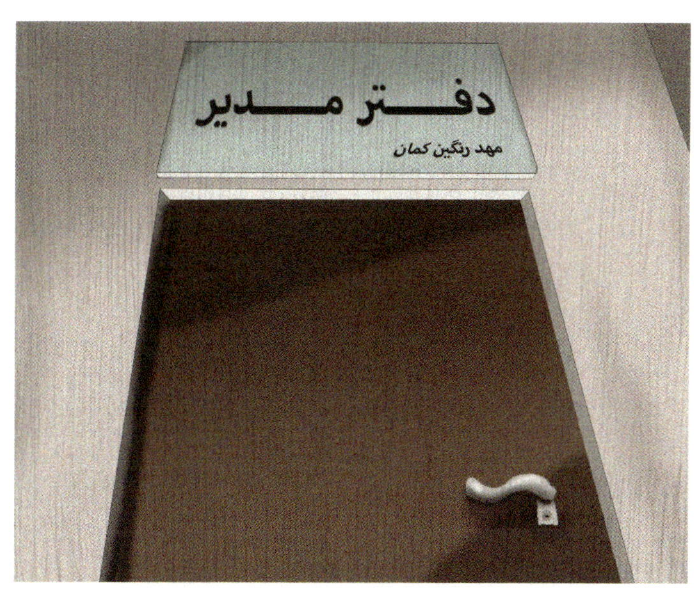

دفـتـر مدیر
مهد رنگین کمان

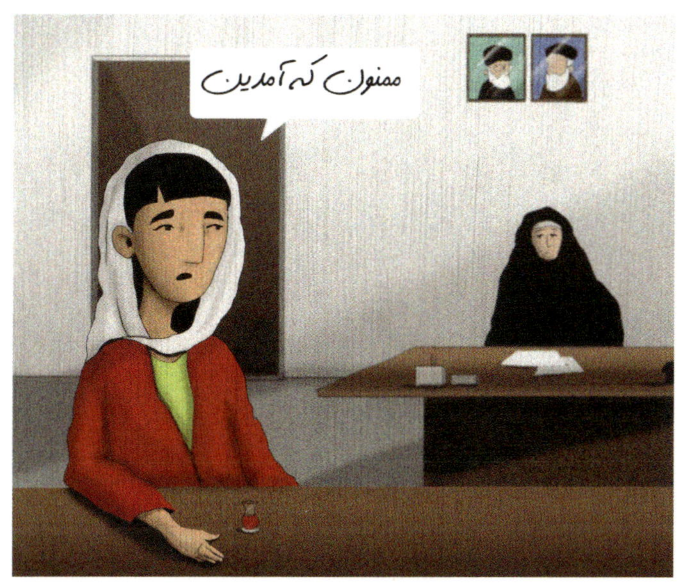

ممنون که آمدین

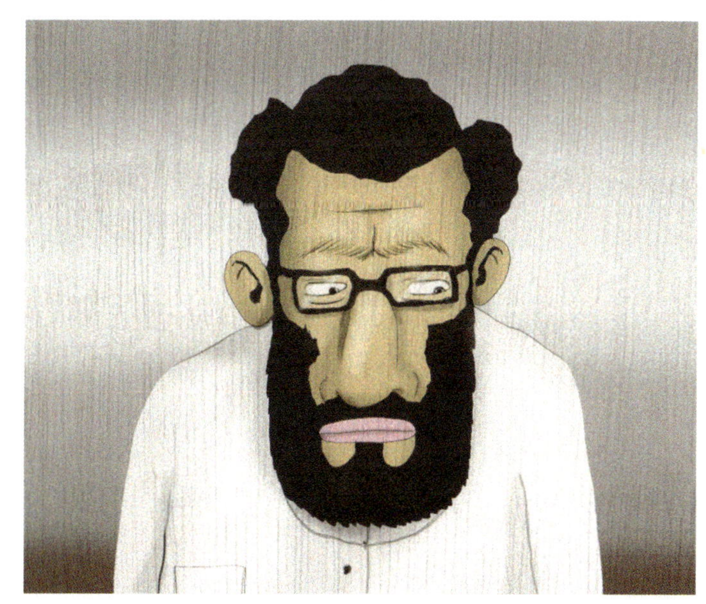

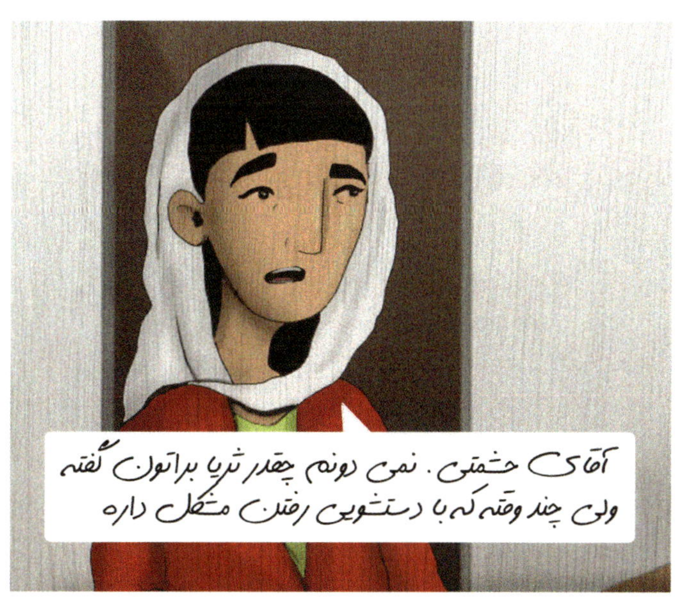

آقای حشمتی. نمی دونم چقدر ثریا براتون گفته
ولی چند وقته که با دستشویی رفتن مشکل داره

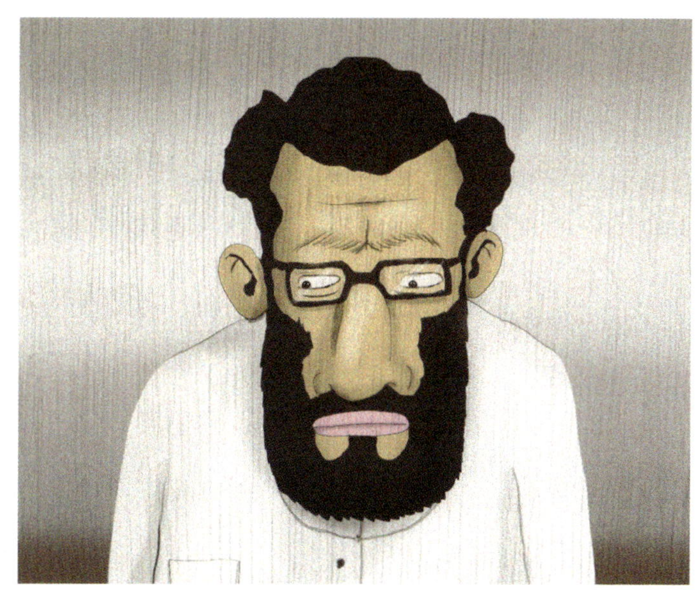

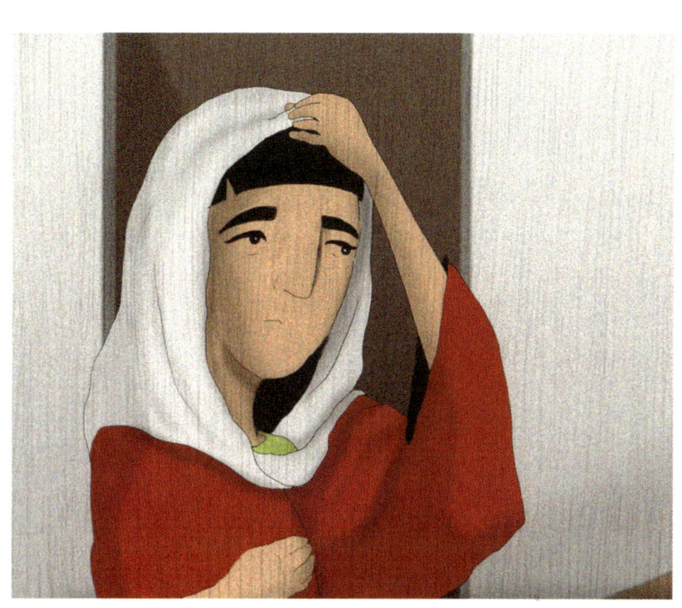

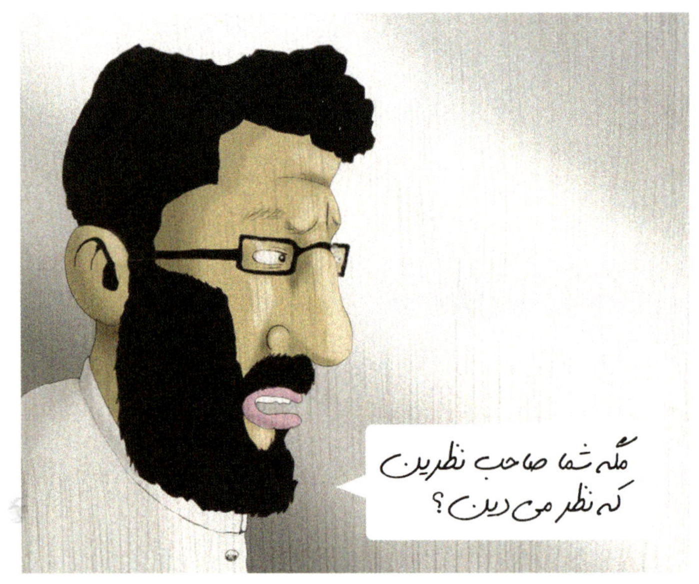

مگه شما صاحب نظرین که نظر می دین؟

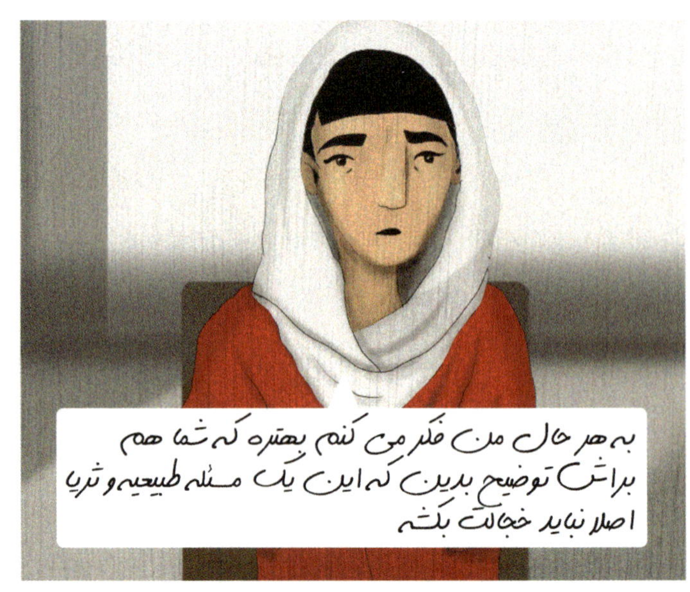

به هر حال من فکر می کنم بهتره که شما هم براش توضیح بدین که این یک مسئله طبیعیه و ثریا اصلا نباید خجالت بکشه

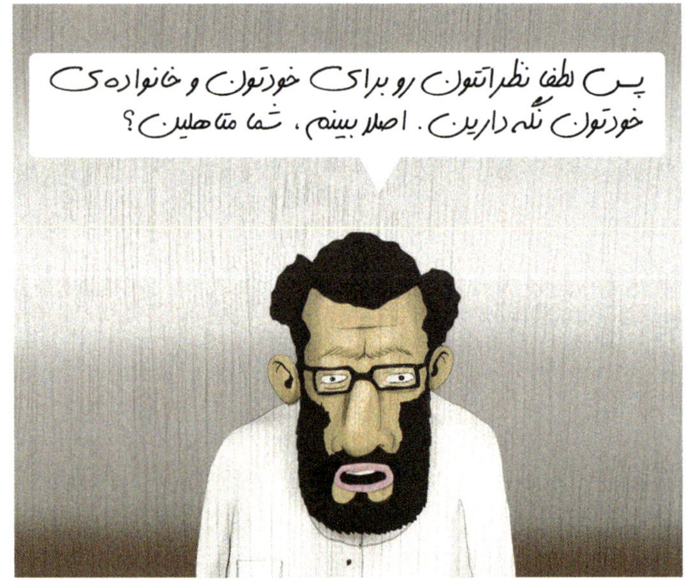

پس لطف نظراتتون رو برای خودتون و خانواده ی خودتون نگه دارین. اصلا ببینم، شما متاهلین؟

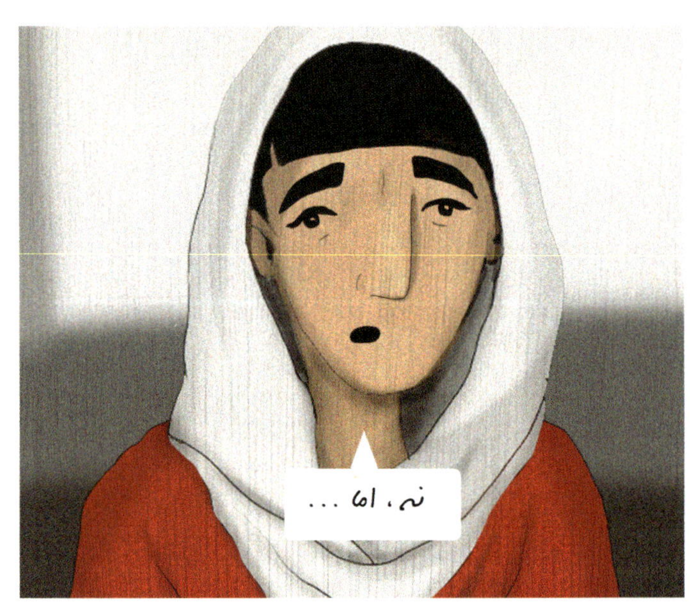

نه، اما ...

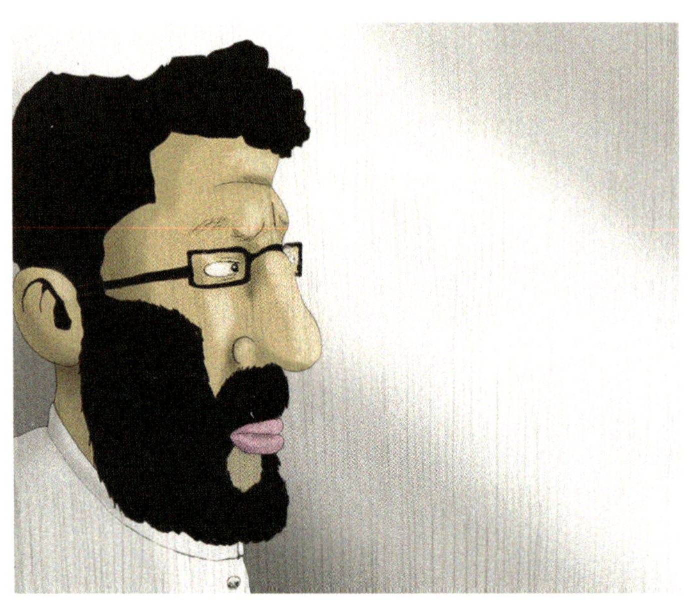

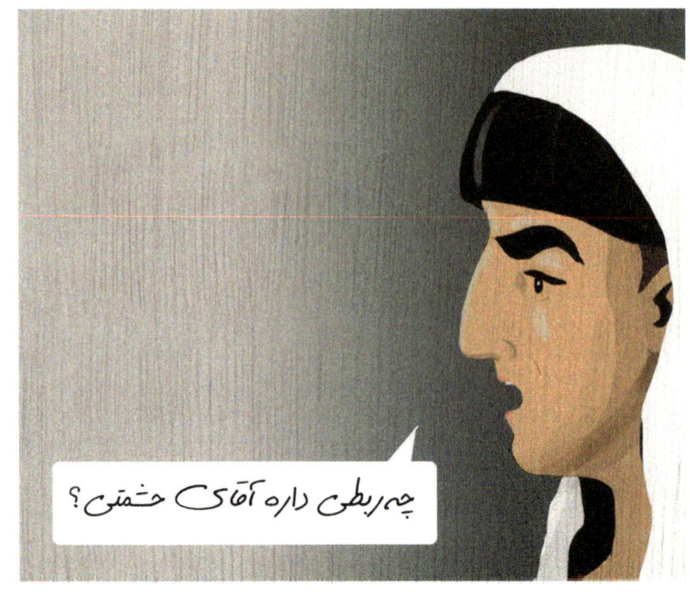

چه ربطی داره آقای حشمتی؟

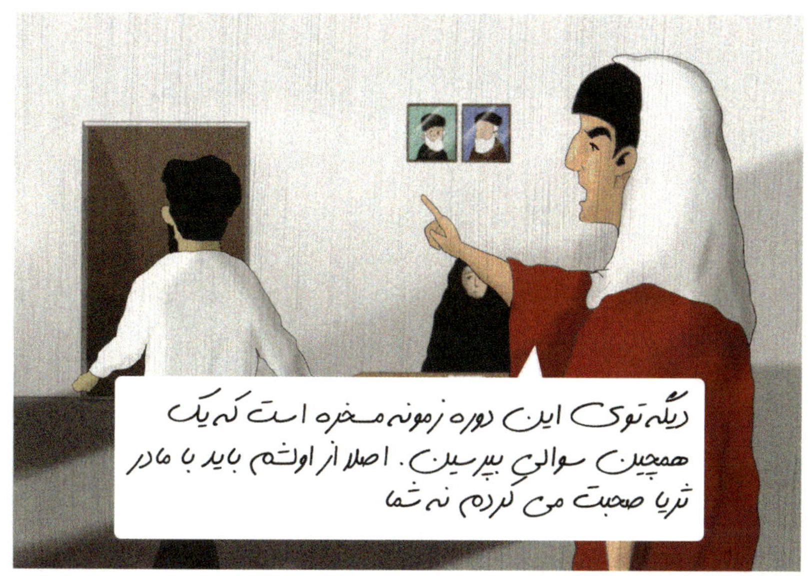

دیگه توک این دوره زمونه مسخره است که یک همچین سوالی بپرسین. اصلا از اولشم باید با مادر ثریا صحبت می کردم نه شما

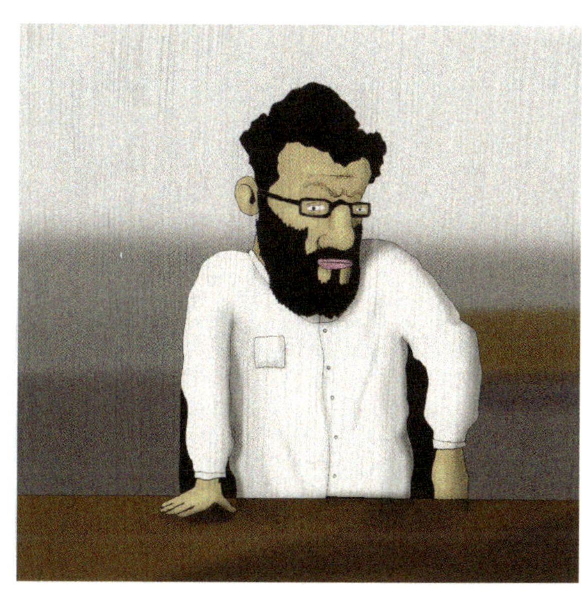

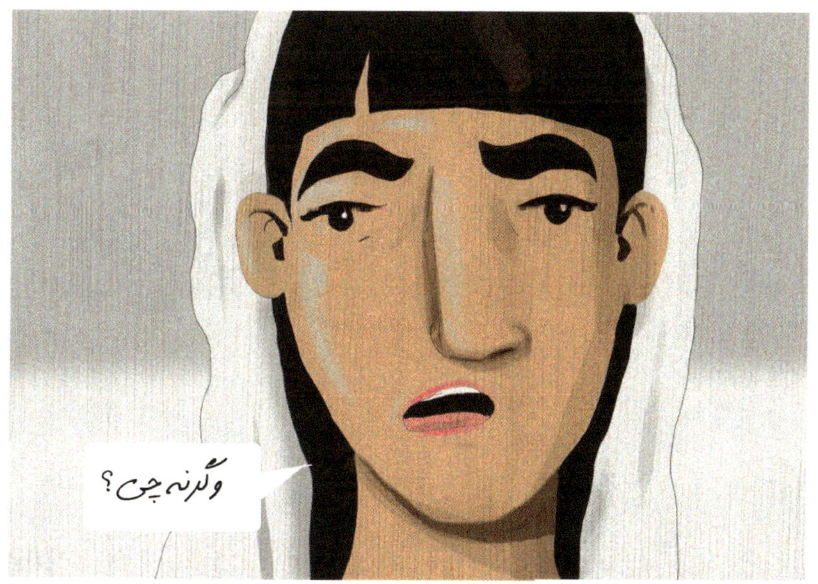

وگرنه چی؟

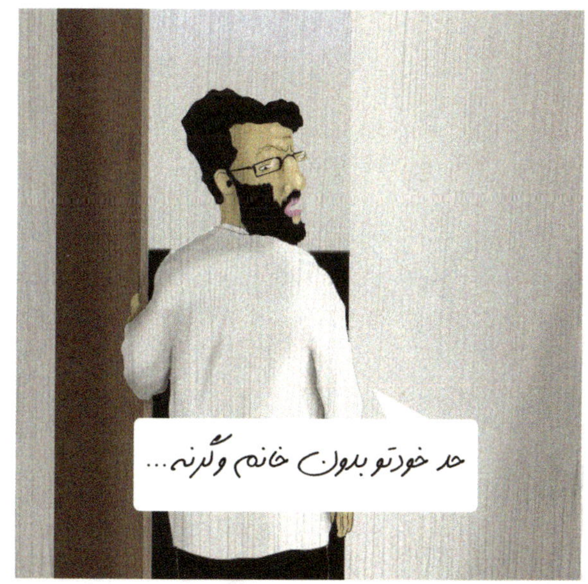

حد خودتو بدون خانم وگرنه...

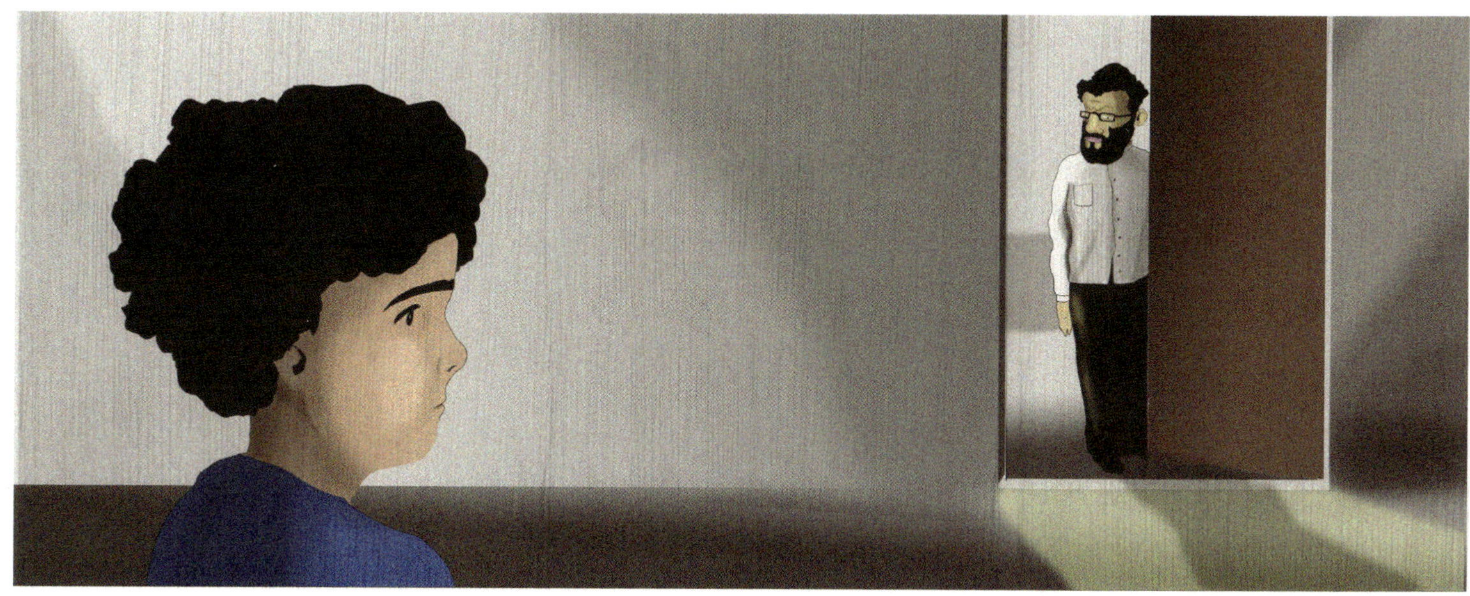

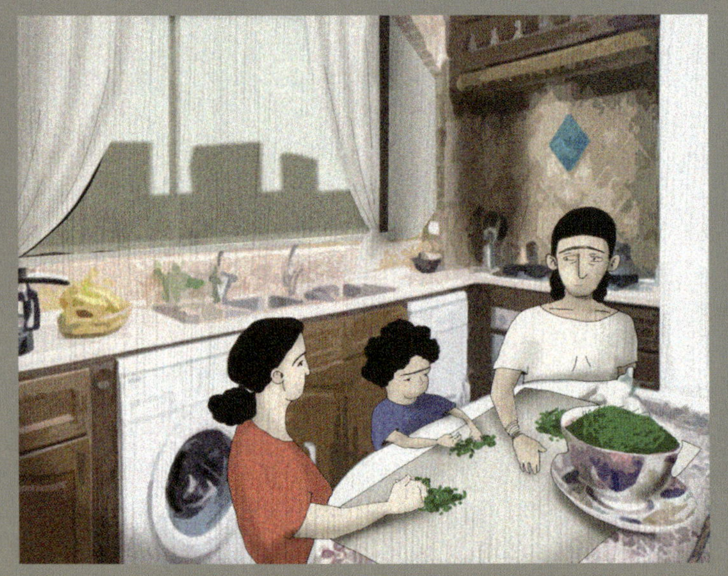

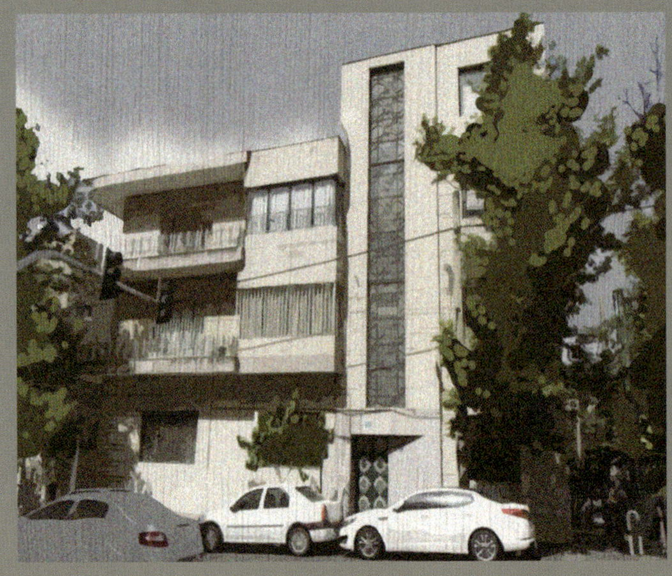

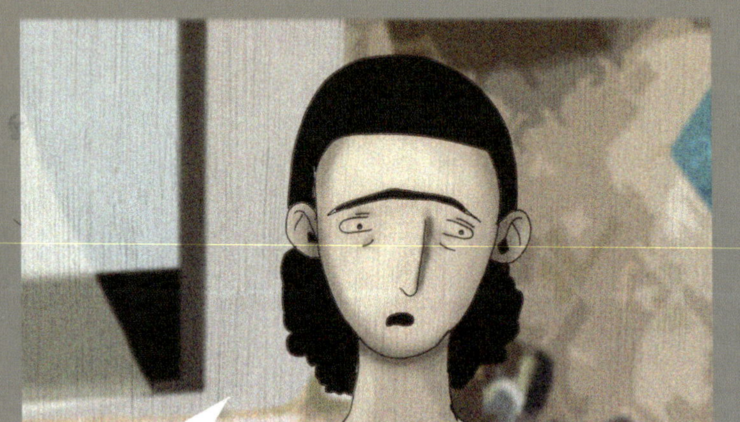
ول کن بابا خواهر حوصله داری. کم گرفتاری داریم حالا آقا پیداش شده و معلوم نیست این دفعه چه بازی این در میاره ...

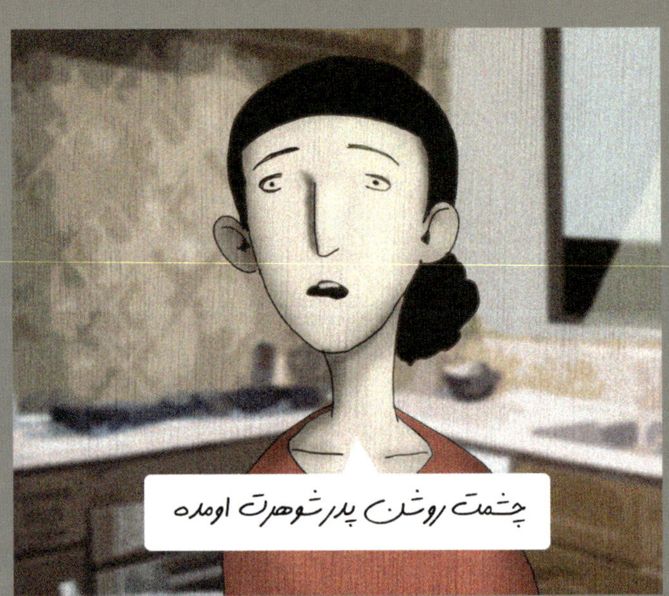
چشمت روشن پدرشوهرت اومده

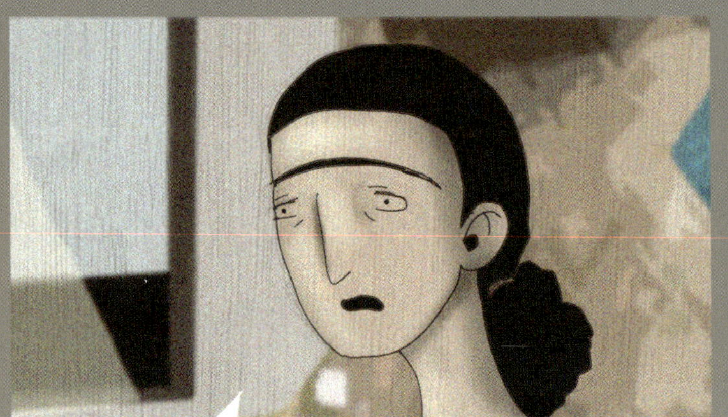
هر دفعه که میاد مسعود کلی می ریزه به هم. از وقتی مادر مسعود فوت شده این مرد آروم و قرار نداره. شده مثل یه پسر بچه. همه اش کارهای عجیب می کنه یه دفعه درویش می شه، یه دفعه سرمایه دار، یه دفعه عاشق، یه دفعه افسرده ...

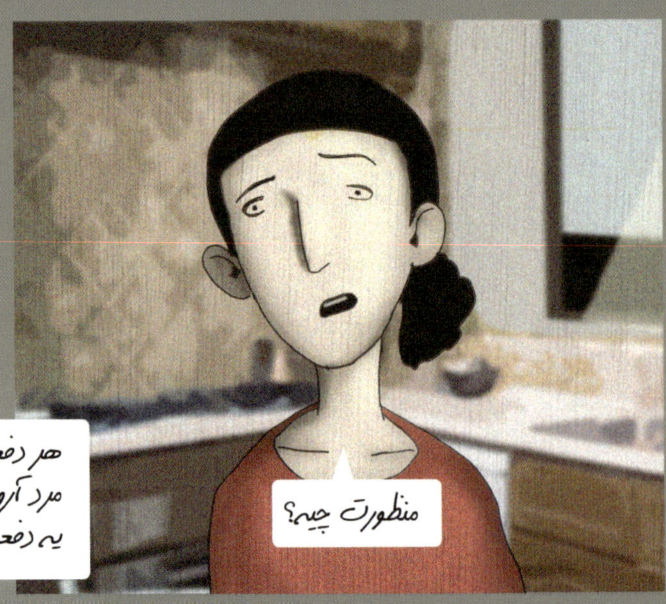
منظورت چیه؟

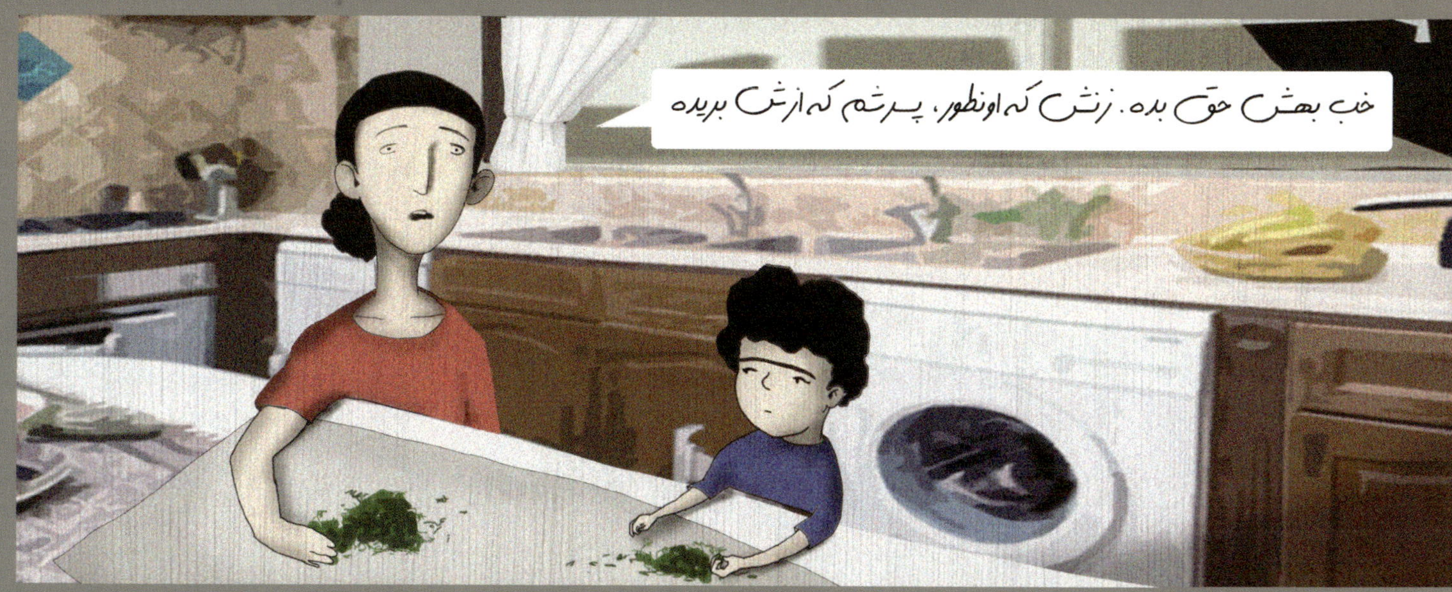

خب بهش حق بده. زنش که اونطور، پسرشم که ازش بریده

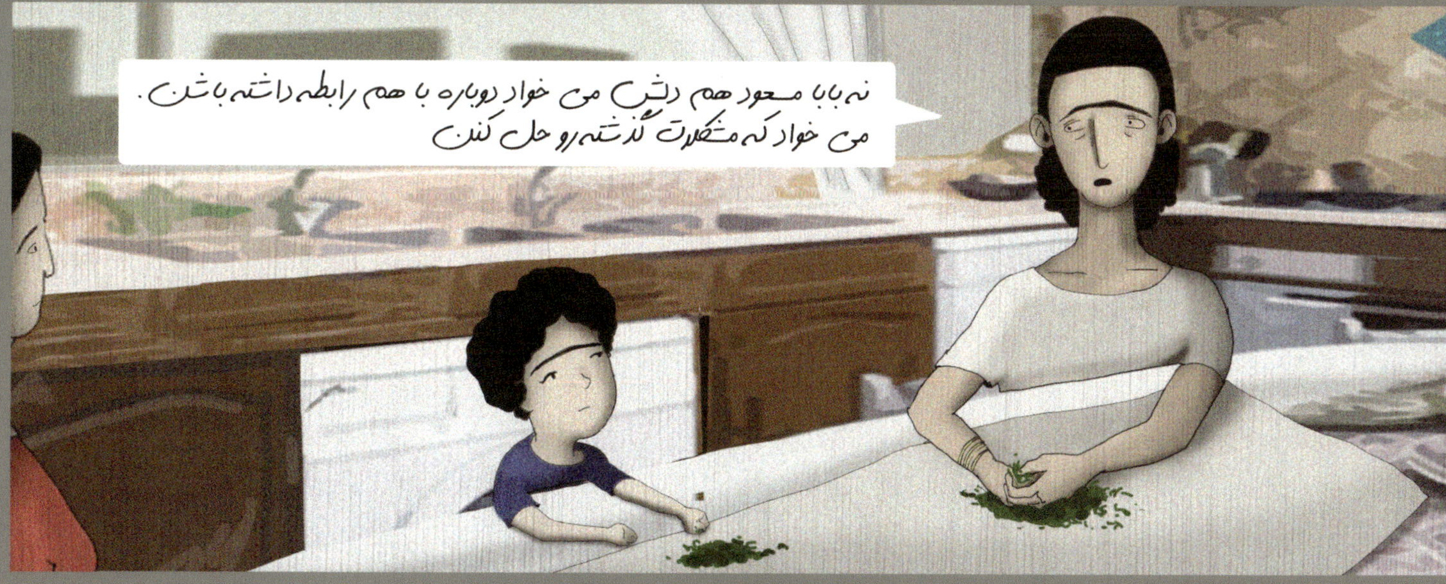

نه بابا مسعود هم دلش می خواد دوباره با هم رابطه داشته باشن.
می خواد که مشکلات گذشته رو حل کنن

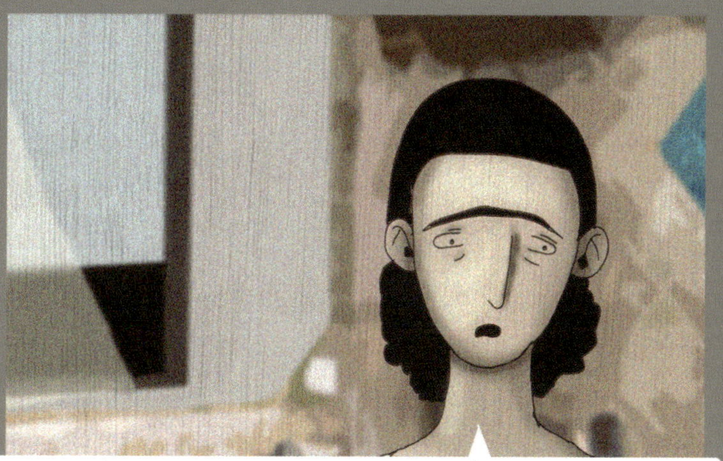

نمی دونم والا. خودشون می دونن. باید اولویت هاشون رو
بدونن. شاید رابطه پدر و پسری براشون مهم تر باشه...

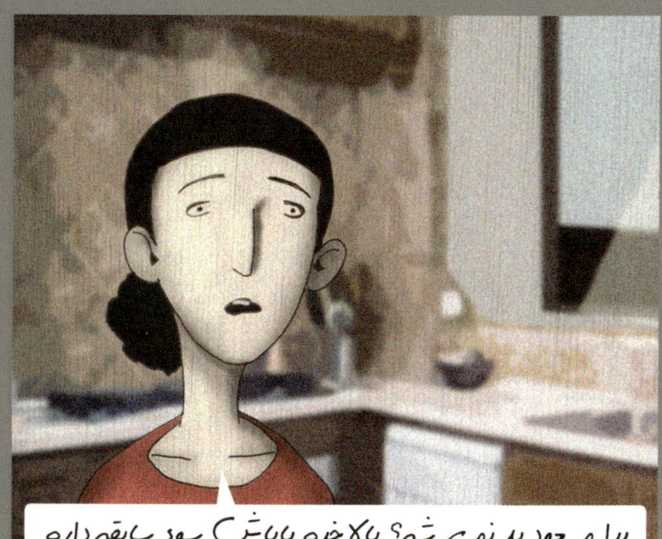

برا مسعود بد نمی شه؟ بالاخره باباش سود سابقه داره

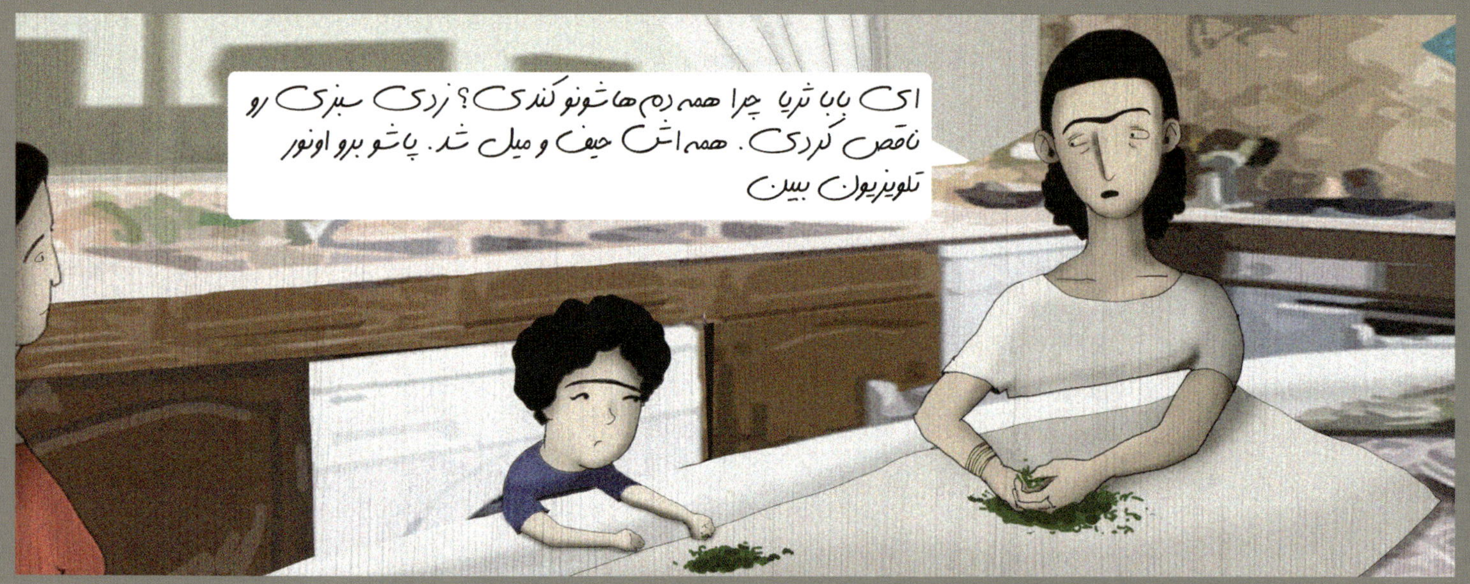

اِ ای بابا ثریا چرا همه ریحون ها شونو کندی؟ زردی سبزی رو ناقص کردی. همه اش حیف و میل شد. پاشو برو اونور تلویزیون ببین

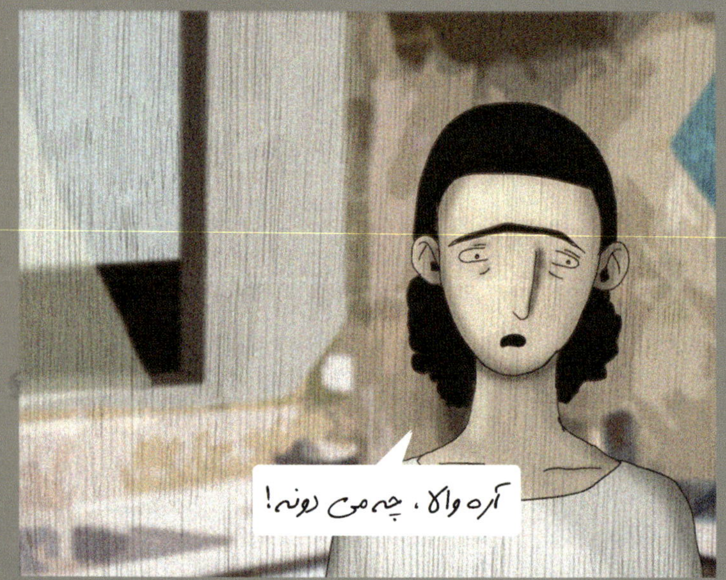

آره والا ، چه می دونه!

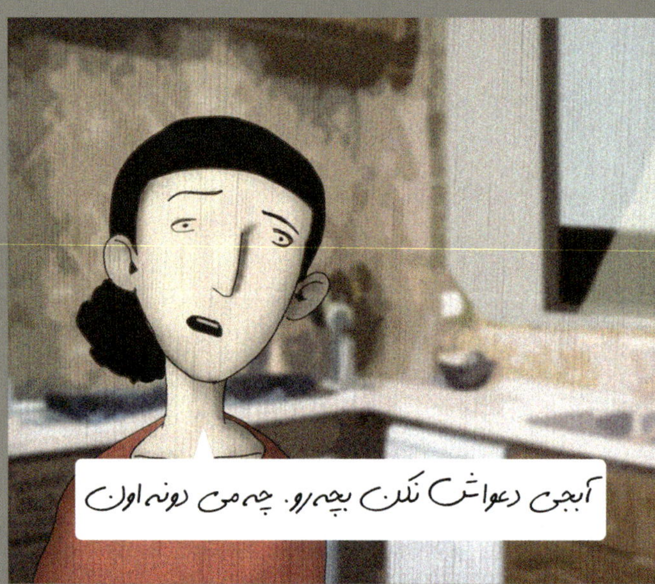

آبجی دعواش نکن بچه رو. چه می دونه اون

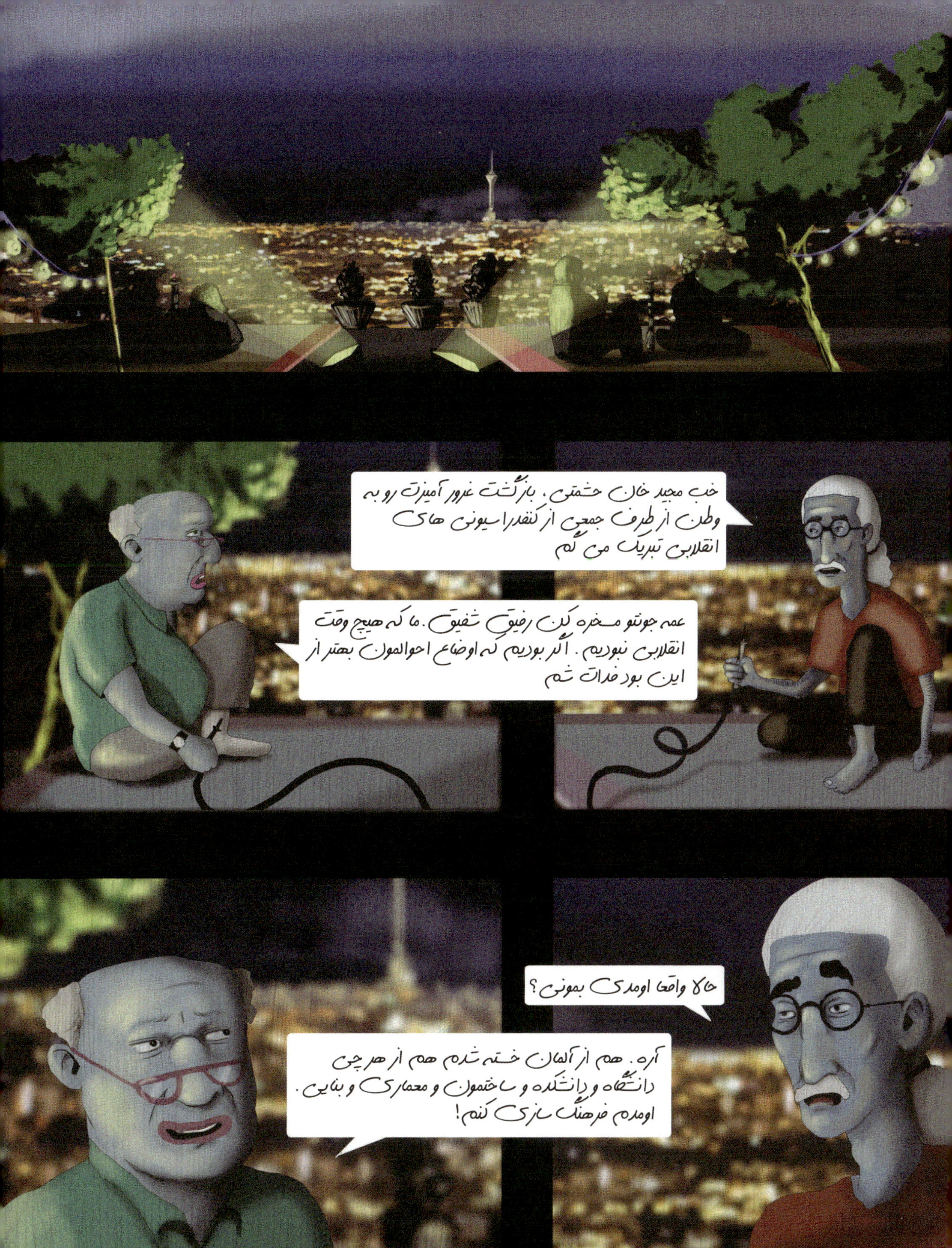

خب مجید خان حشمتی، بازگشت غرور آمیزت رو به وطن از طرف جمعی از کنفدراسیون های انقلابی تبریک می گم
عمه جونتو مسخره کن رفیق شفیق. ما که هیچ وقت انقلابی نبودیم. اگر بودیم که اوضاع احوالمون بهتر از این بود خدات شم
حالا واقعا اومدی بمونی؟
آره. هم از آلمان خسته شدم هم از هر چی دانشگاه و دانشکده و ساختمون و معماری و بنایی. اومدم فرهنگ سازی کنم!

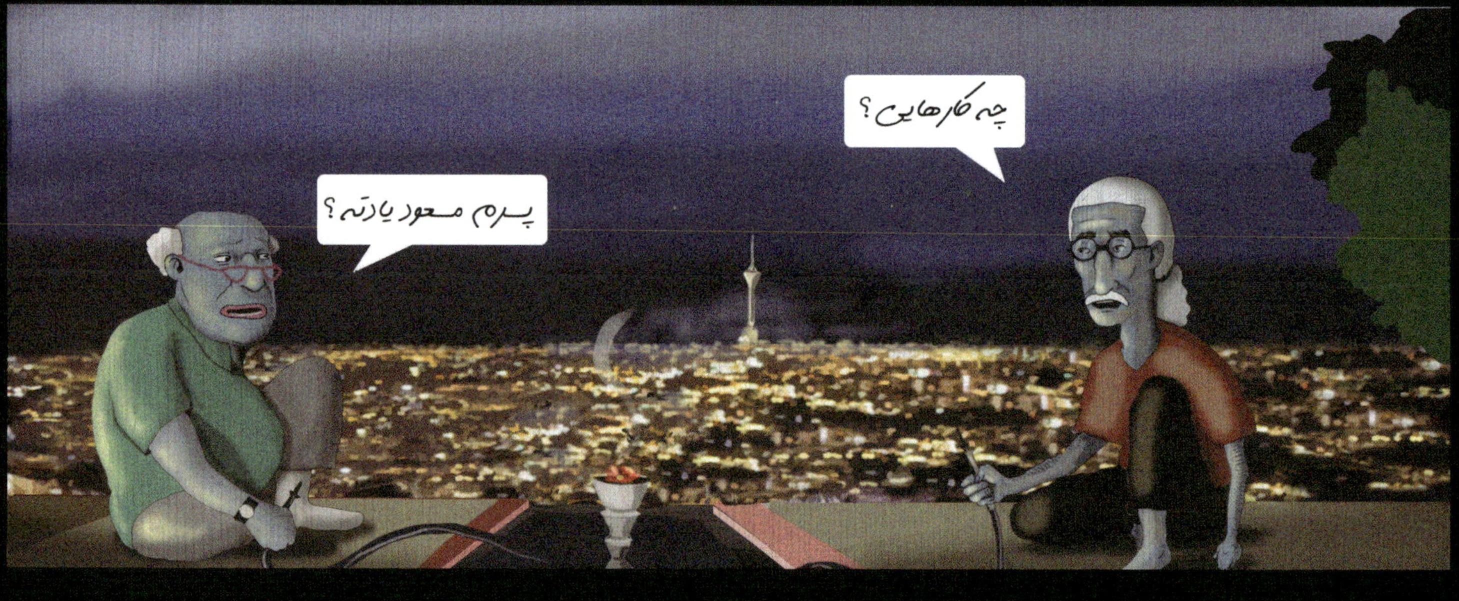

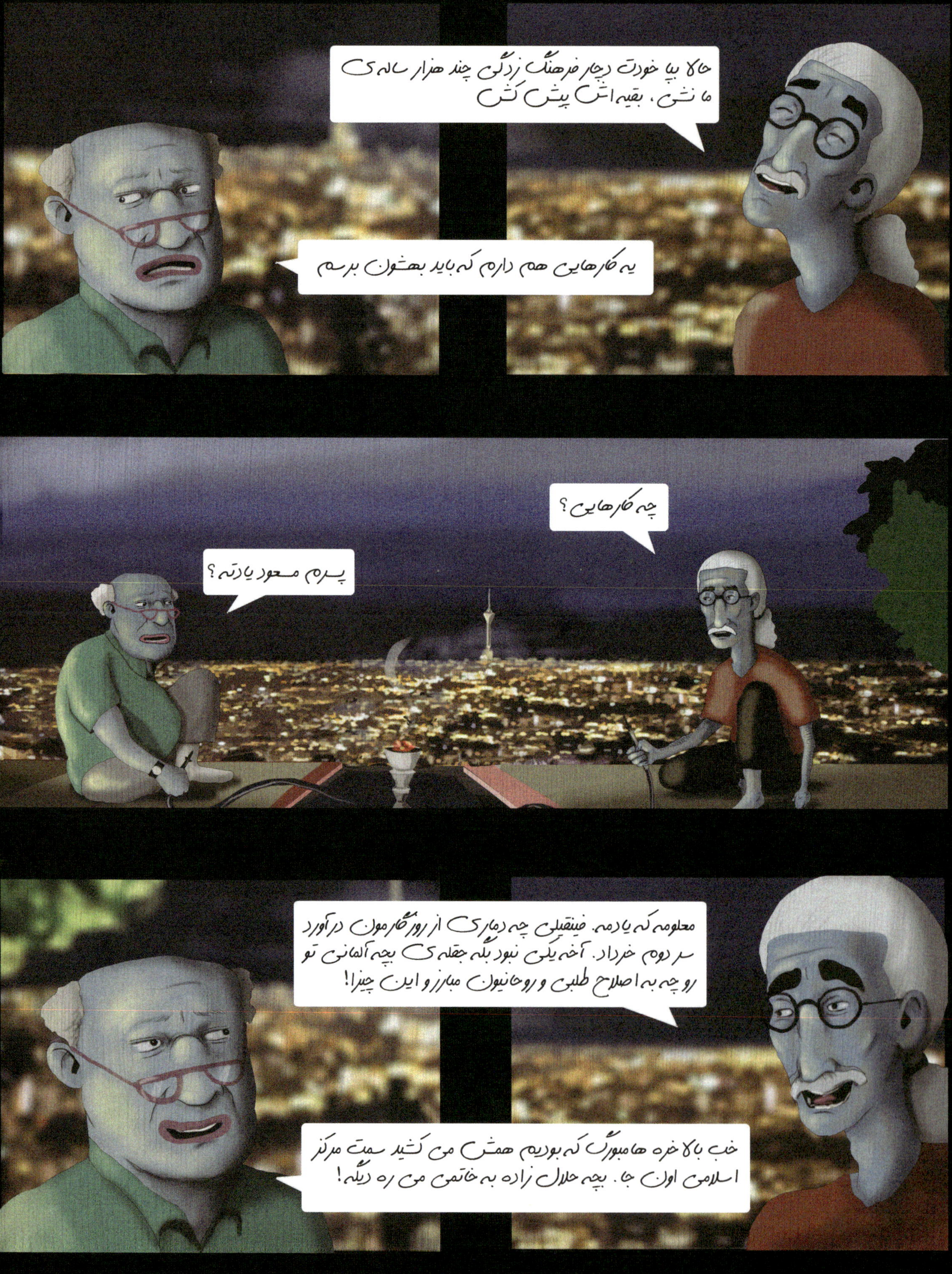

حالا بیا خودت دچار فرهنگ زندگی چند هزار ساله‌ی ما نشی، بقیه‌اش پیش کش
یه کارهایی هم دارم که باید بهشون برسم
چه کارهایی؟
پسرم مسعود یادته؟

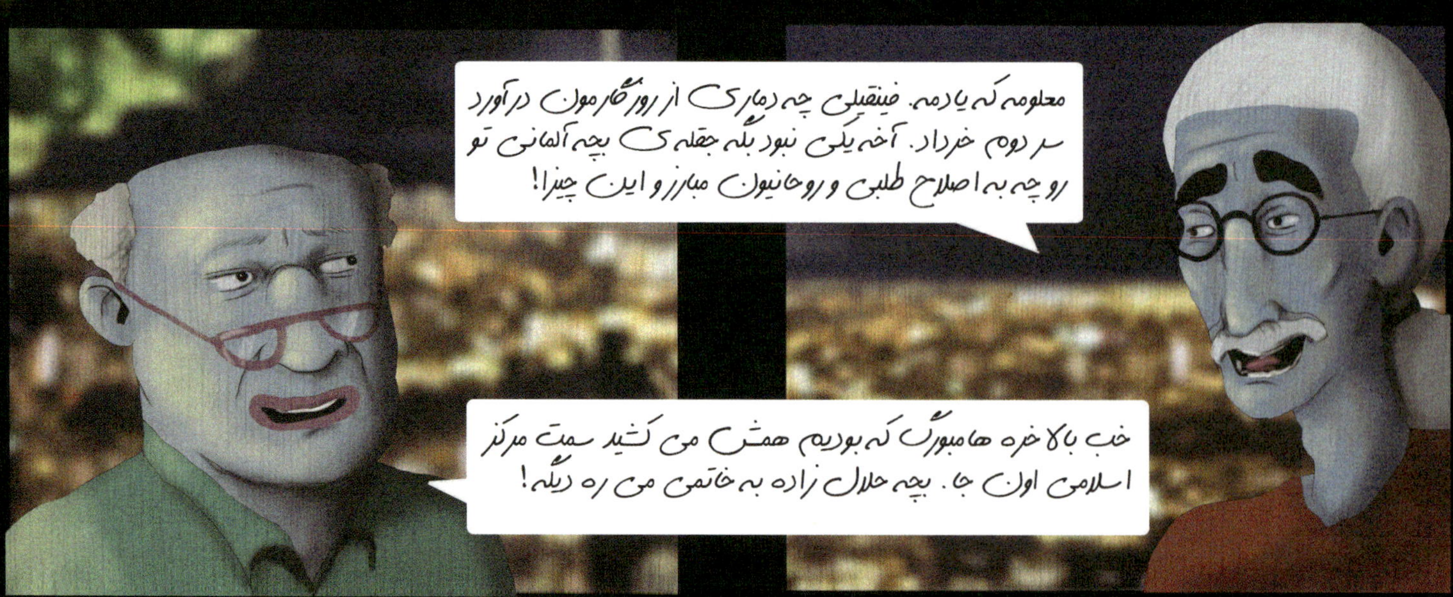

معلومه که یادمه. فسقلی چه دماری از روزگارمون درآورد سر دوم خرداد. آخه یکی نبود بگه جقله‌ی بچه آلمانی تو رو چه به اصلاح طلبی و روحانیون مبارز و این چیزا!
خب بالاخره هامبورگ که بودیم همش می کشید سمت مرکز اسلامی اون جا. بچه حلال زاده به خاتمی می ره دیگه!

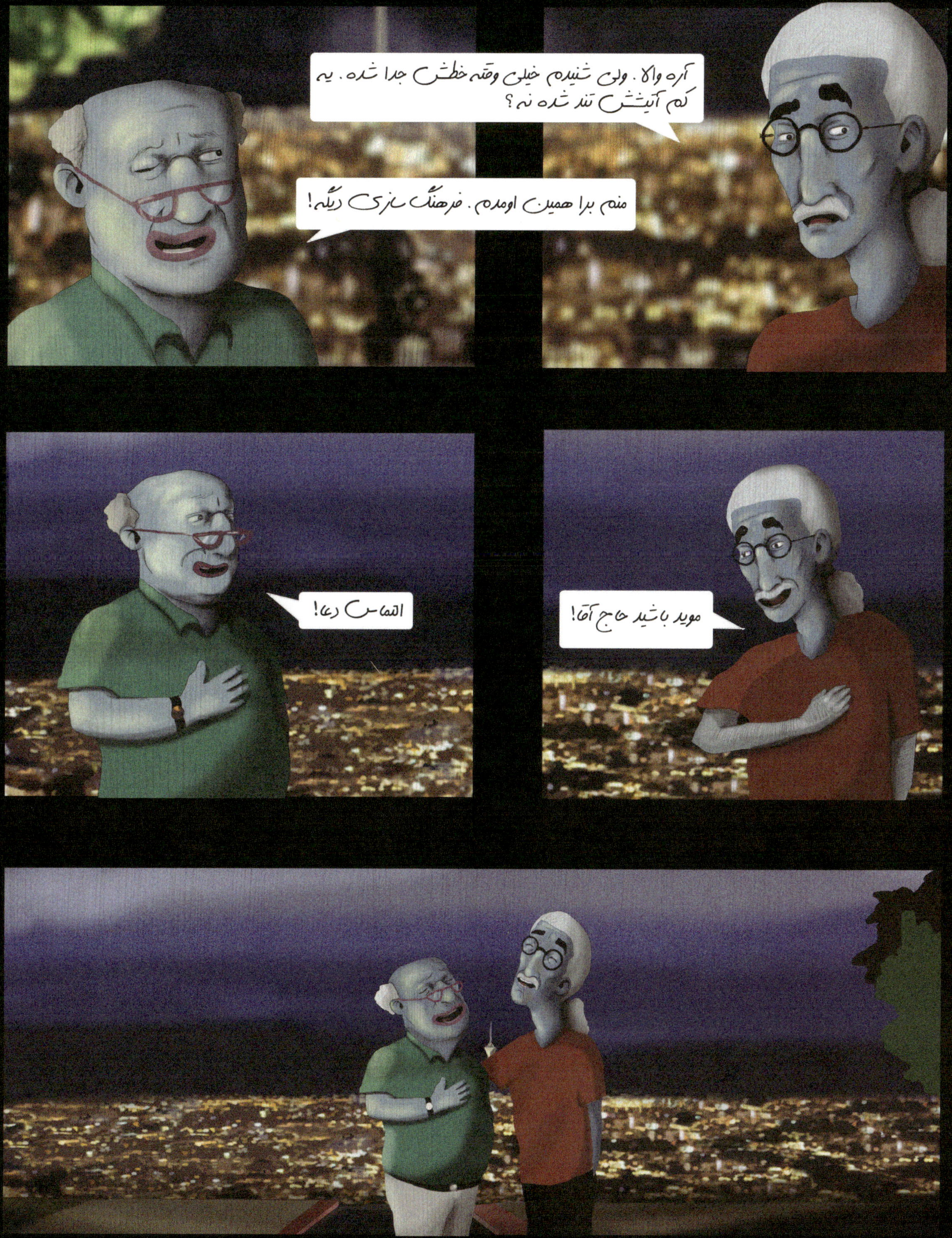

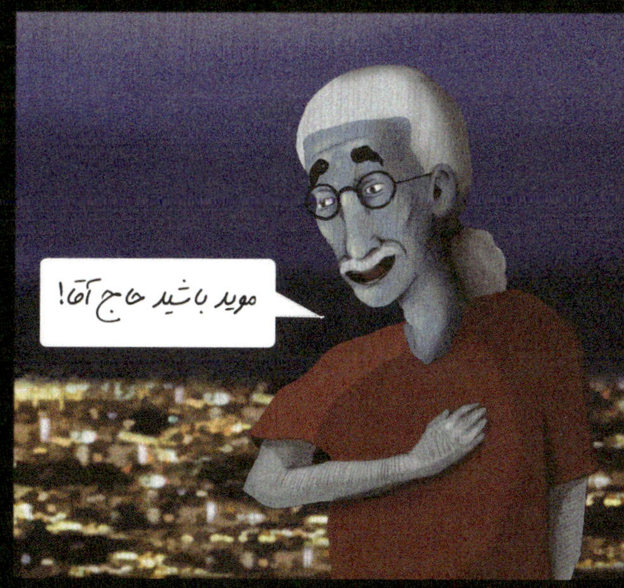

آره والا . ولی شنیدم خیلی وقته خطش جدا شده . یه کم آتیشش تند شده نه؟
منم برا همین اومدم . فرهنگ سازی دیگه!

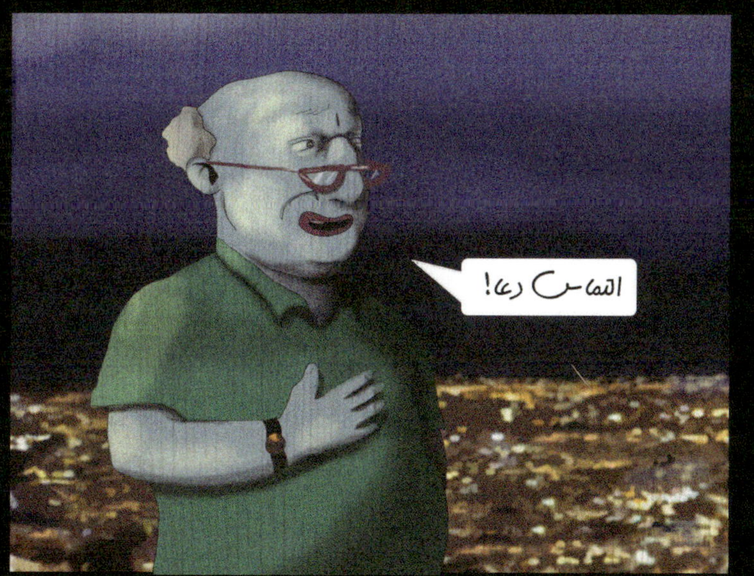

التماس دعا!
موید باشید حاج آقا!

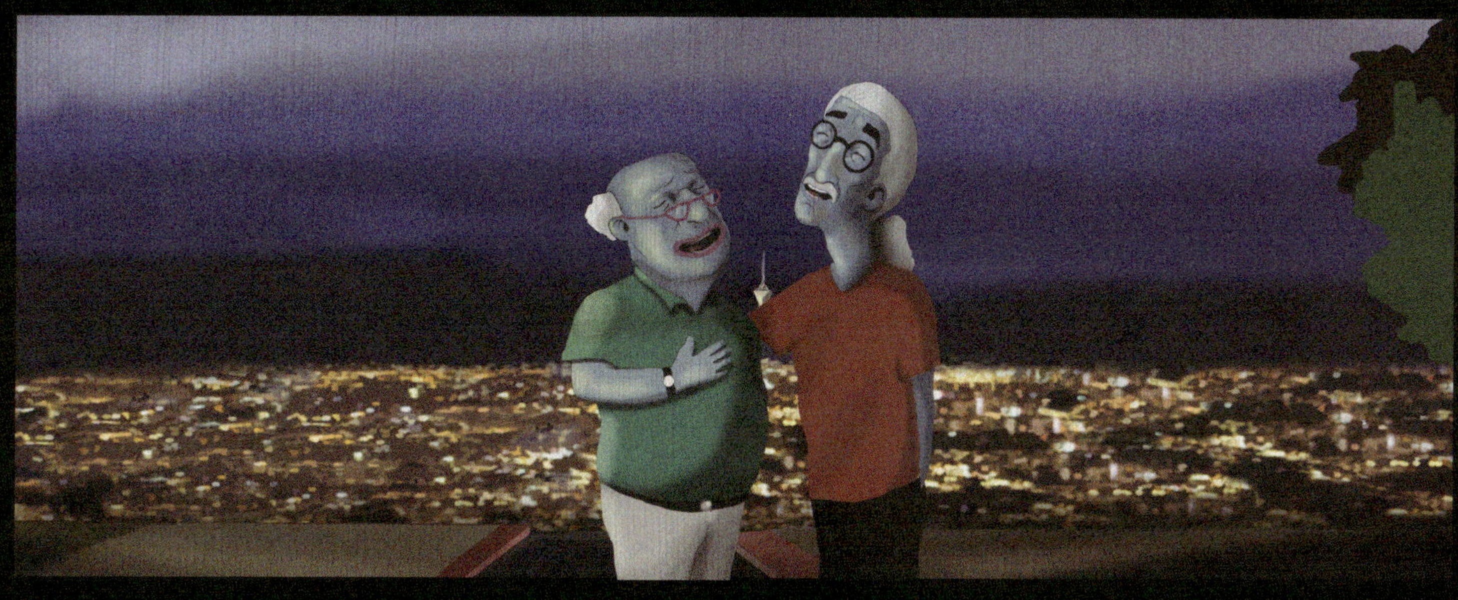

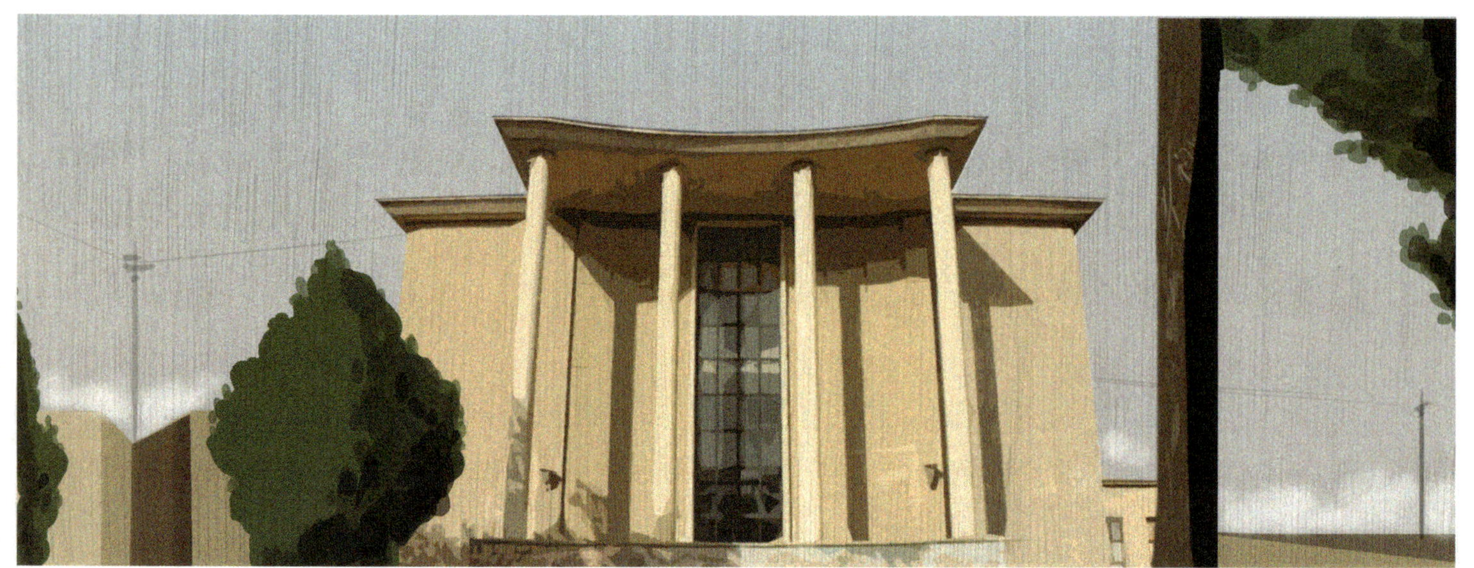

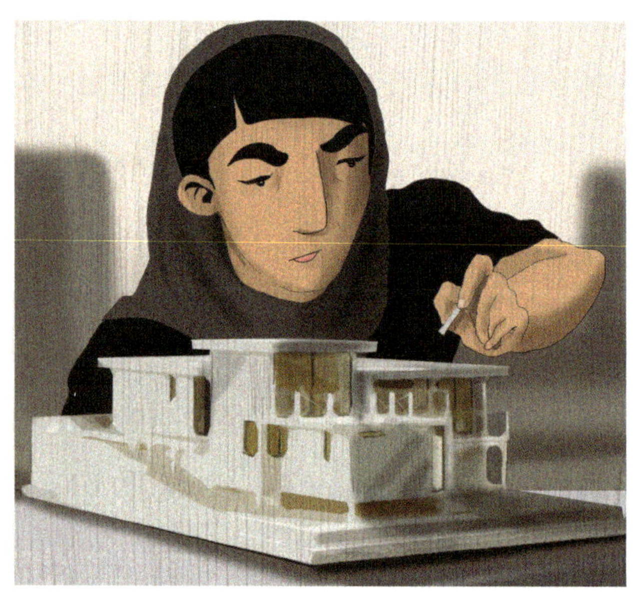

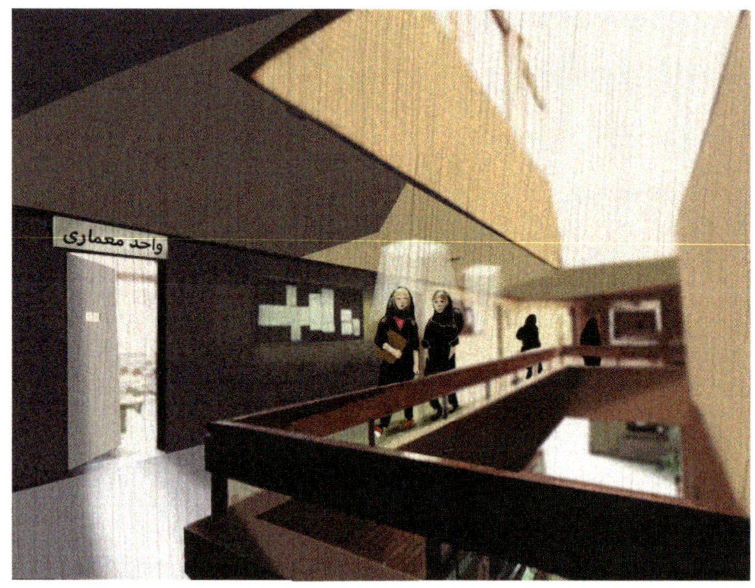

واحد معماری

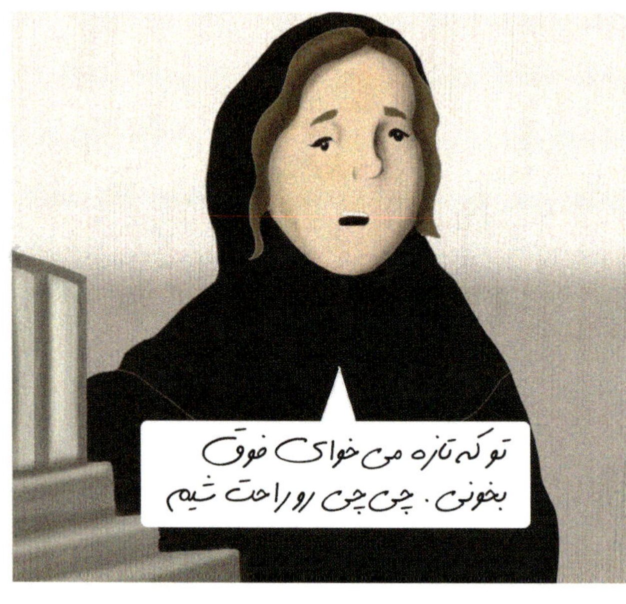

تو که تازه می خوای فوق فوق بخونی . چی چی رو راحت شیم

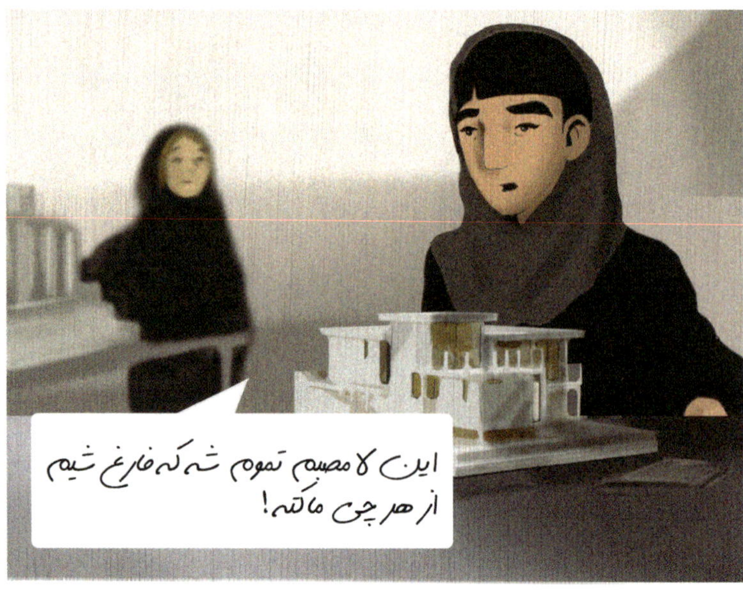

این لا مصب تموم شه که فارغ شیم از هر چی ماکته!

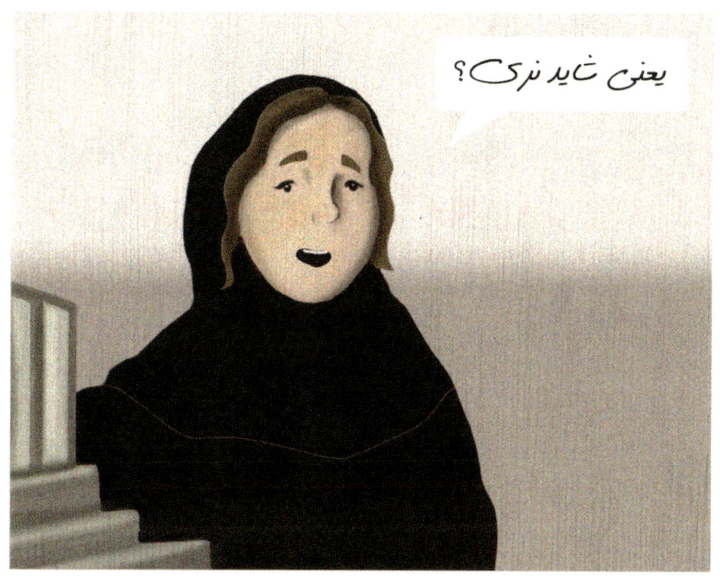

یعنی شاید نری؟

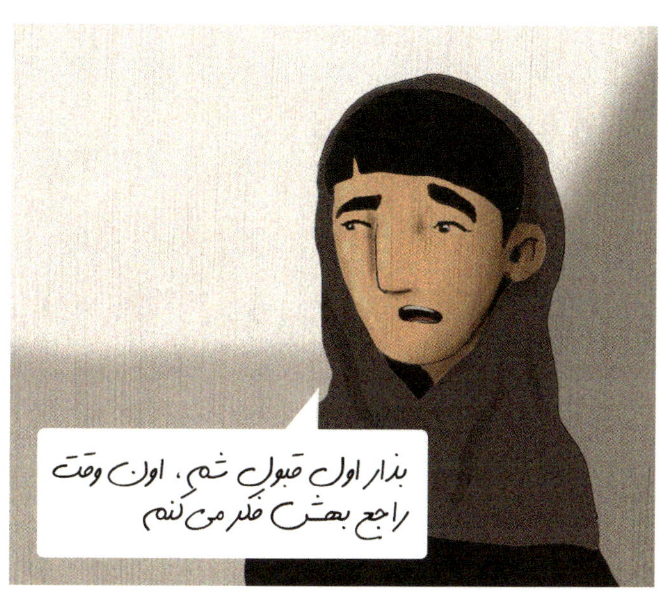

بذار اول قبول شم، اون وقت راجع بهش فکر می‌کنم

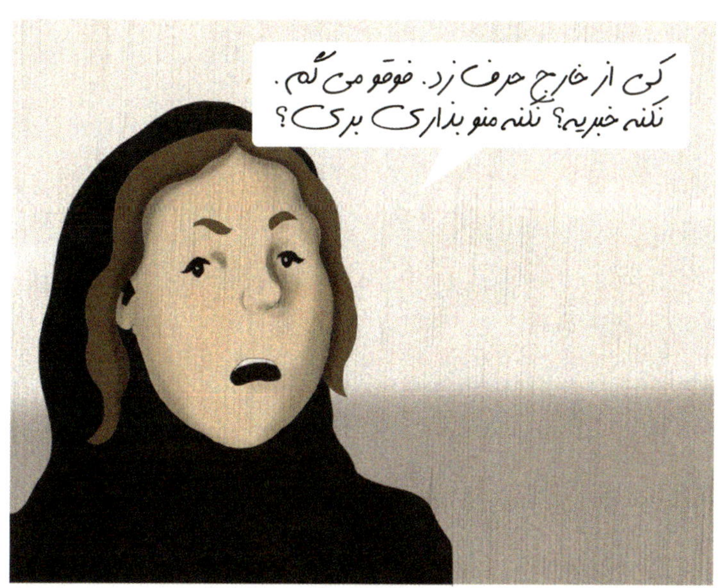

کی از خارج حرف زد. قوقو می‌گم. نکنه خبریه؟ نکنه منو بذاری بری؟

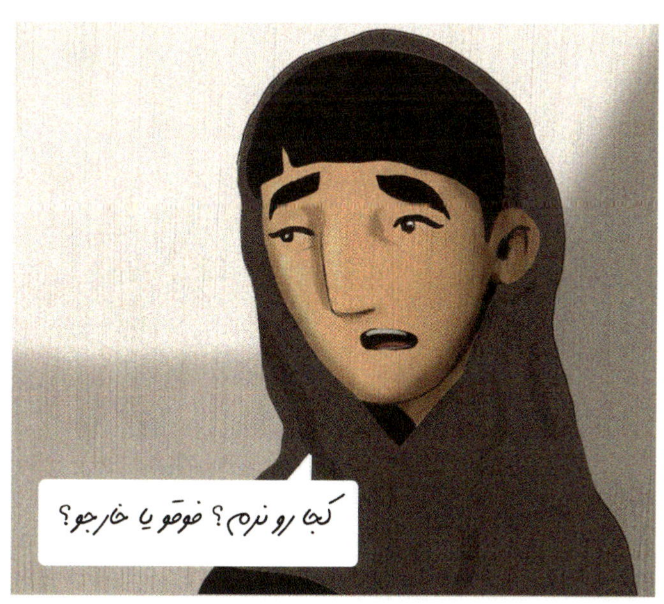

کجا رو نرم؟ قوقو یا خارجو؟

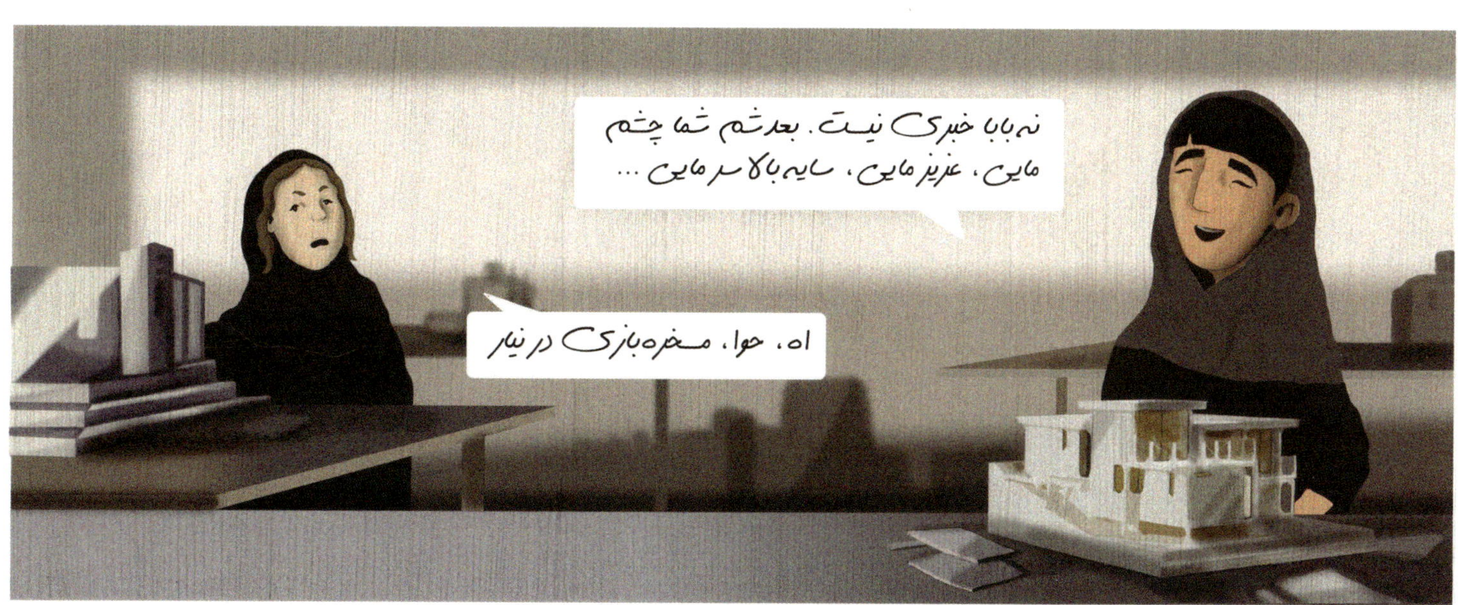

نه بابا خبری نیست. بعدشم شما چشم هایی، عزیز هایی، سایه بالا سر هایی ...
اه، حوا، مسخره‌بازی در نیار

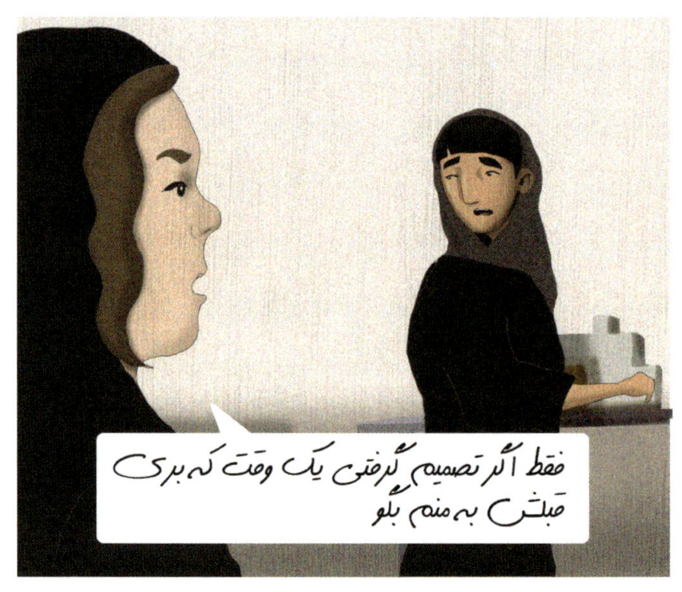

فقط اگر تصمیم گرفتی یک وقت که بری قبلش به منم بگو

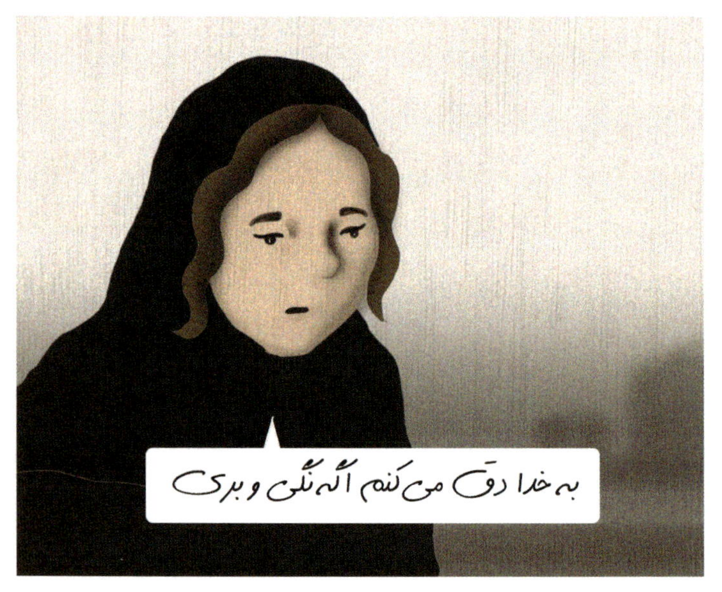

به خدا دق می کنم اگه نگی و بری

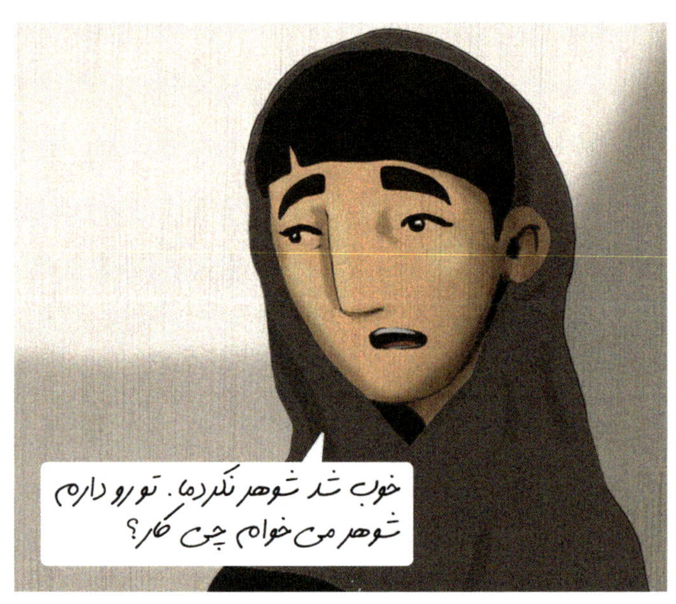

خوب شد شوهر نکردم. تورو دارم شوهر می خوام چی کار؟

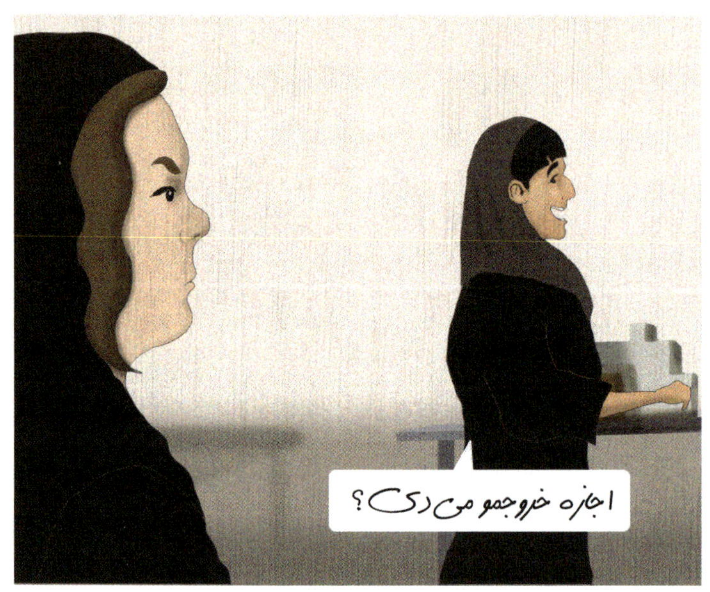

اجازه خروجمو می دی؟

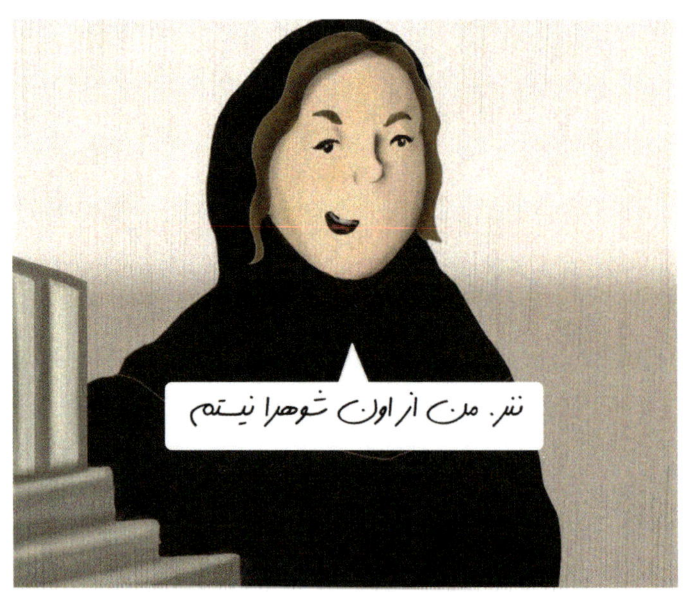

نترس. من از اون شوهرا نیستم

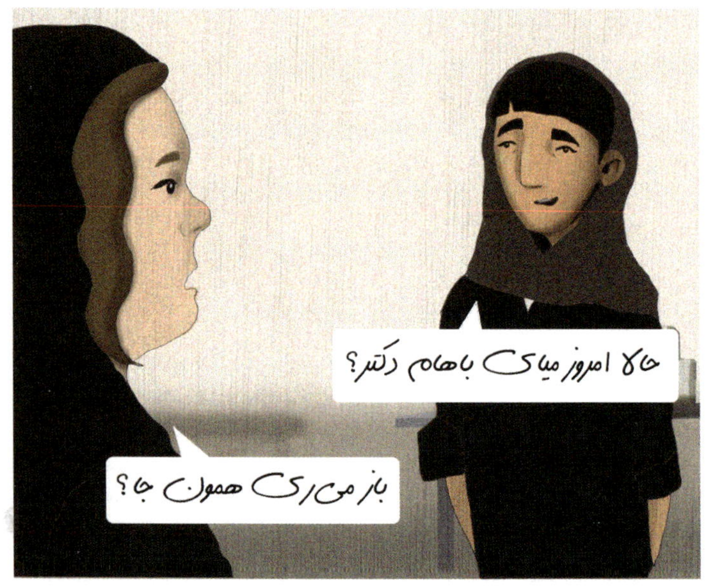

حالا امروز میای باهام دکتر؟
بازم می ری همون جا؟

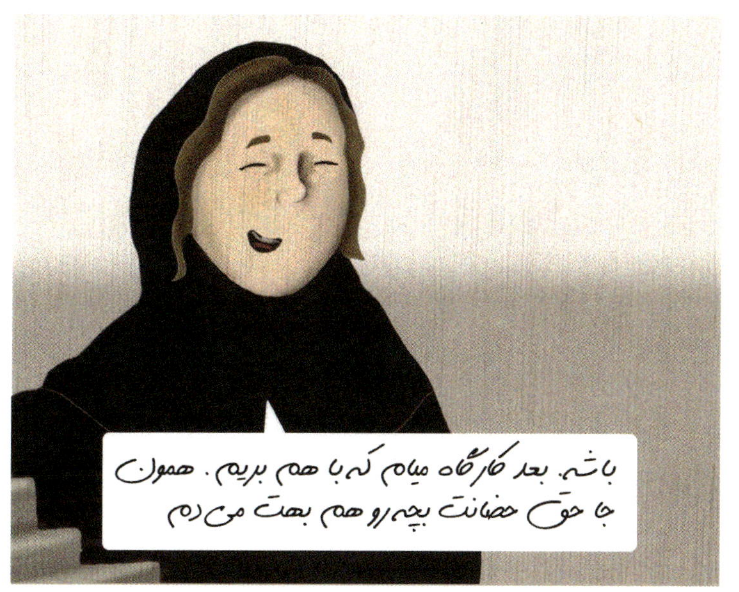
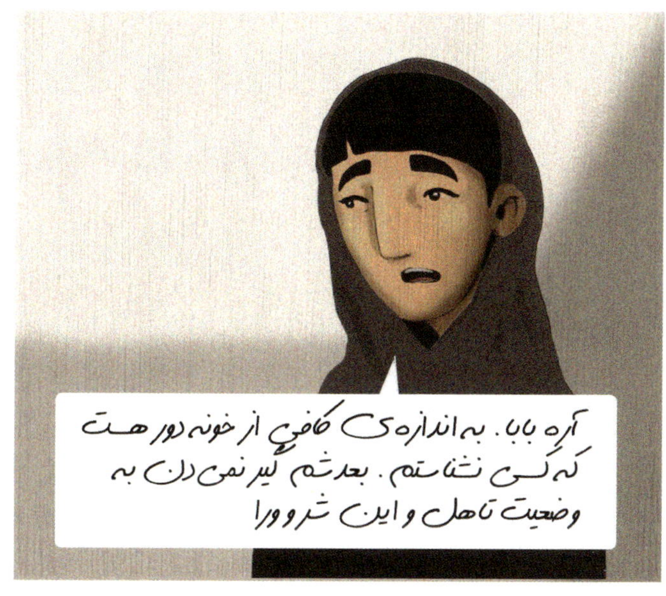
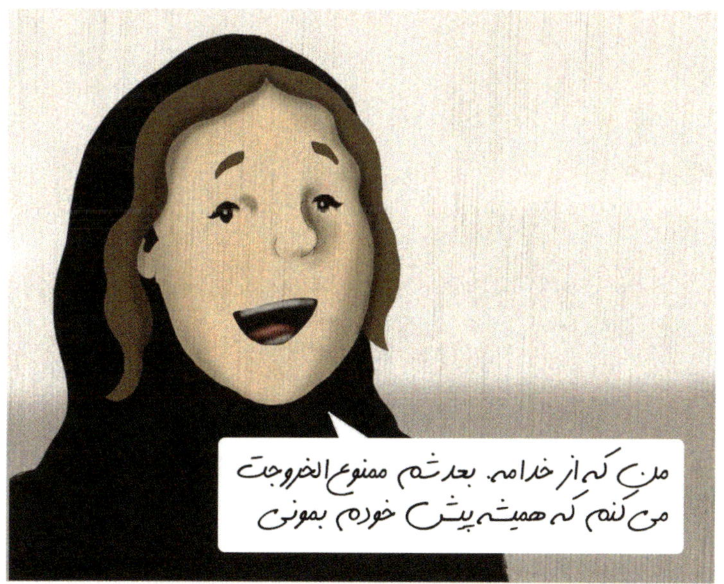
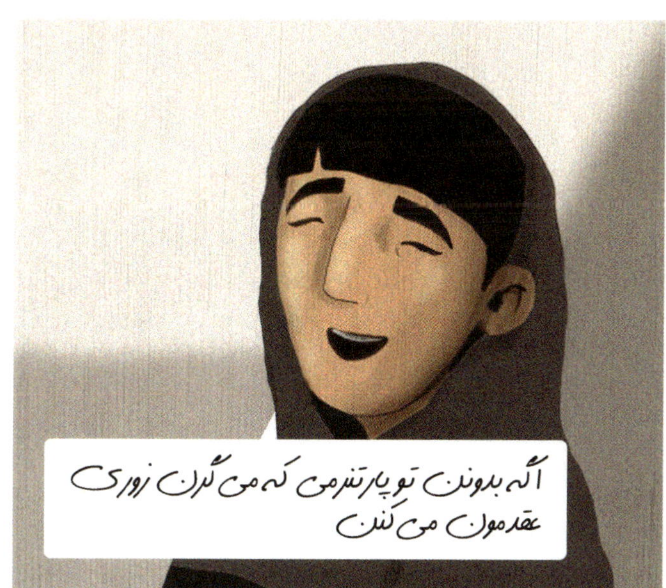

آره بابا. به اندازه‌ی کافی از خونه دور هست که کسی نشناستم. بعدشم گیر نمی‌دن به وضعیت تأهل و این شروورا

باشه. بعد کارگاه میام که با هم بریم. همون جا حق حضانت بچه رو هم بهت می‌دم

اگه بدونن تو پارتنرمی که می‌گن زوری عقدمون می‌کنن

من که از خدامه. بعدشم ممنوع‌الخروجت می‌کنم که همیشه پیش خودم بمونی

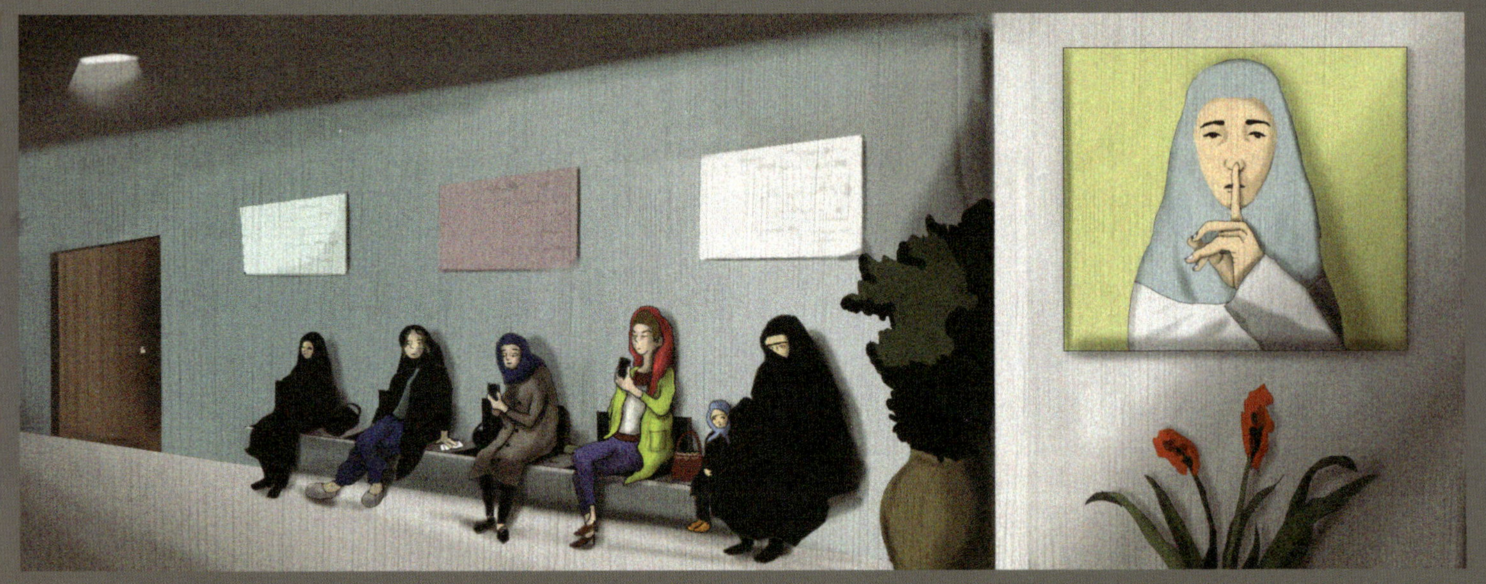

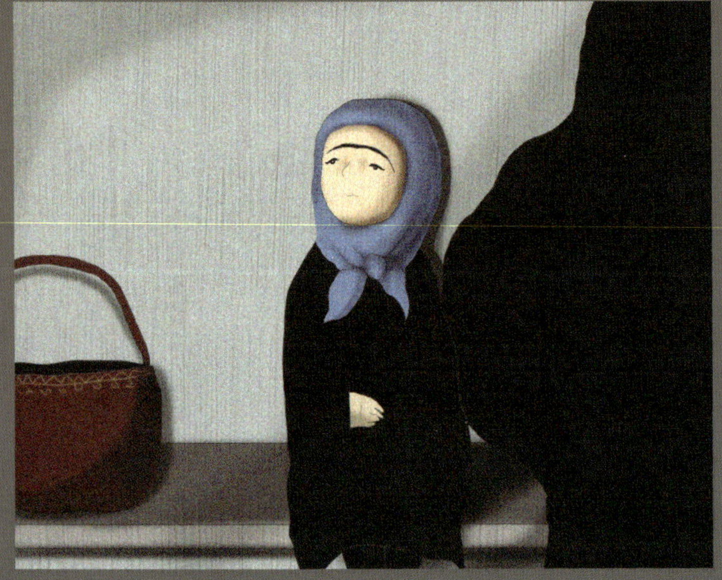

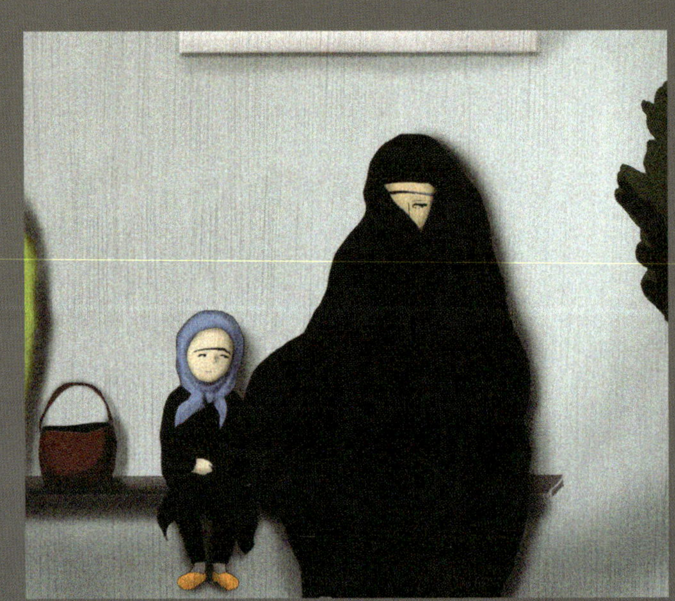

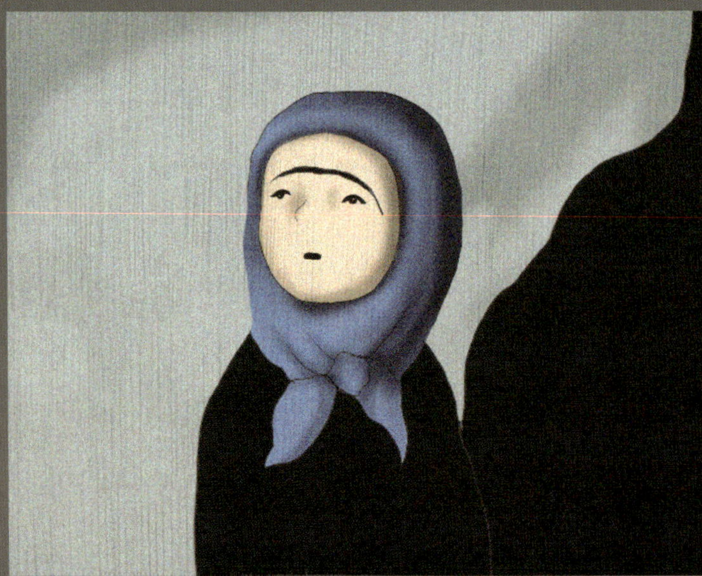

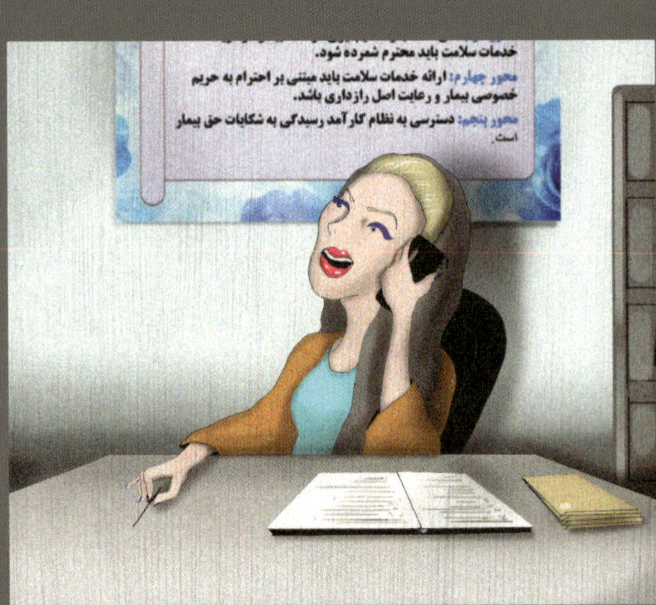
خدمات سلامت باید محترم شمرده شود.
محور چهارم: ارائه خدمات سلامت باید مبتنی بر احترام به حریم خصوصی بیمار و رعایت اصل رازداری باشد.
محور پنجم: دسترسی به نظام کارآمد رسیدگی به شکایات حق بیمار است.

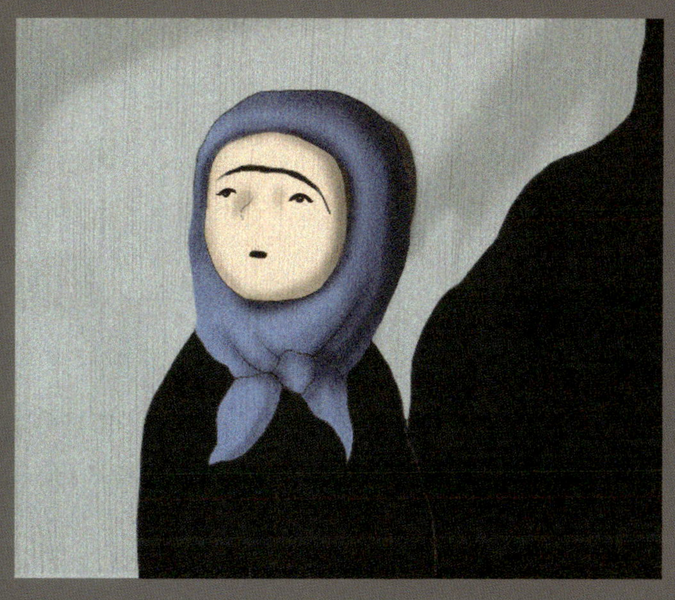
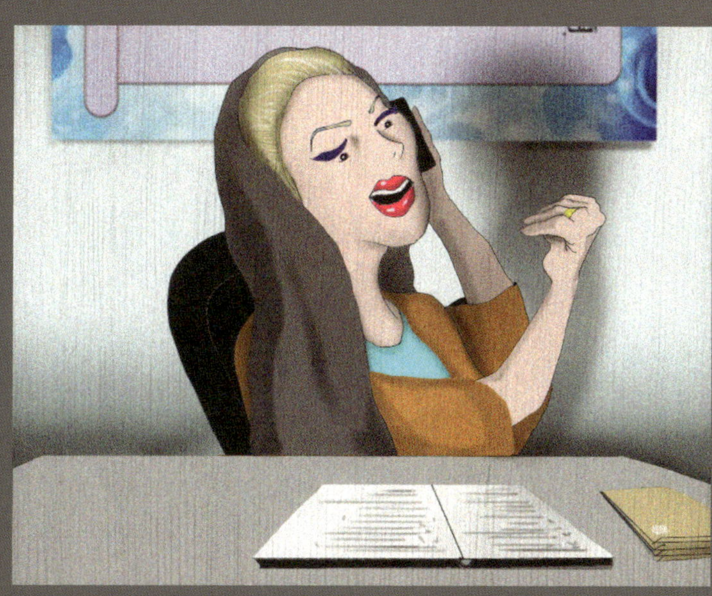
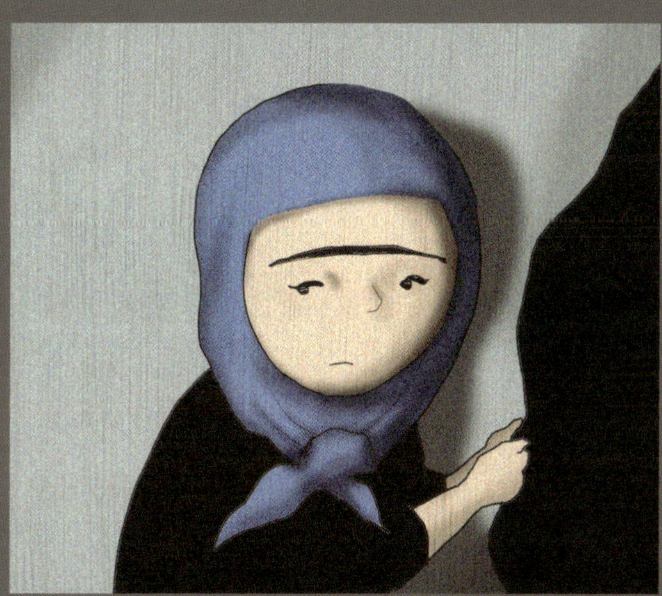
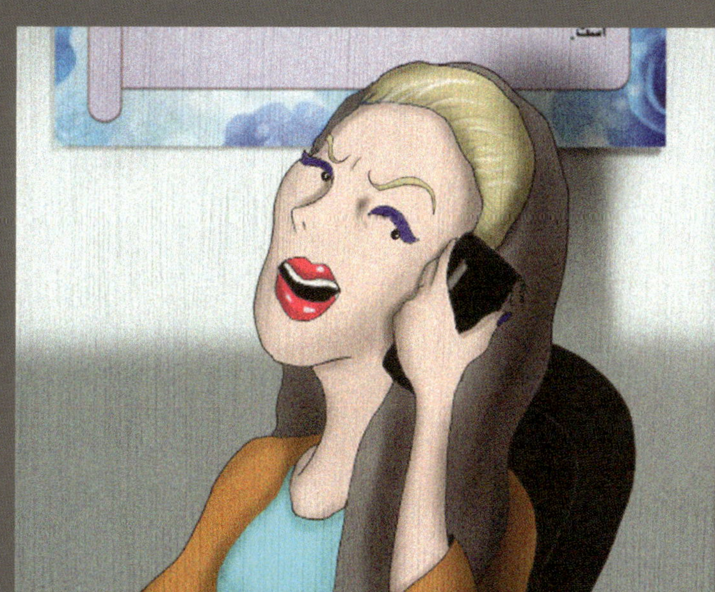
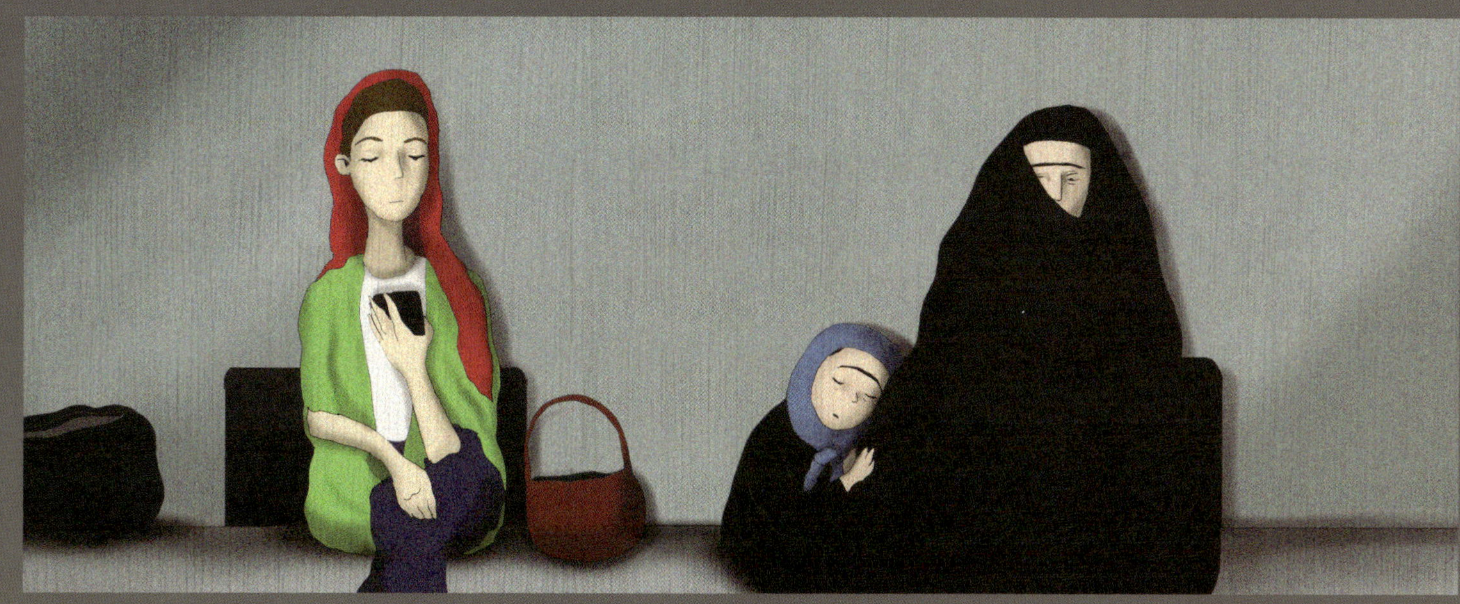

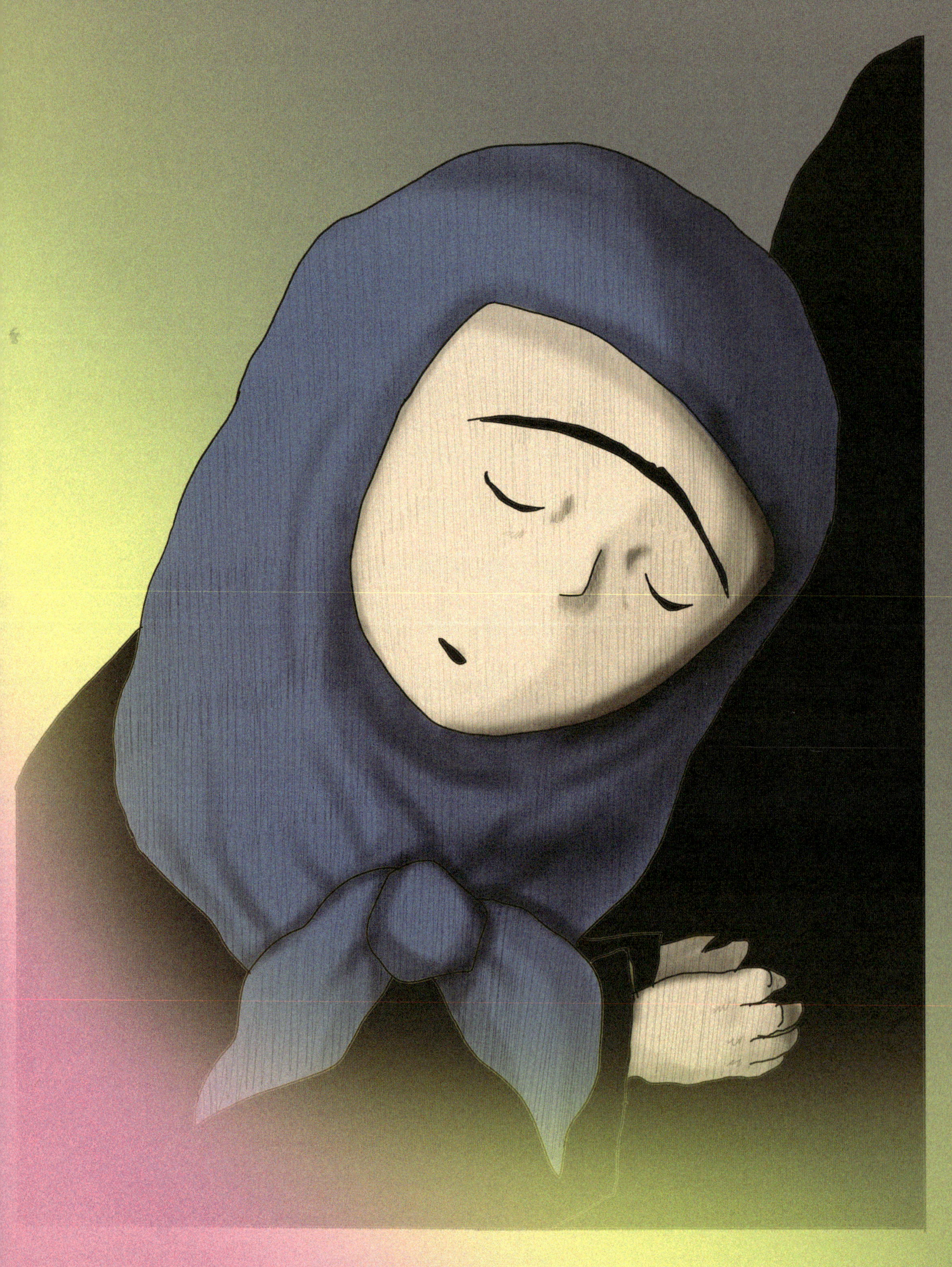

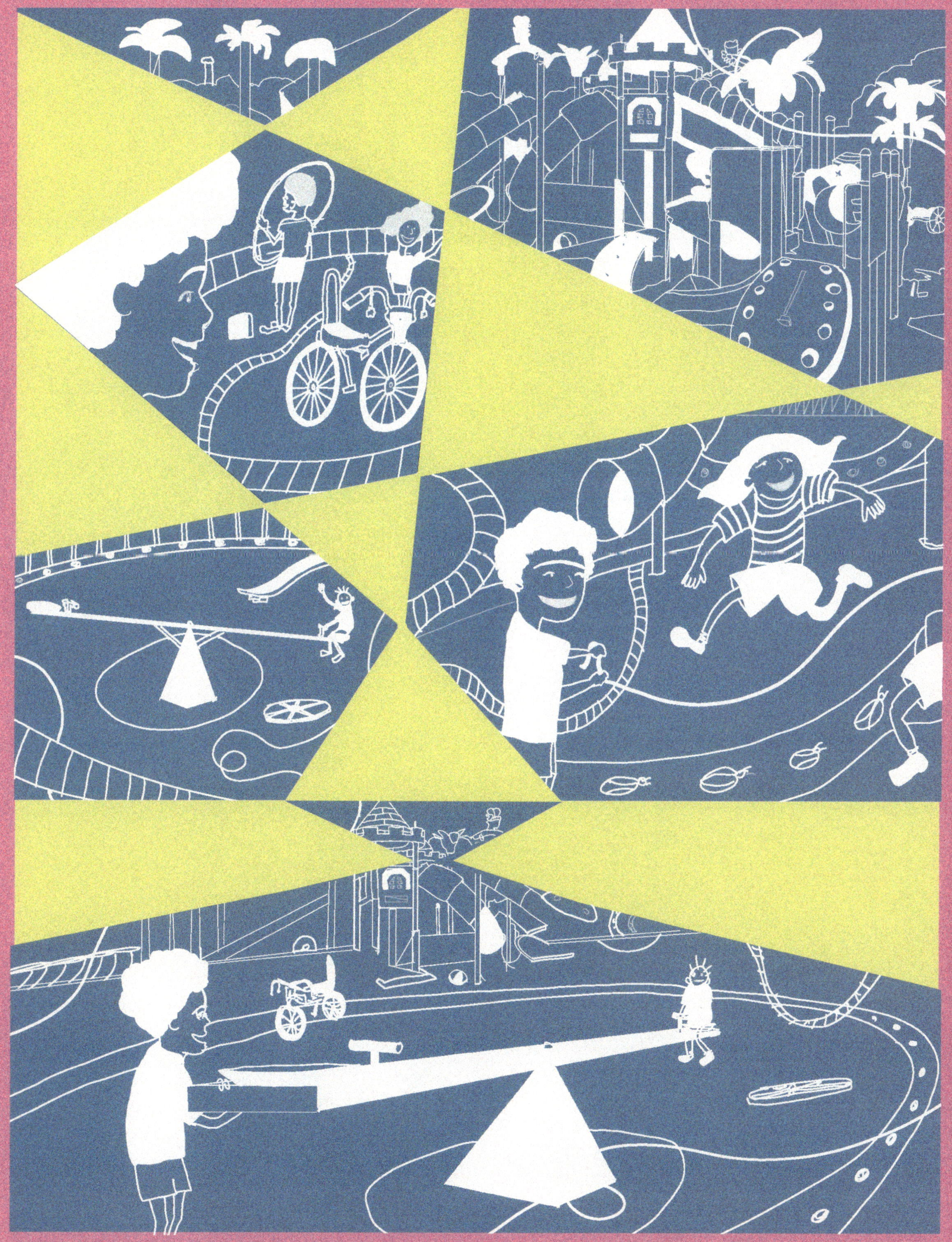

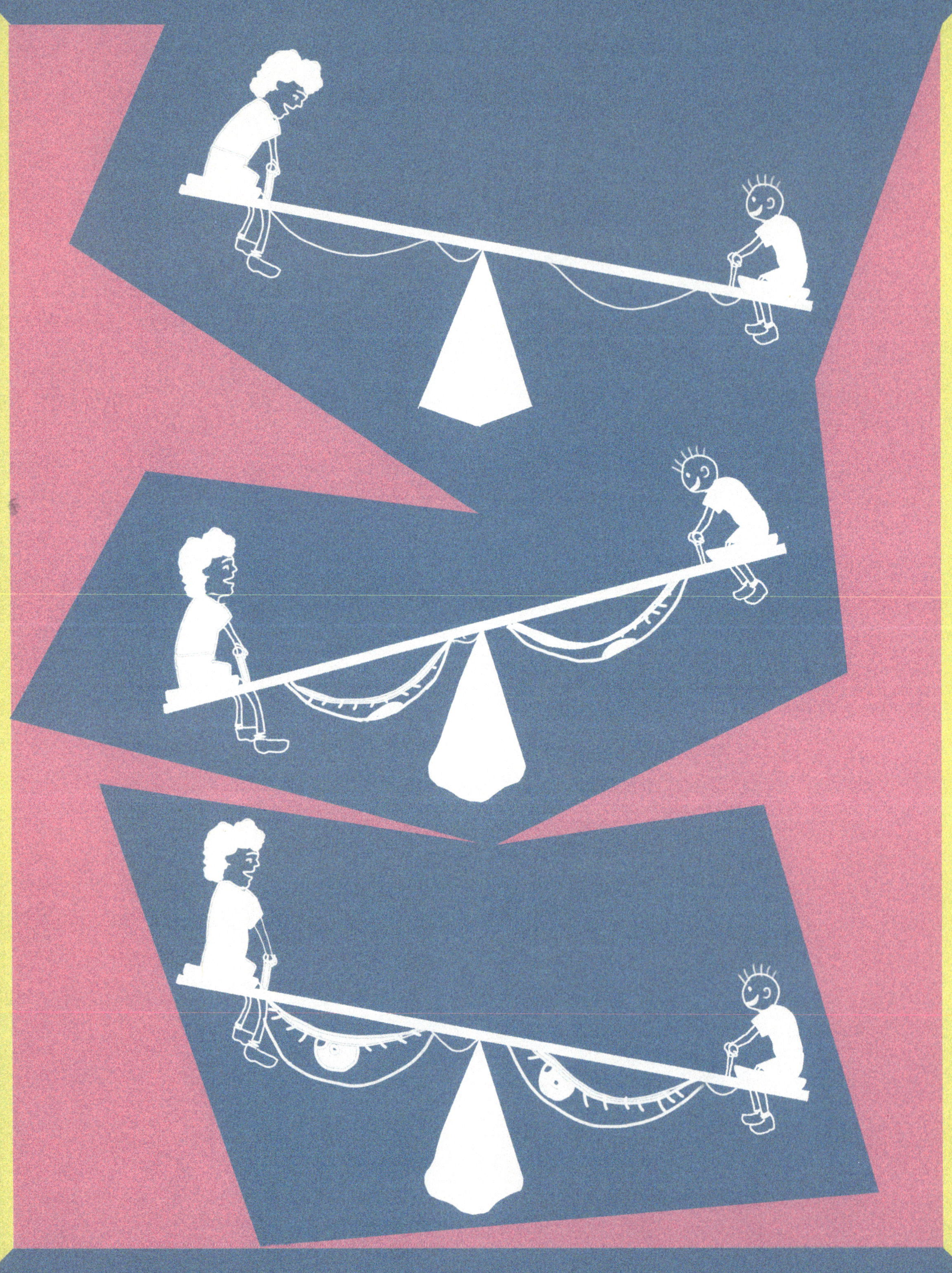

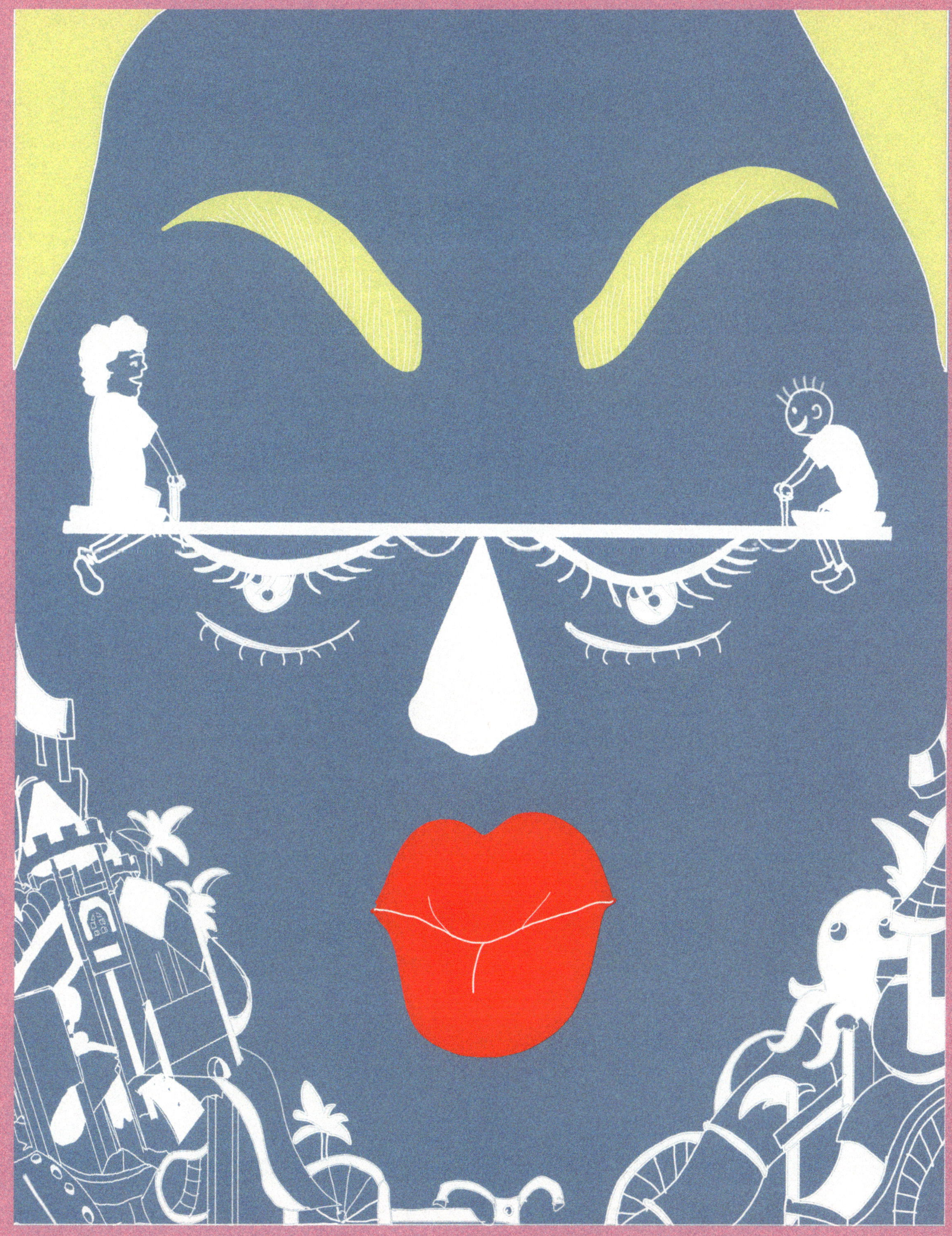

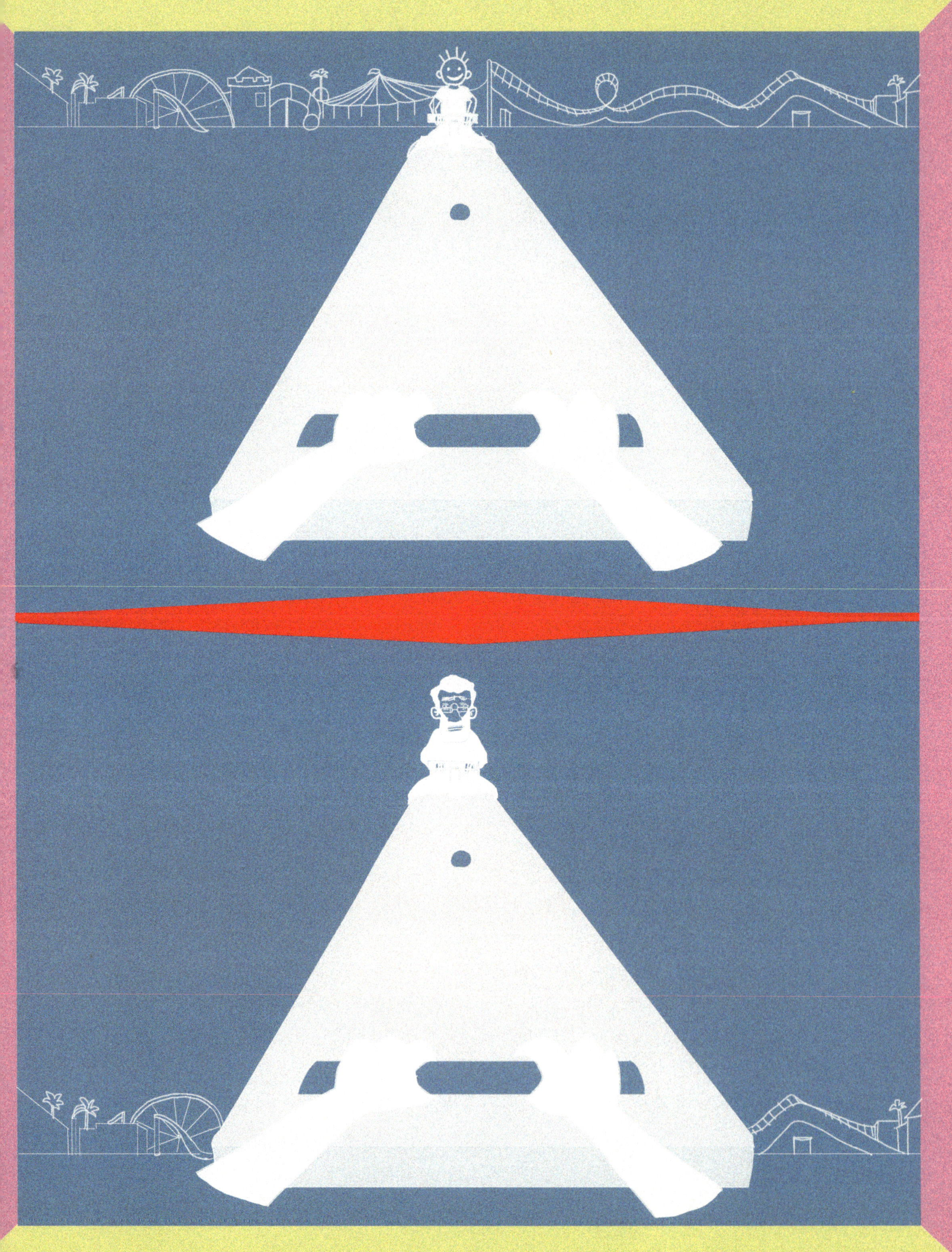

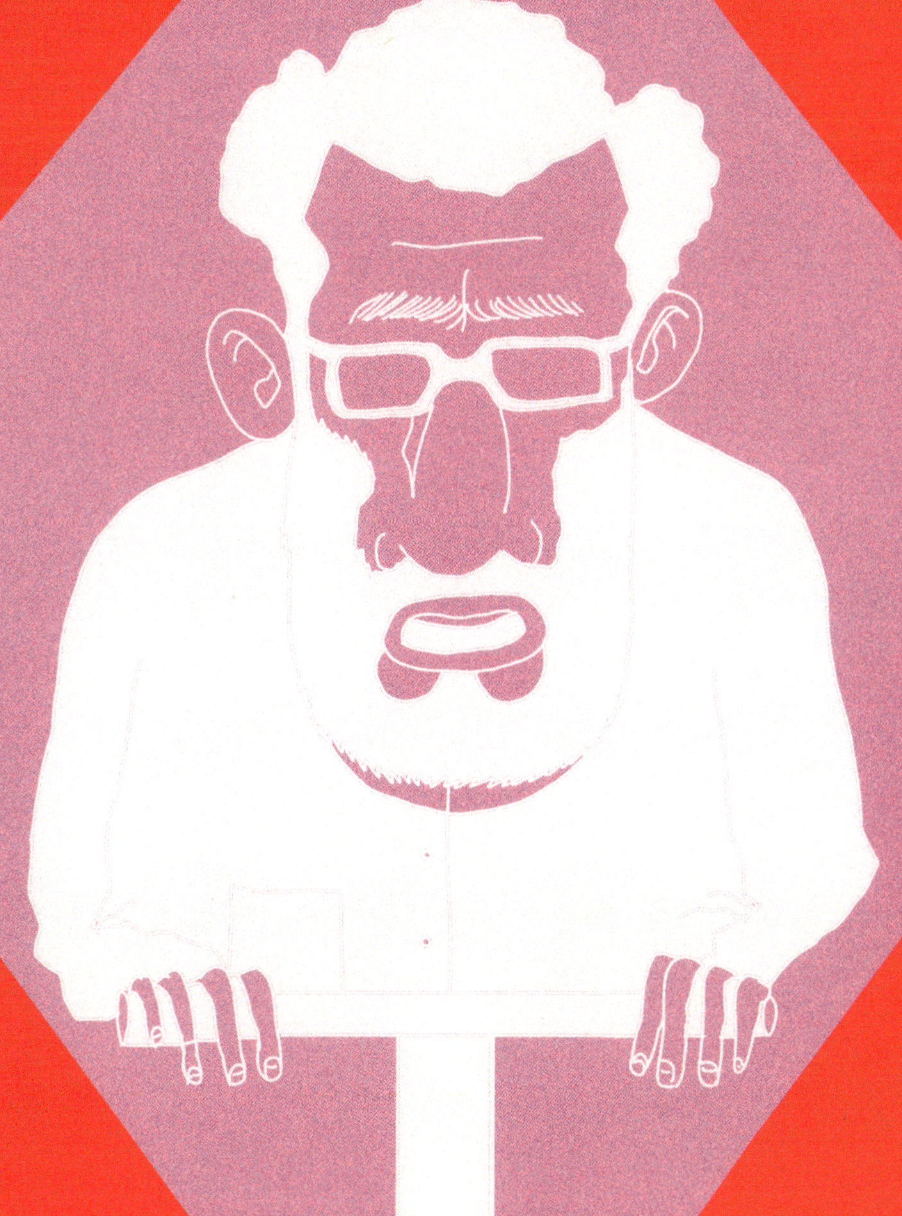
خداحافظ خانم دکتر!

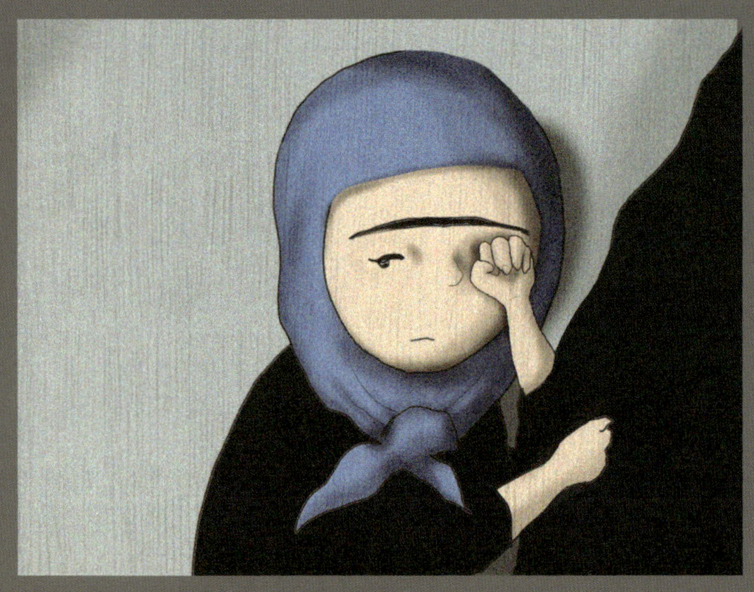

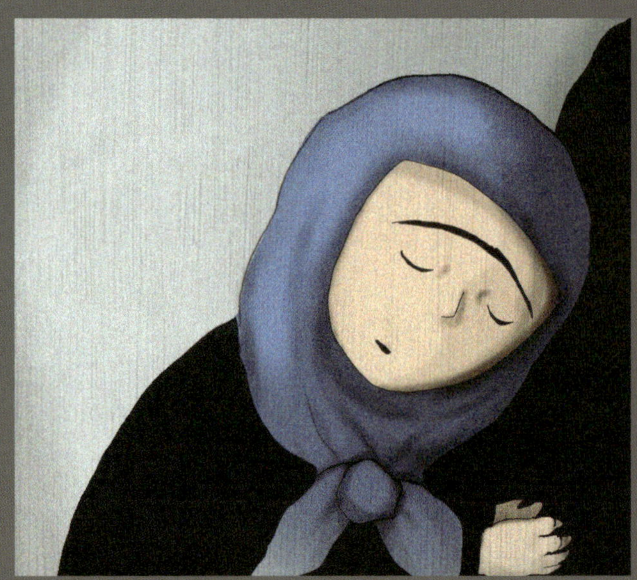

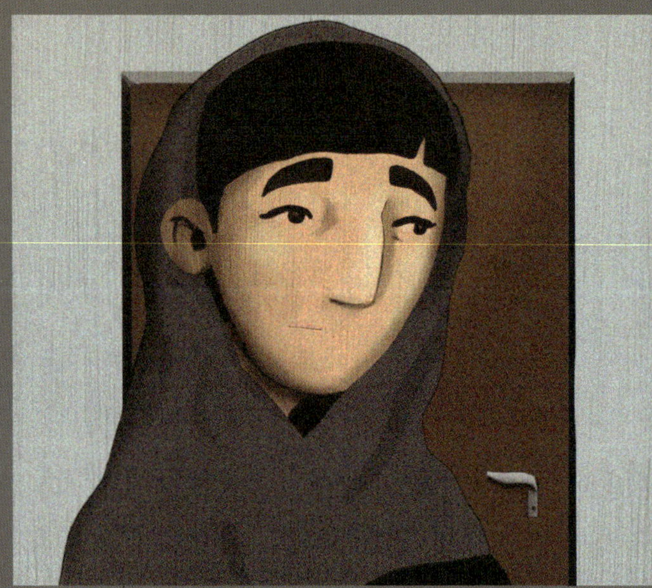

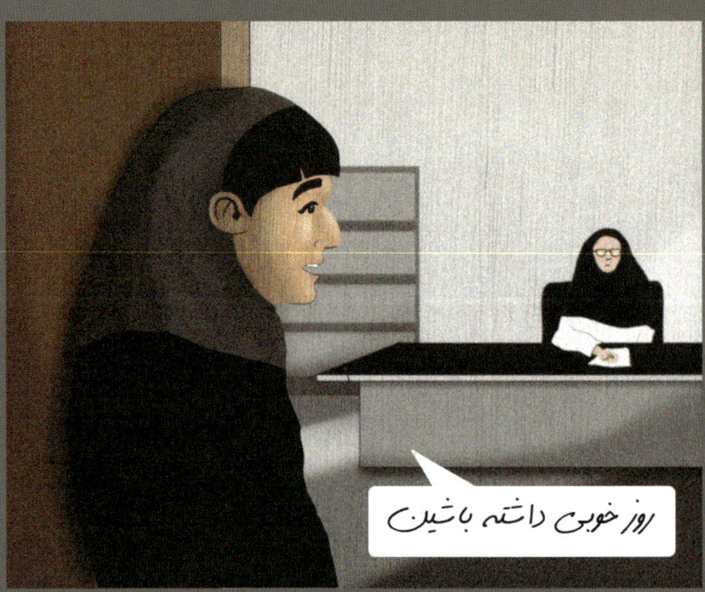

روز خوبی داشته باشین

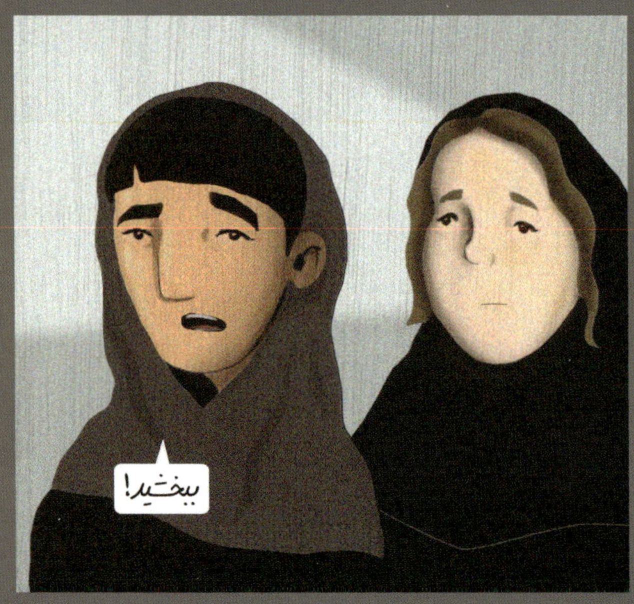

ببخشید!

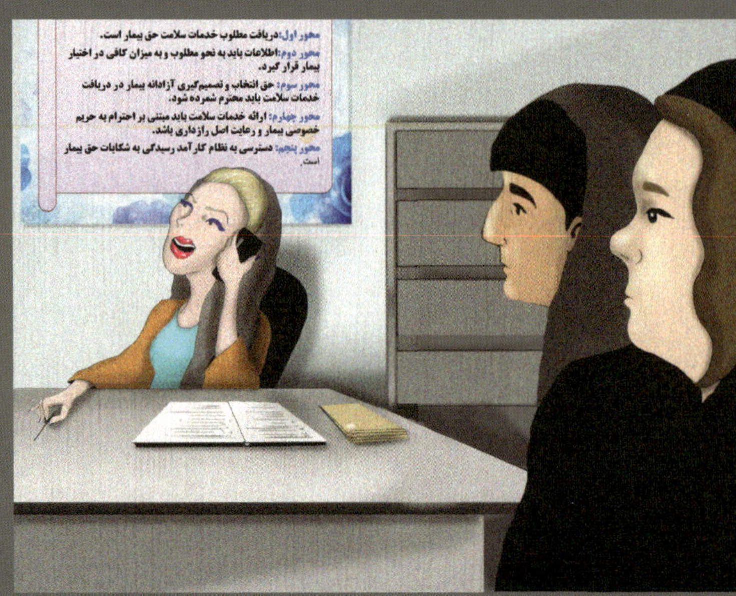

محور اول:دریافت مطلوب خدمات سلامت حق بیمار است.
محور دوم:اطلاعات باید به نحو مطلوب و به میزان کافی در اختیار بیمار قرار گیرد.
محور سوم: حق انتخاب و تصمیم‌گیری آزادانه بیمار در دریافت خدمات سلامت باید محترم شمرده شود.
محور چهارم: ارائه خدمات سلامت باید مبتنی بر احترام به حریم خصوصی بیمار و رعایت اصل رازداری باشد.
محور پنجم: دسترسی به نظام کارآمد رسیدگی به شکایات حق بیمار است.

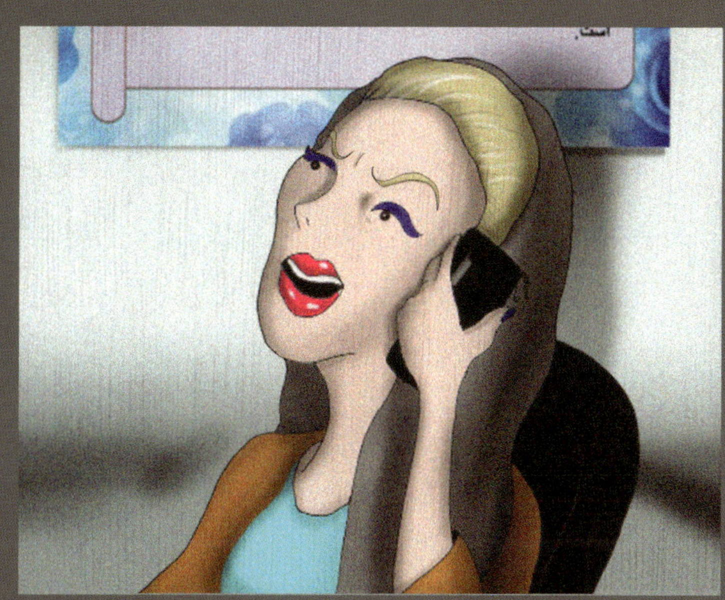

محور اول: دریافت مطلوب خدمات سلامت حق بیمار است.
محور دوم: اطلاعات باید به نحو مطلوب و به میزان کافی در اختیار بیمار قرار گیرد.

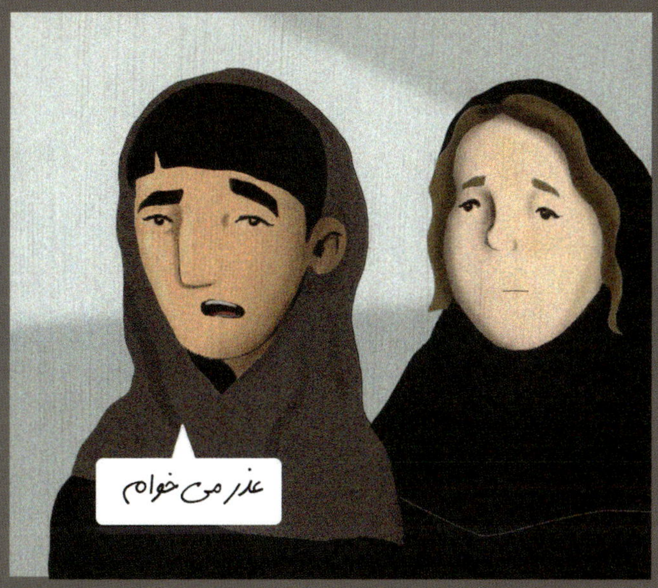

عذر می‌خوام

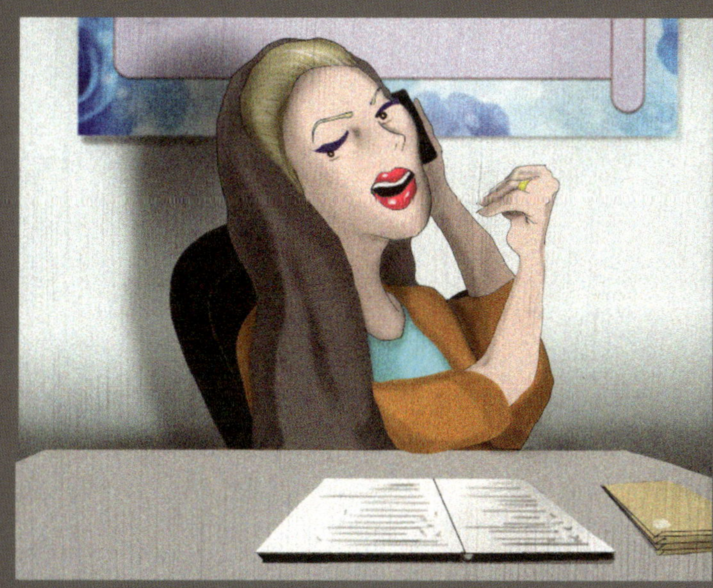

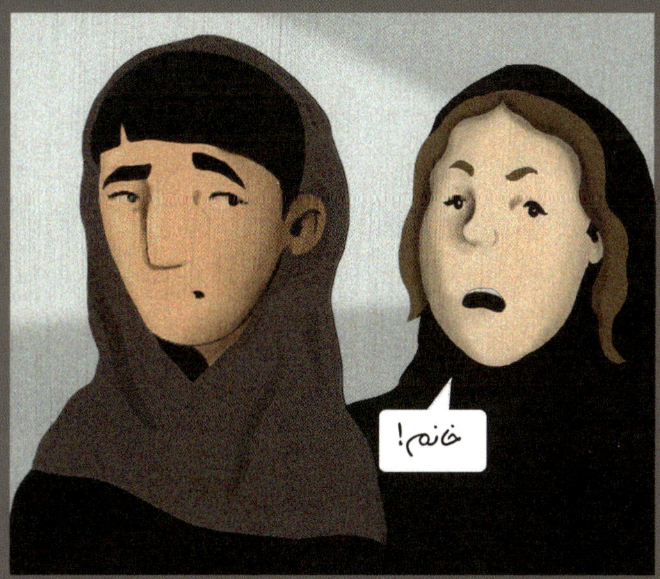

خانم!

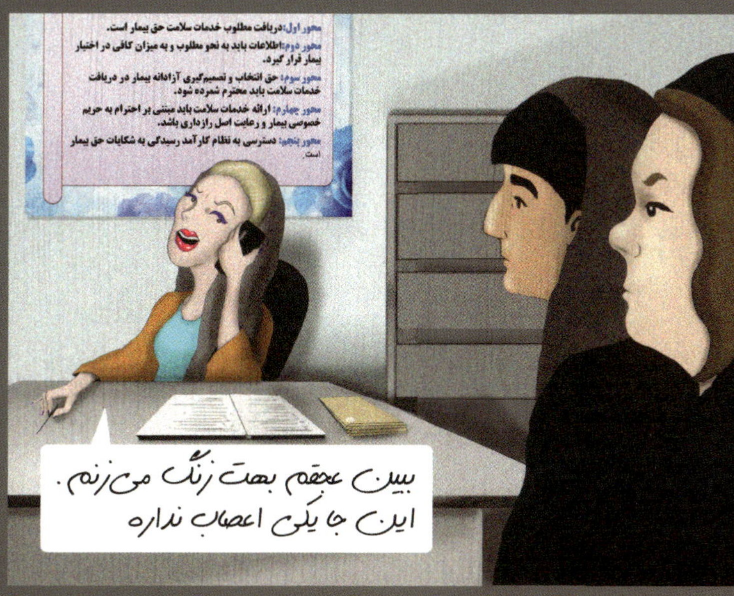

محور اول: دریافت مطلوب خدمات سلامت حق بیمار است.
محور دوم: اطلاعات باید به نحو مطلوب و به میزان کافی در اختیار بیمار قرار گیرد.
محور سوم: حق انتخاب و تصمیم‌گیری آزادانه بیمار در دریافت خدمات سلامت باید محترم شمرده شود.
محور چهارم: ارائه خدمات سلامت باید مبتنی بر احترام به حریم خصوصی بیمار و رعایت اصل رازداری باشد.
محور پنجم: دسترسی به نظام کارآمد رسیدگی به شکایات حق بیمار است.
بشین عجقم بهت زنگ می‌زنم. این جا یکی اعصاب نداره

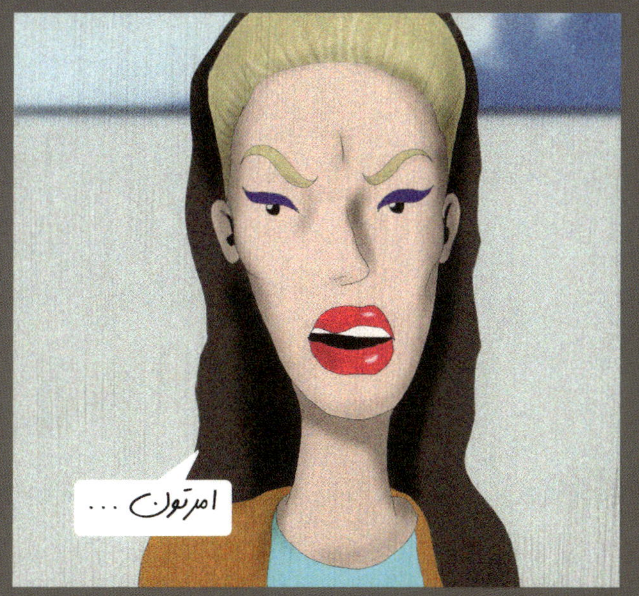

امرتون ...

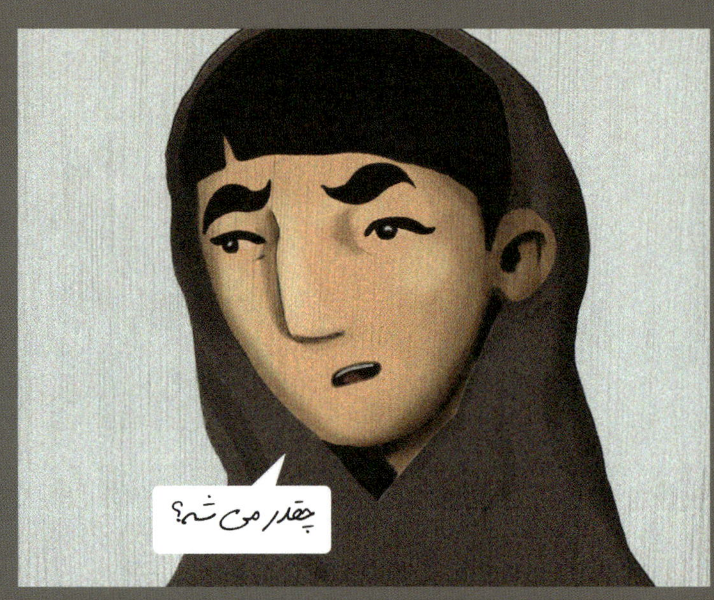
چقدر می شه؟

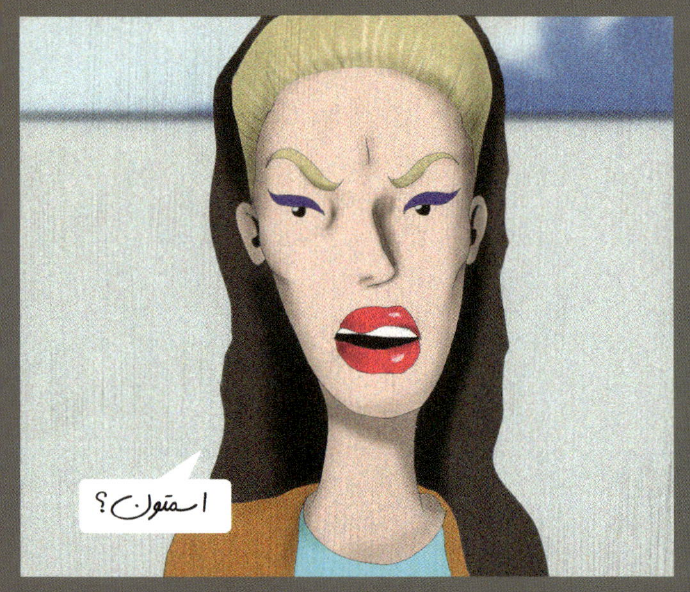
اسمتون؟

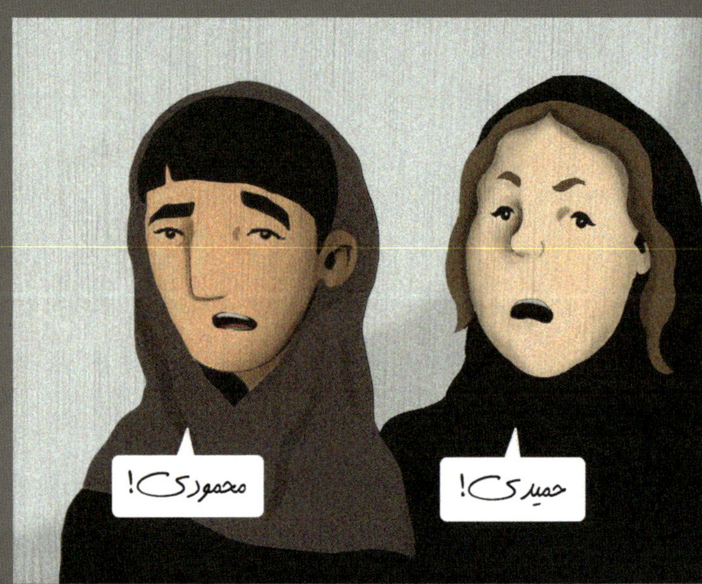
محمودک!
حمیدک!

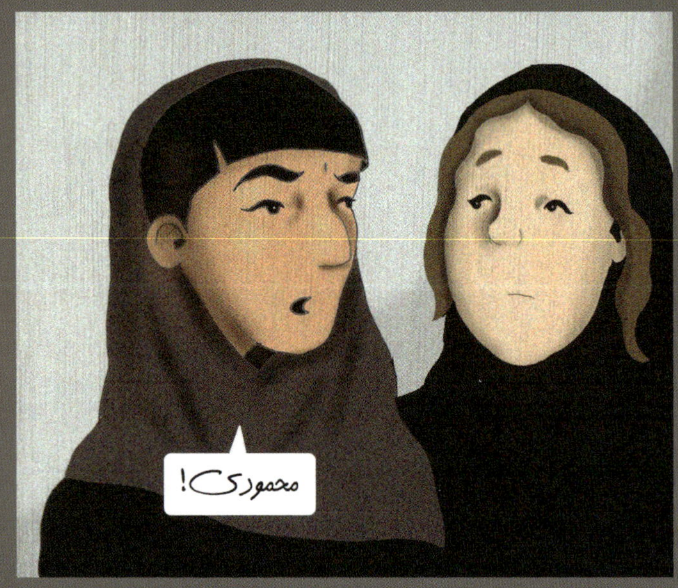
محمودک!

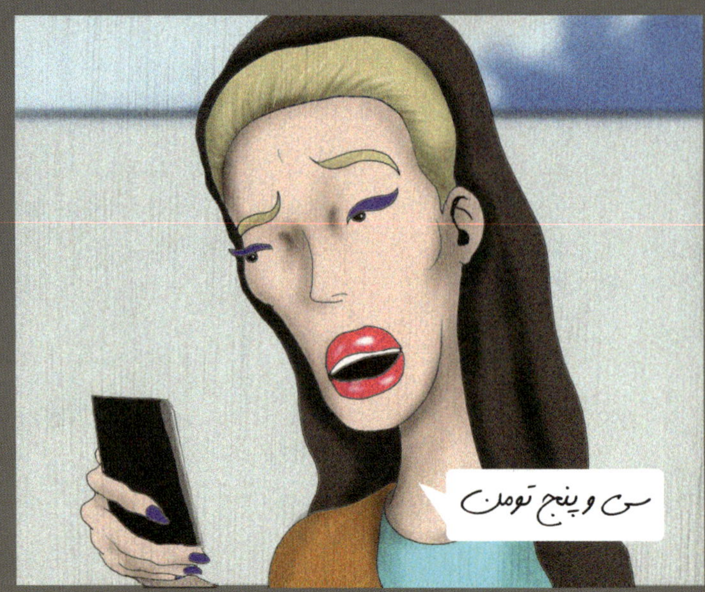
سی و پنج تومن

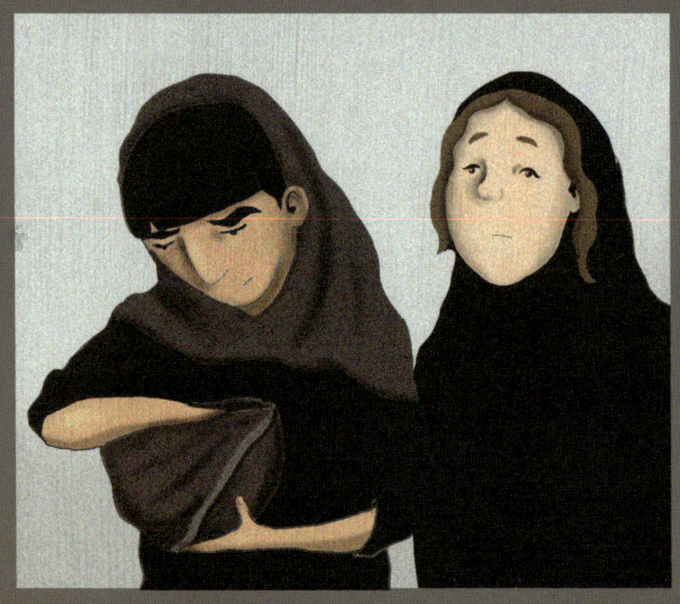

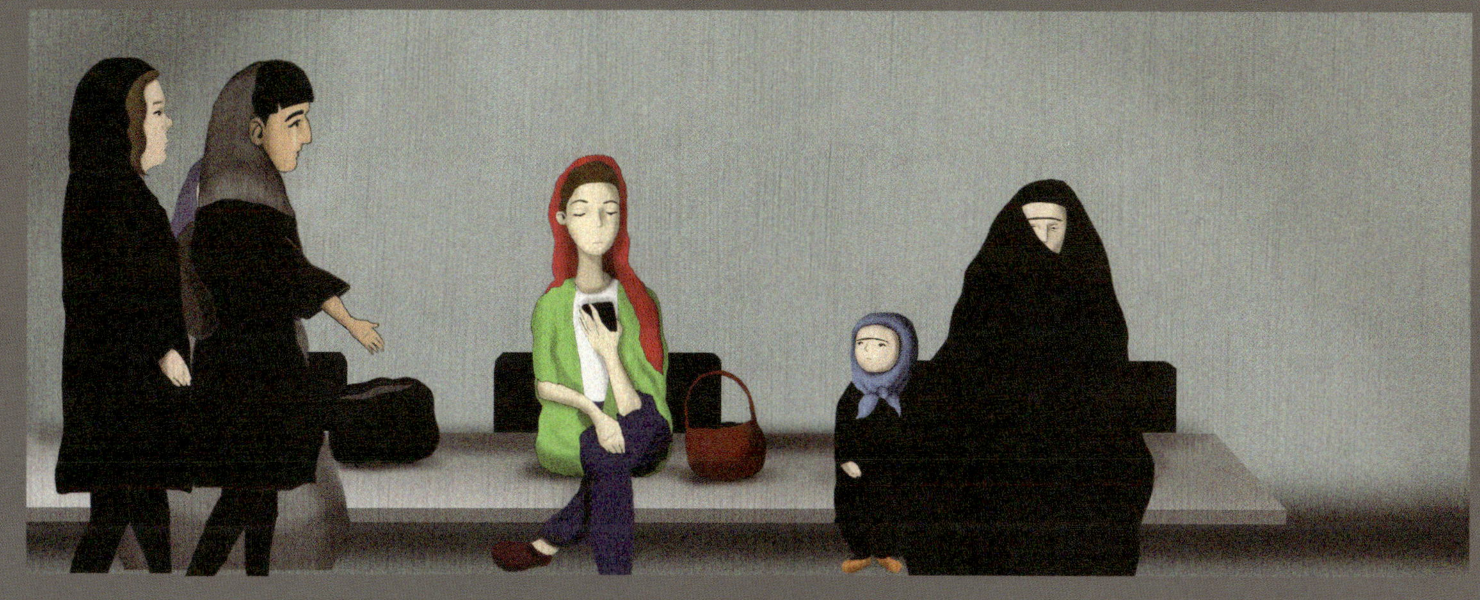

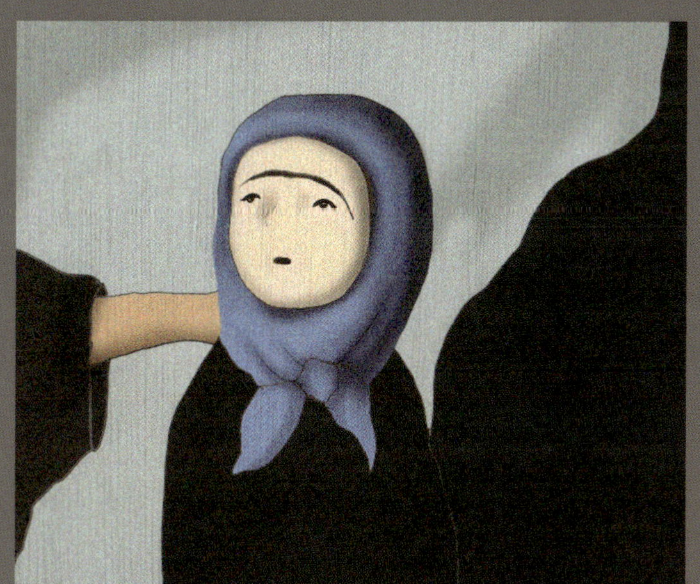

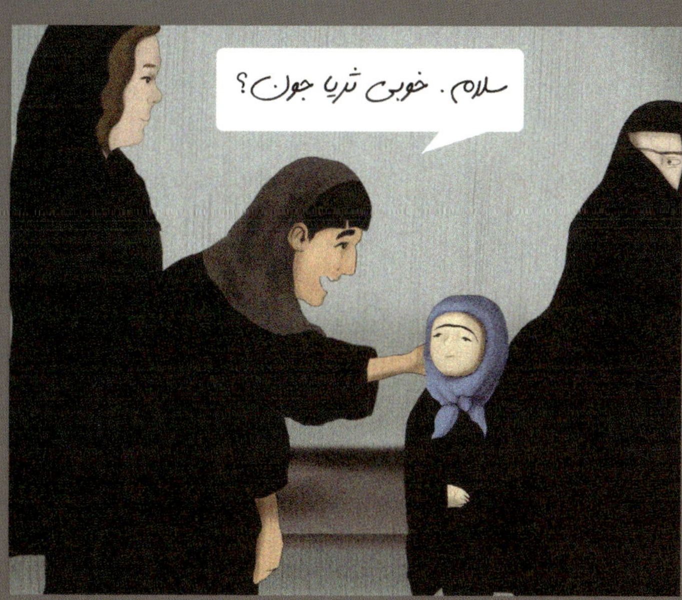

سلام. خوبی ثریا جون؟

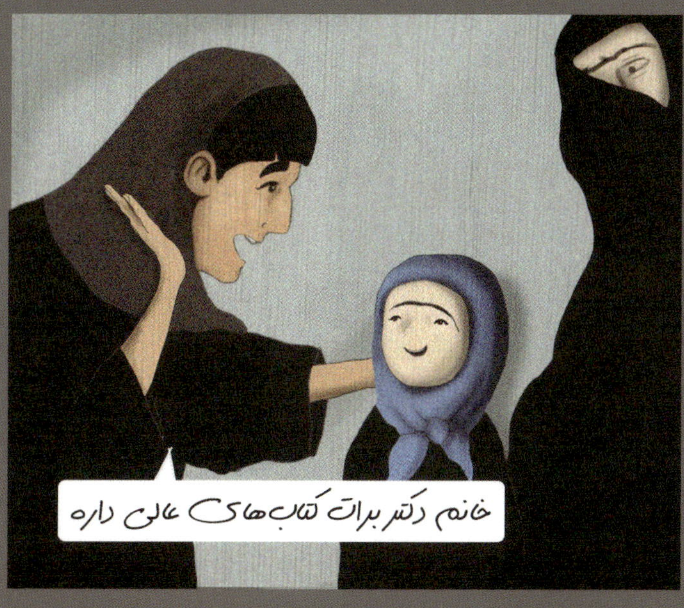

خانم دکتر برات کتاب‌های عالی داره

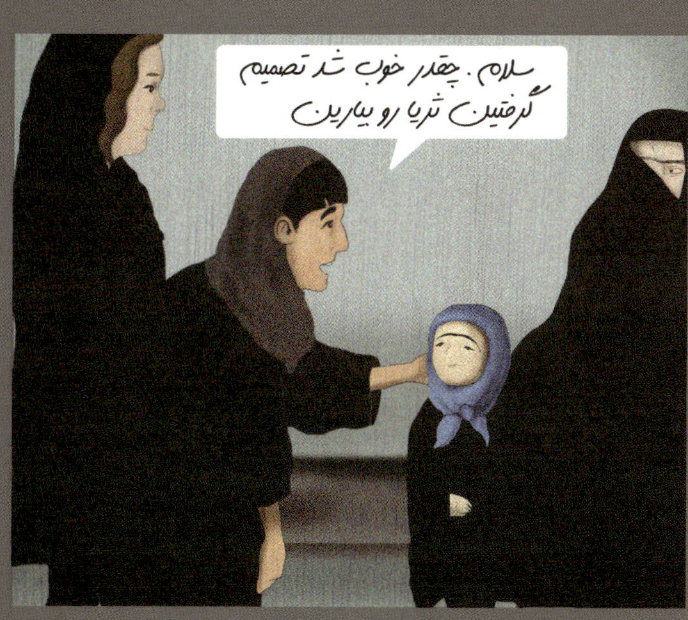

سلام. چقدر خوب شد تصمیم گرفتین ثریا رو بیارین

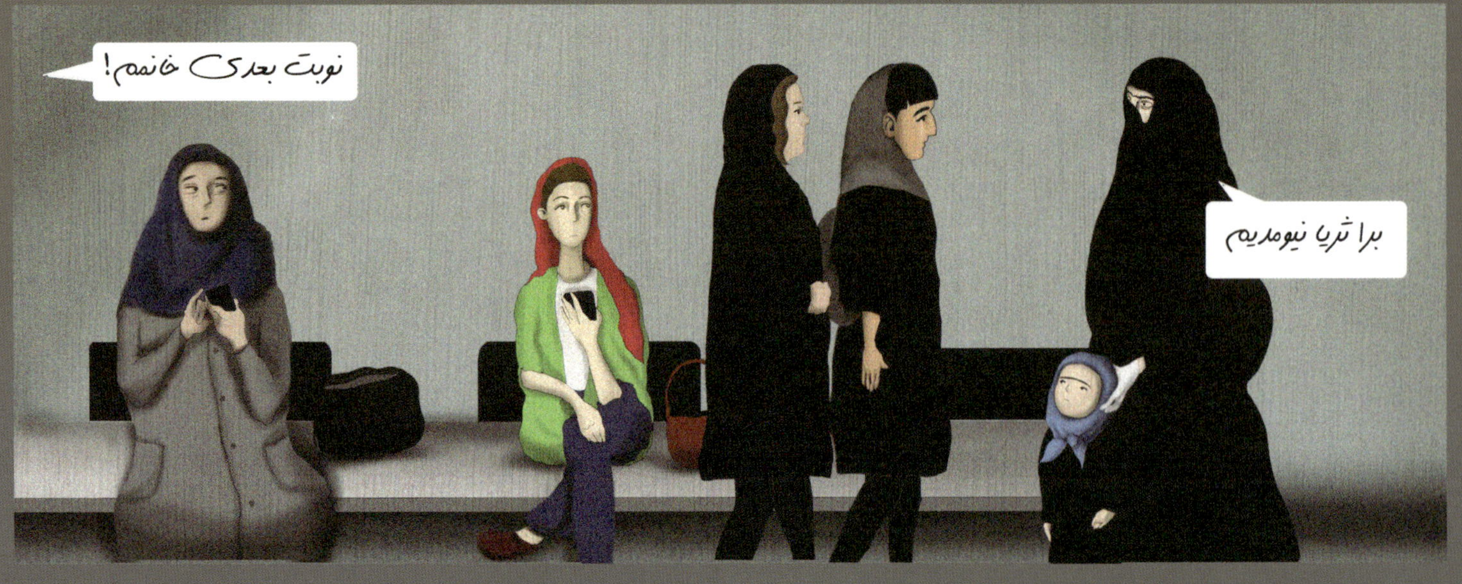

نوبت بعدی خانمم!
برا ثریا نیومدیم

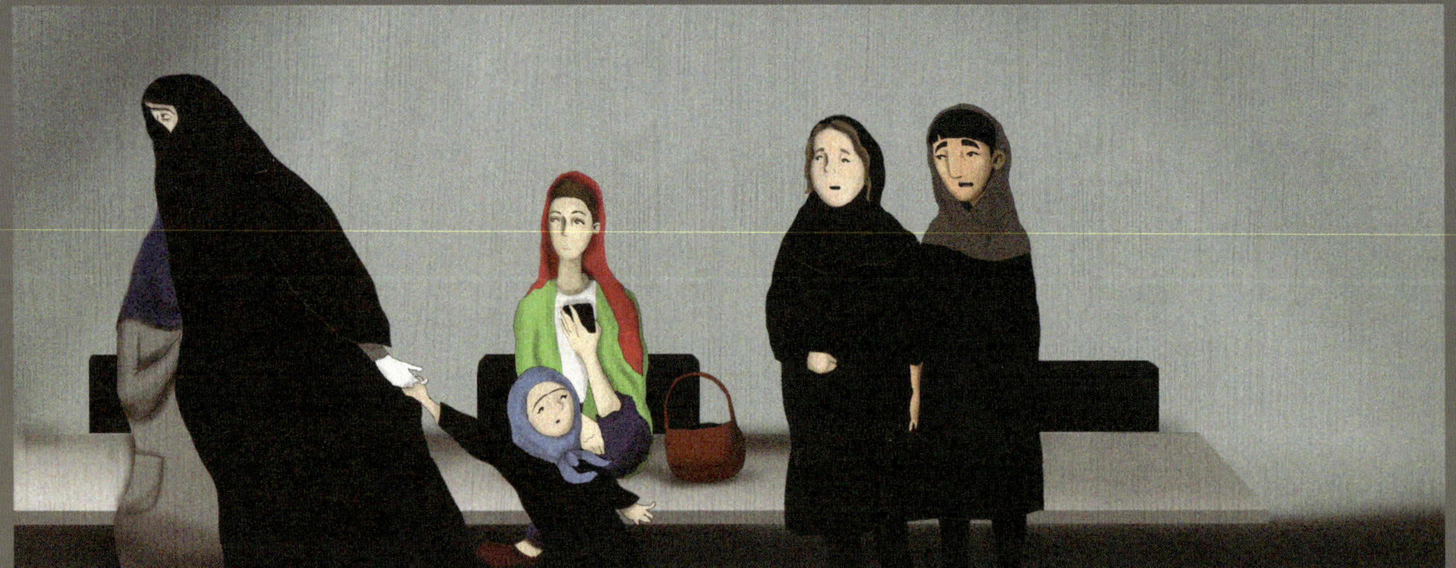

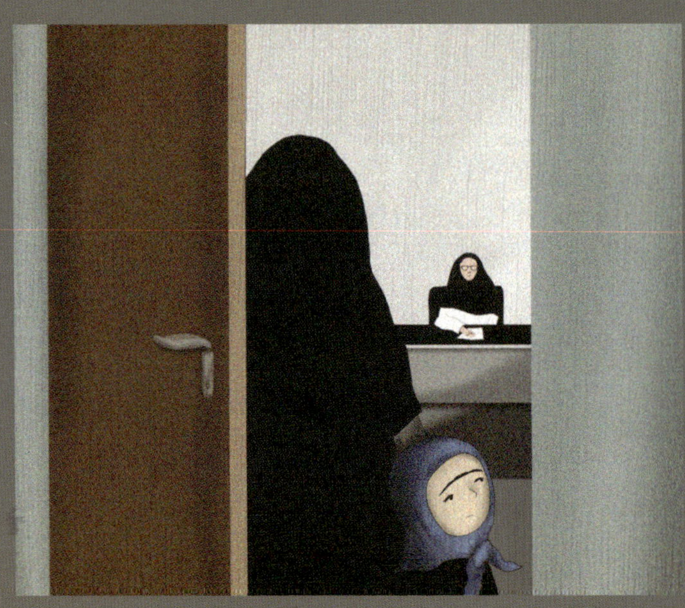

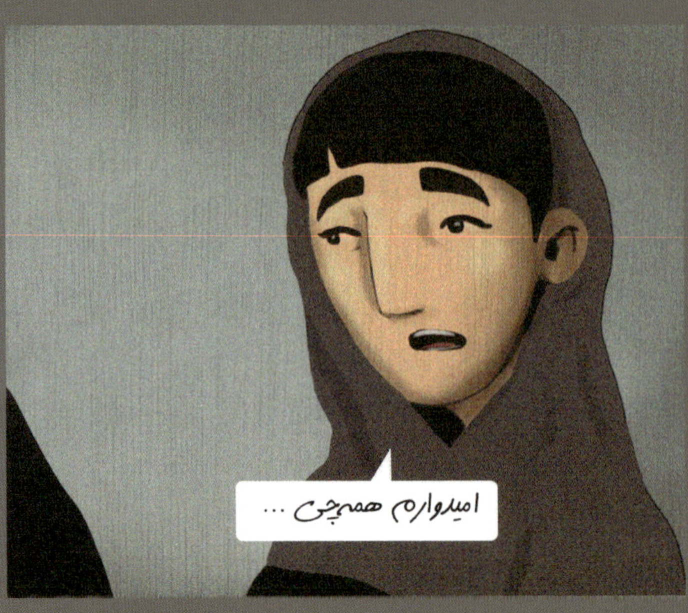

امیدوارم همیچی ...

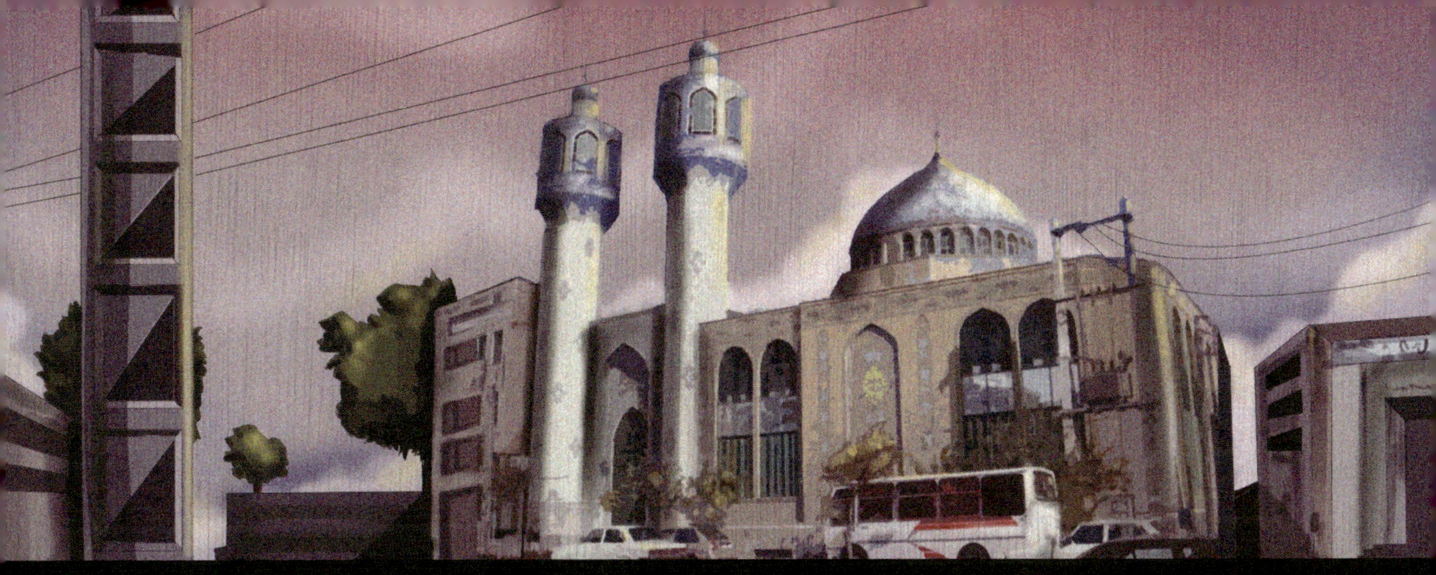
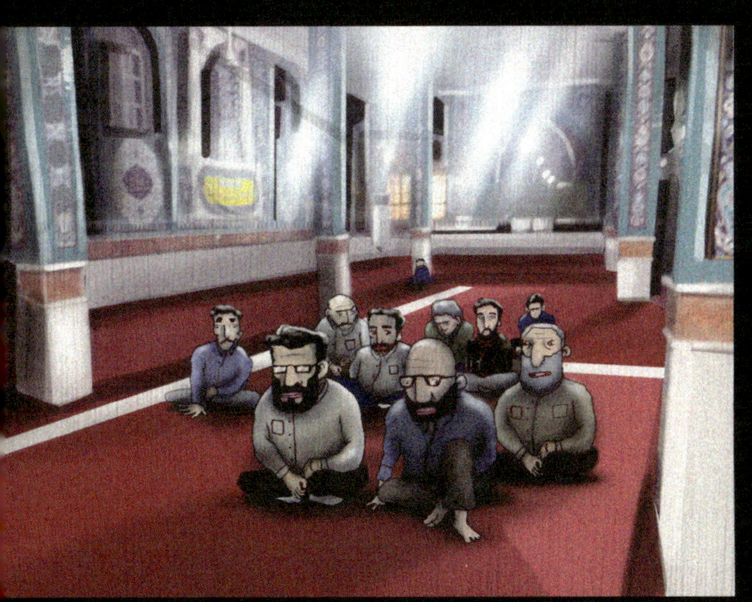
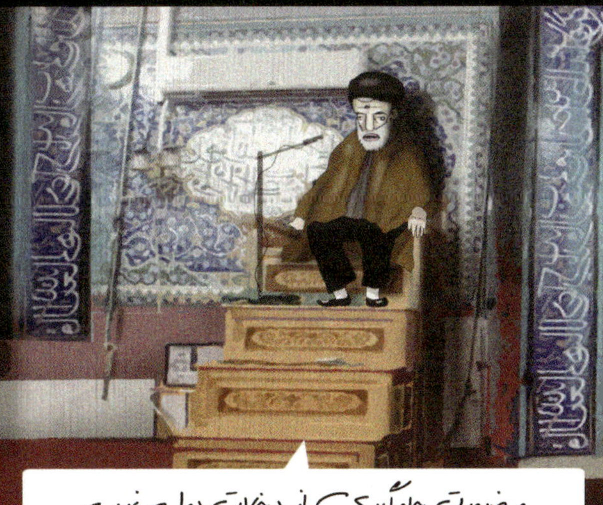

... و ضرورت جلوگیری از دخالت دول غربی ...

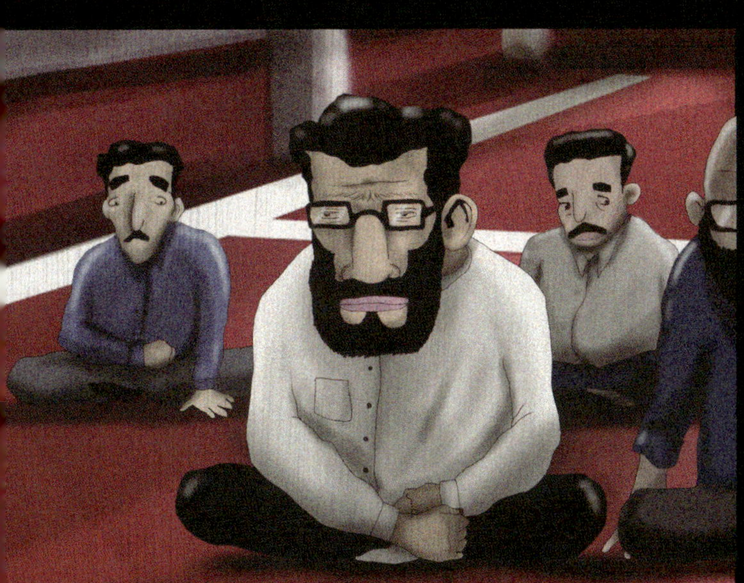
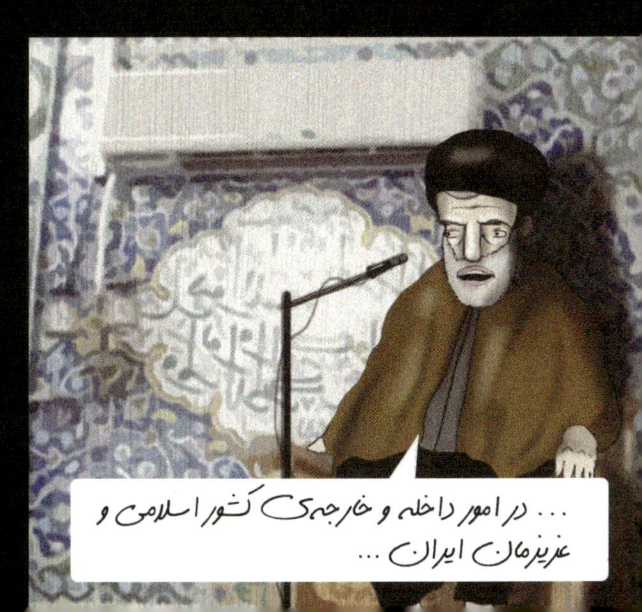

... در امور داخله و خارجه‌ی کشور اسلامی و
عزیزمان ایران ...

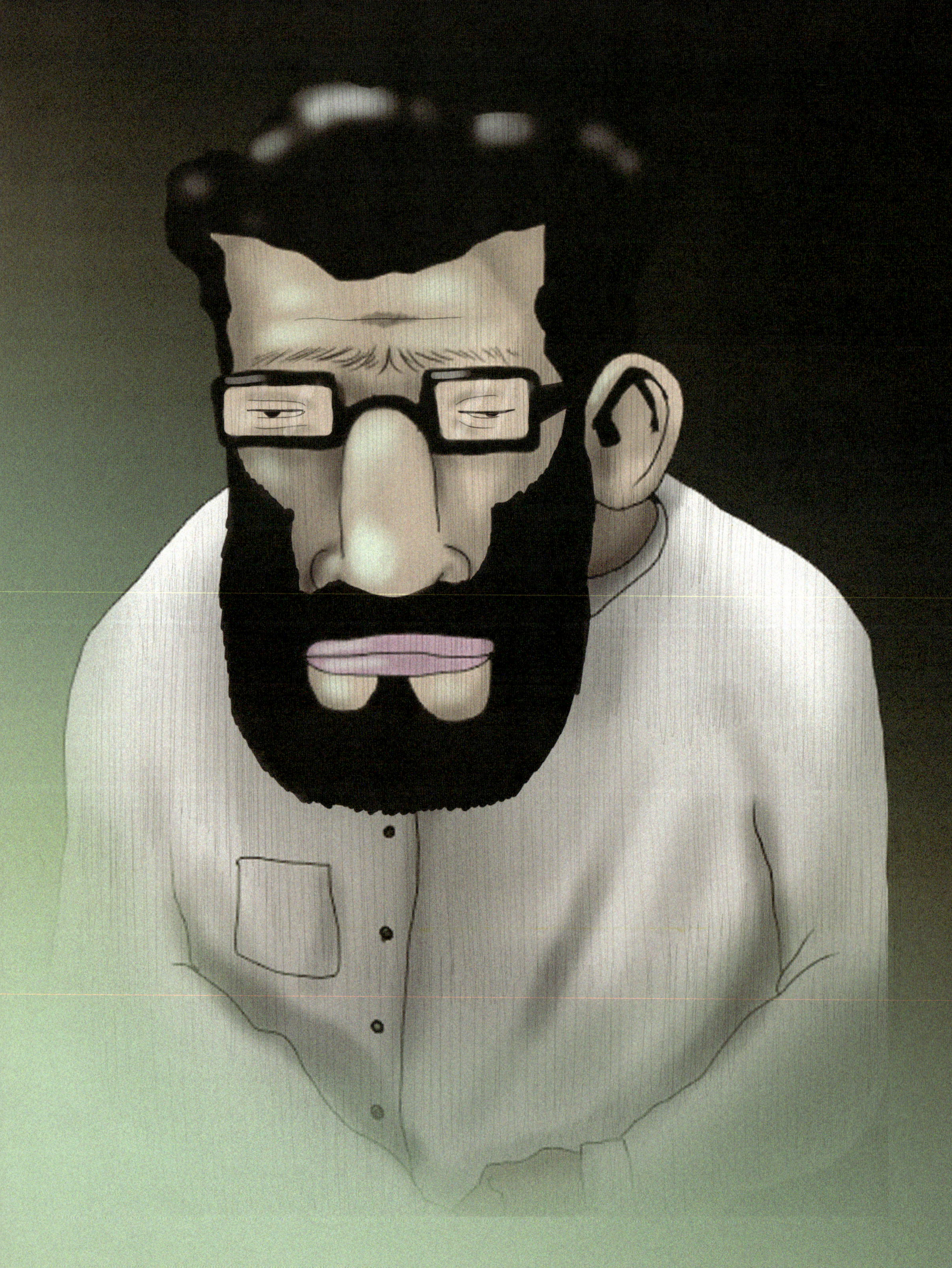

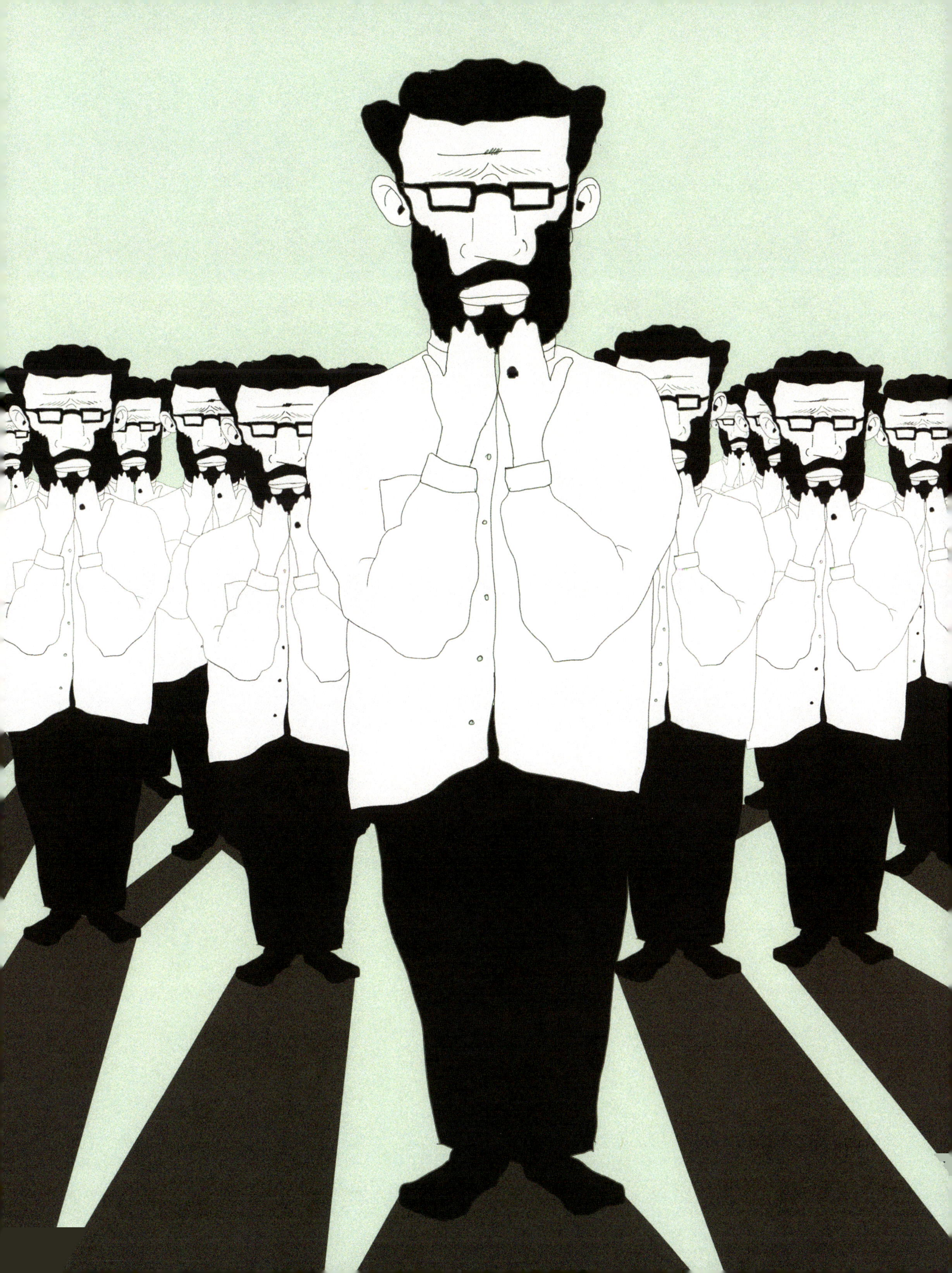

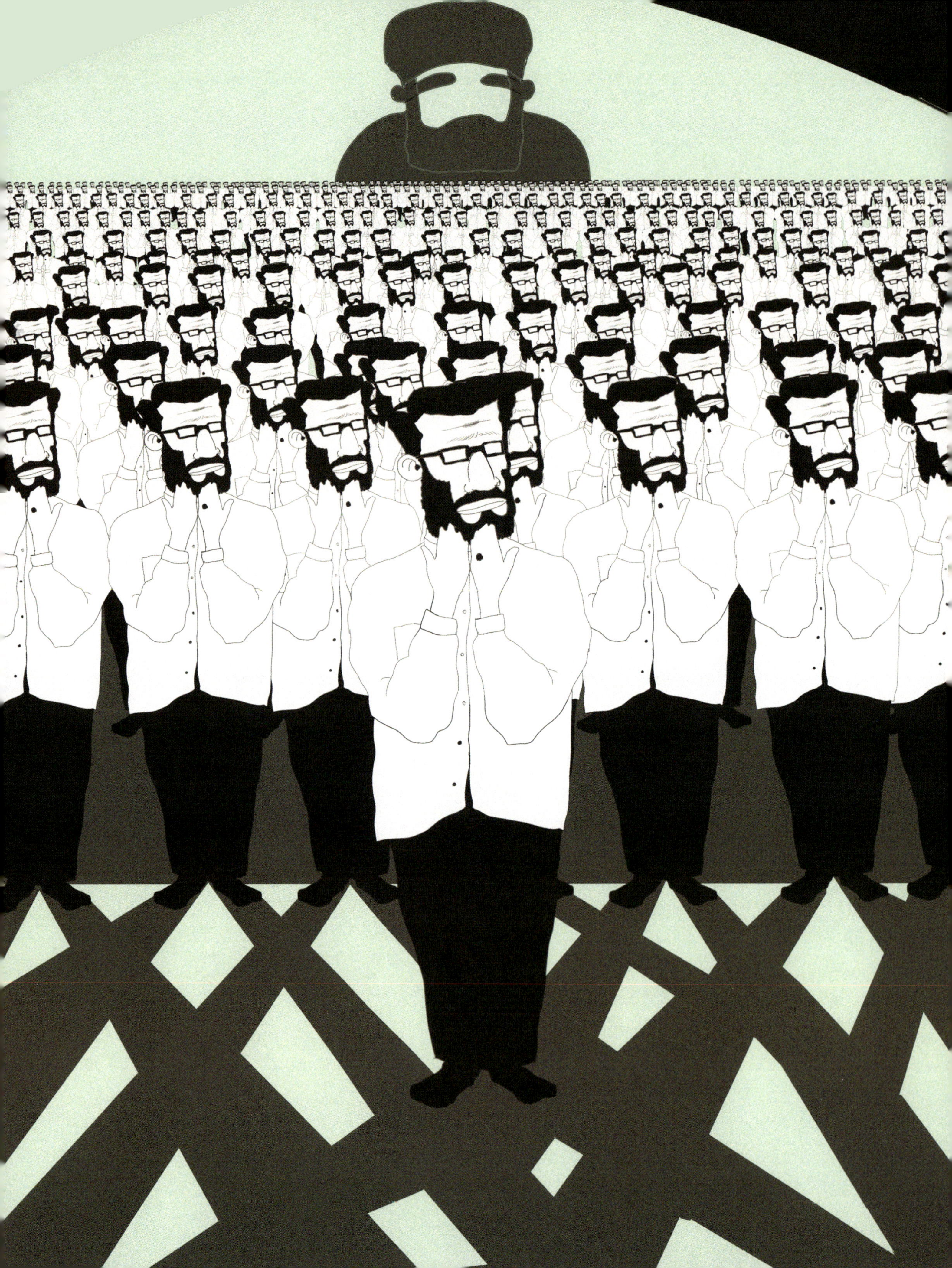

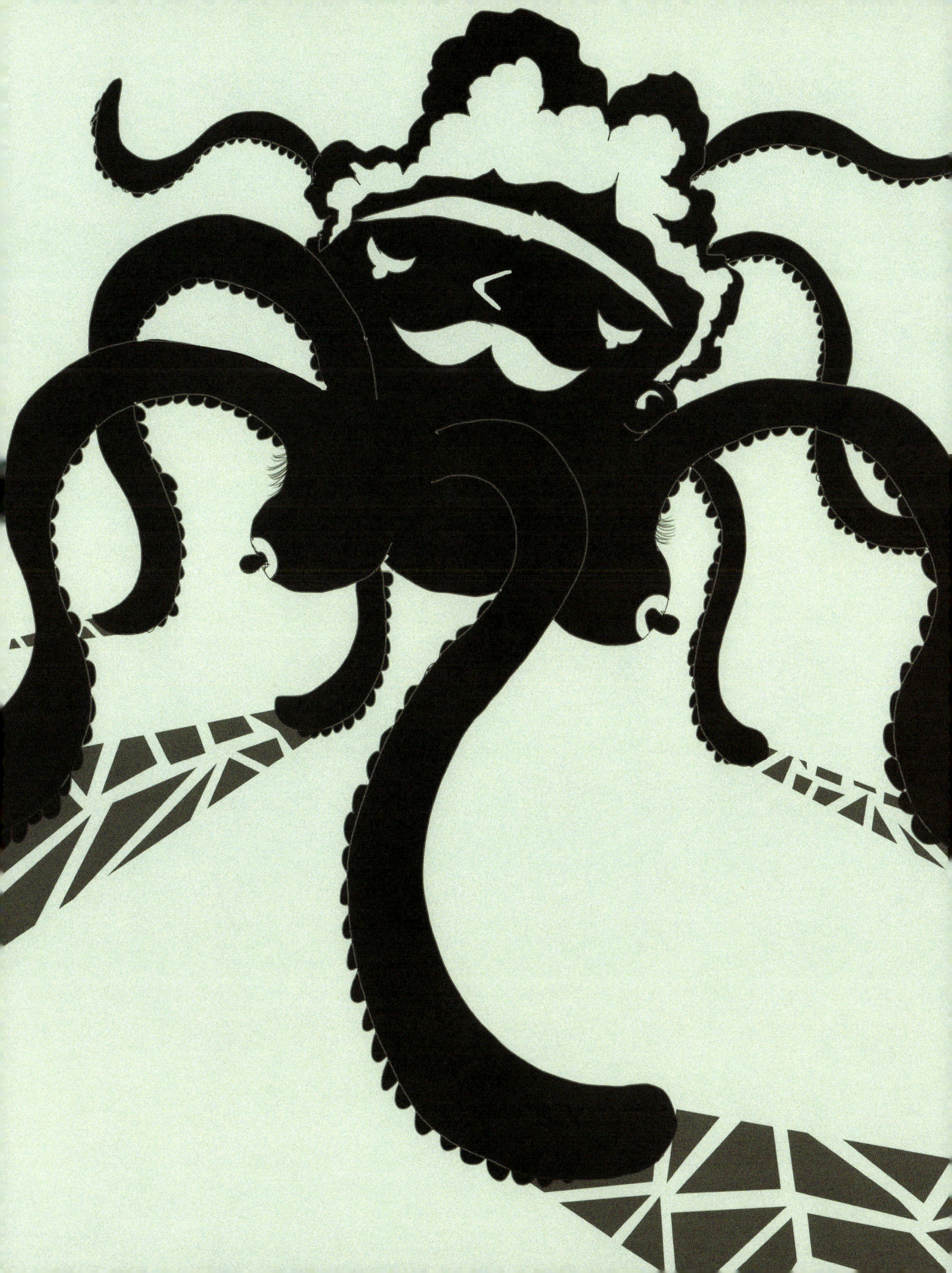

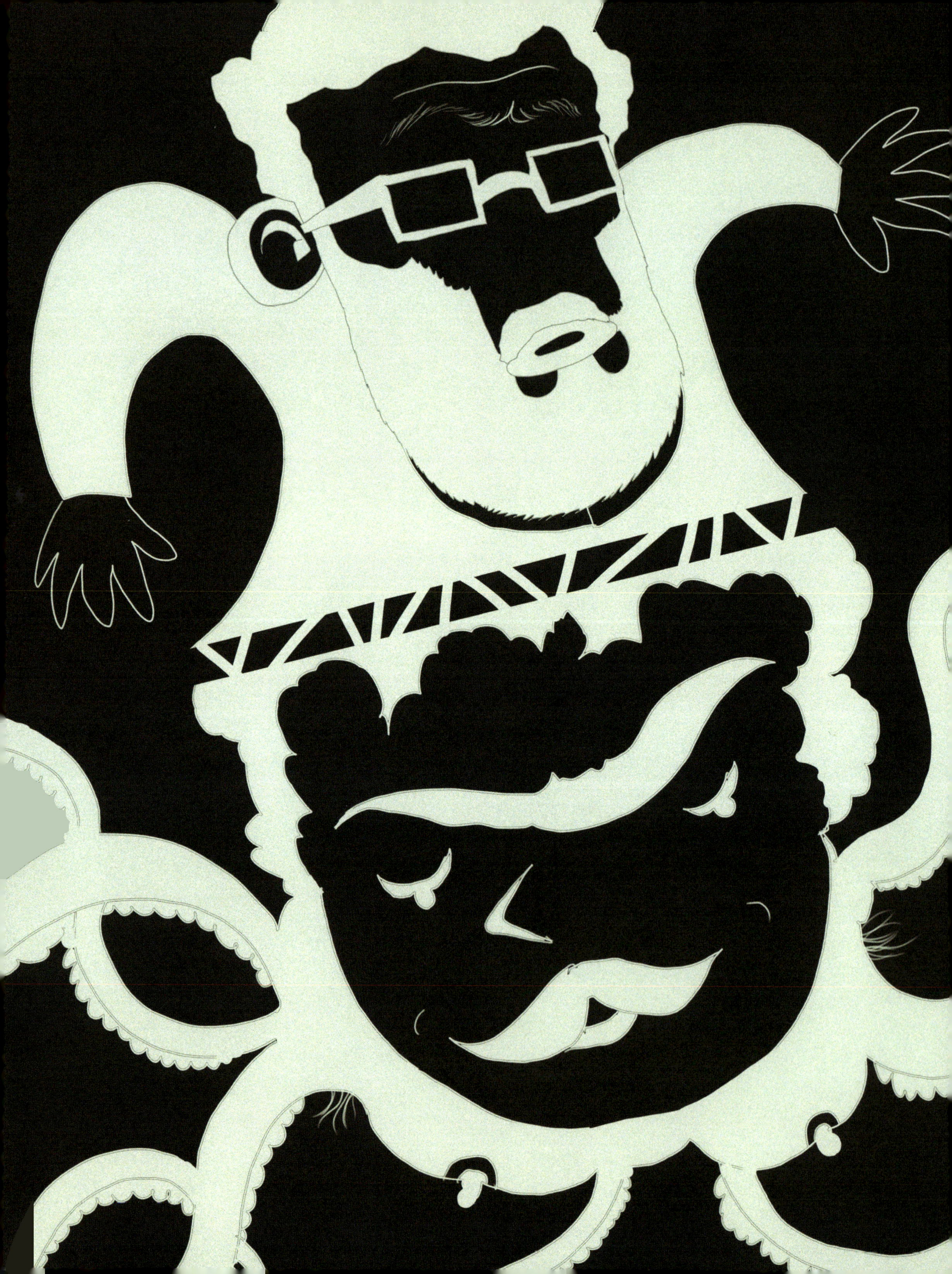

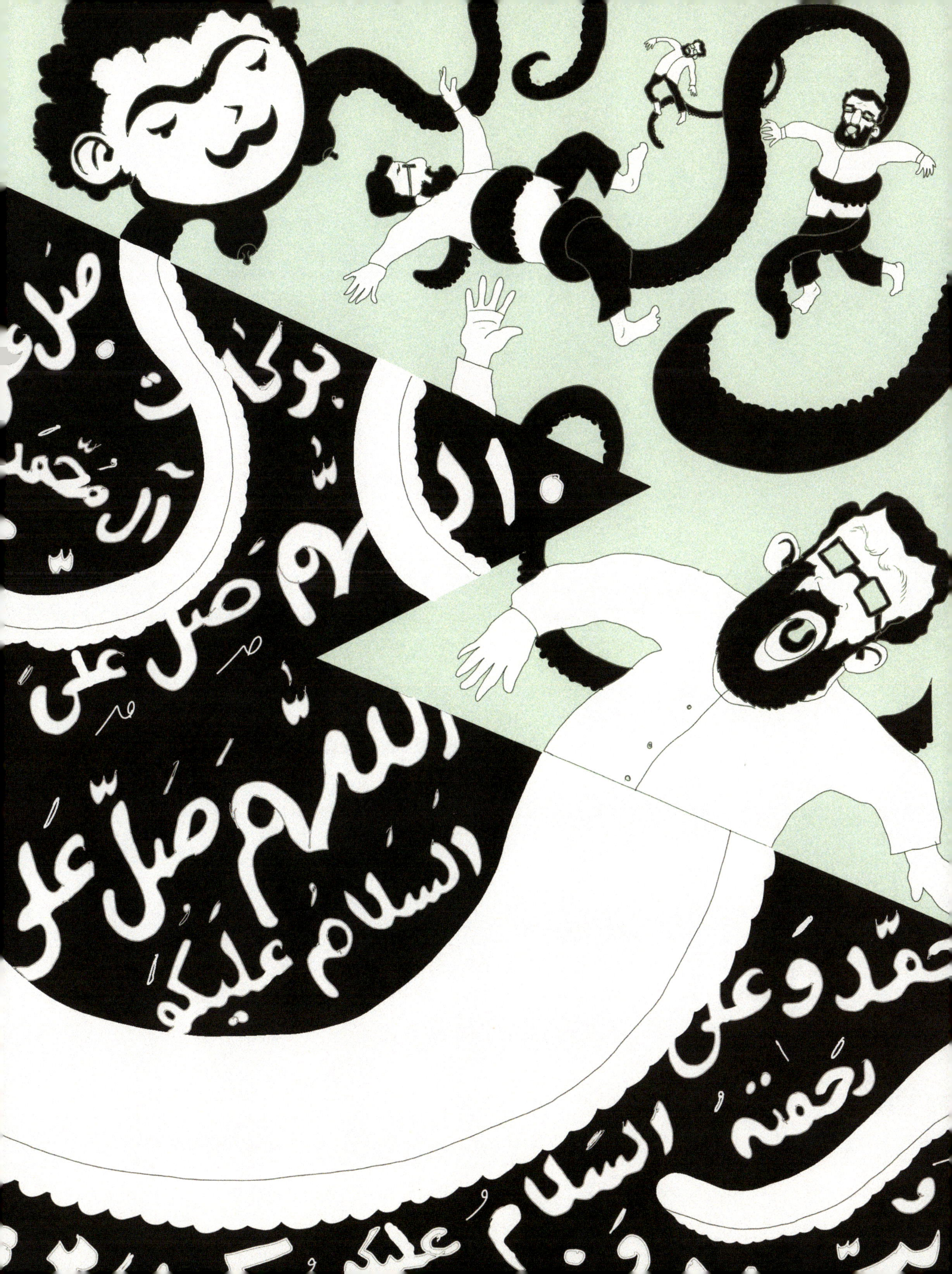

بركات آل محمد
اللهم صل على
اللهم صل على
السلام عليكم
عقدوا على
رحمة السلام
وعليكم

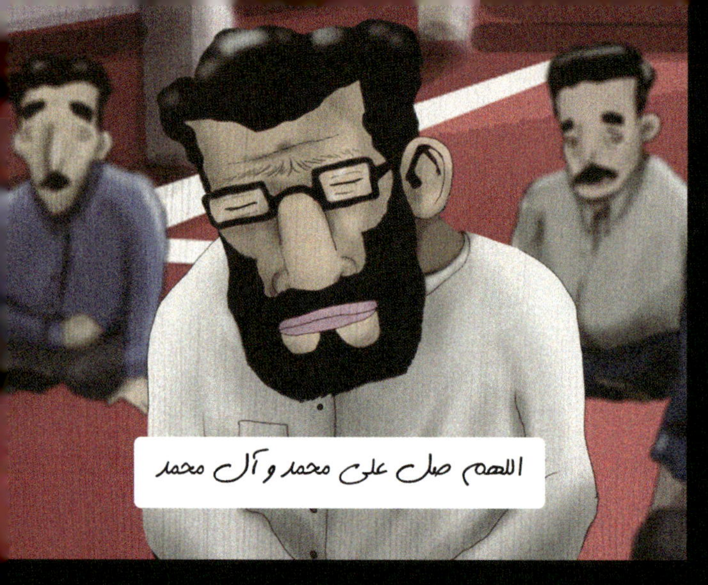
اللهم صل علی محمد و آل محمد

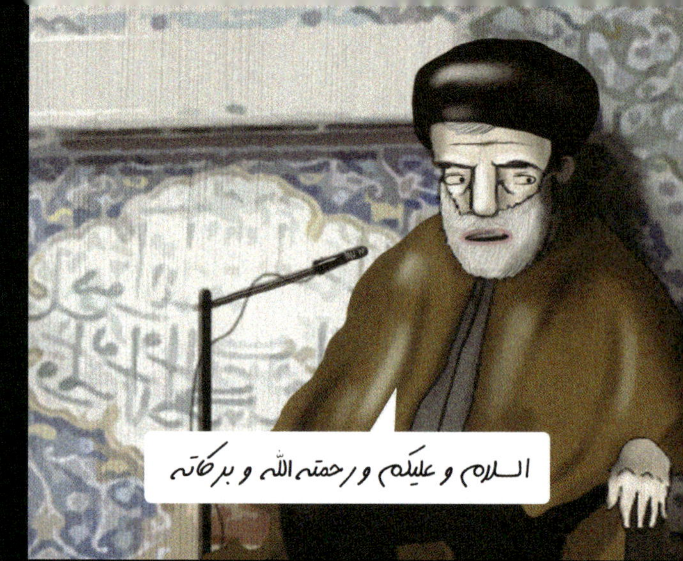
السلام و علیکم و رحمته الله و برکاته

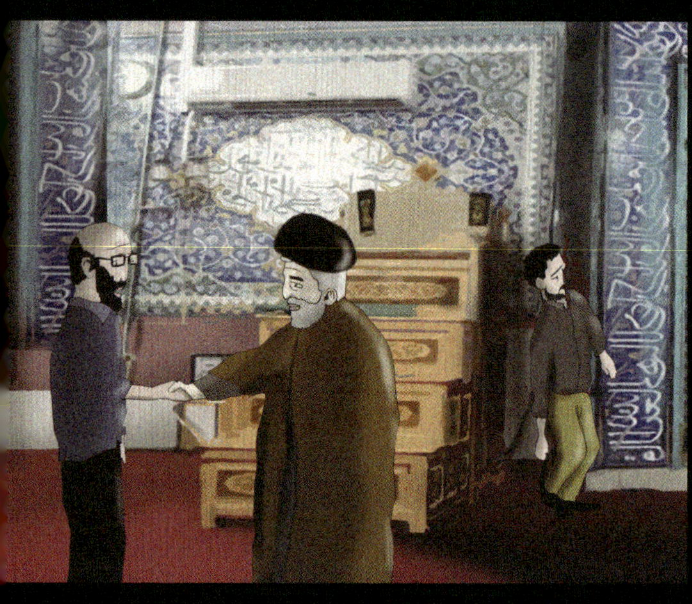

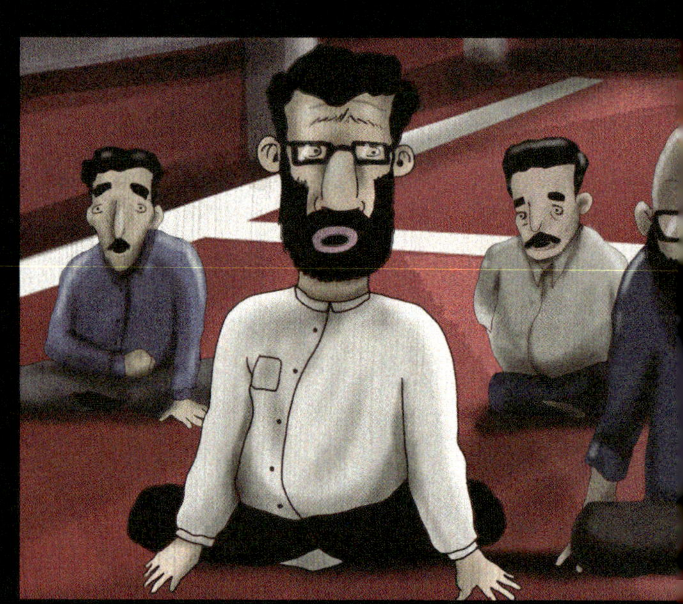

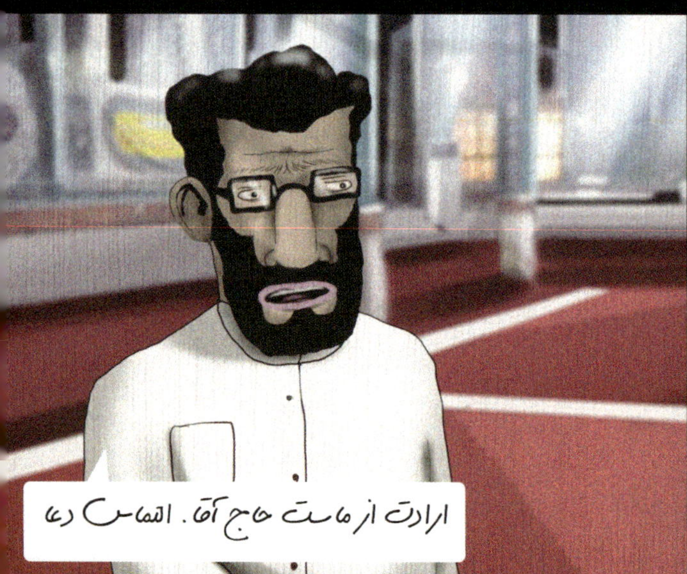
ارادت از ماست حاج آقا. التماس دعا

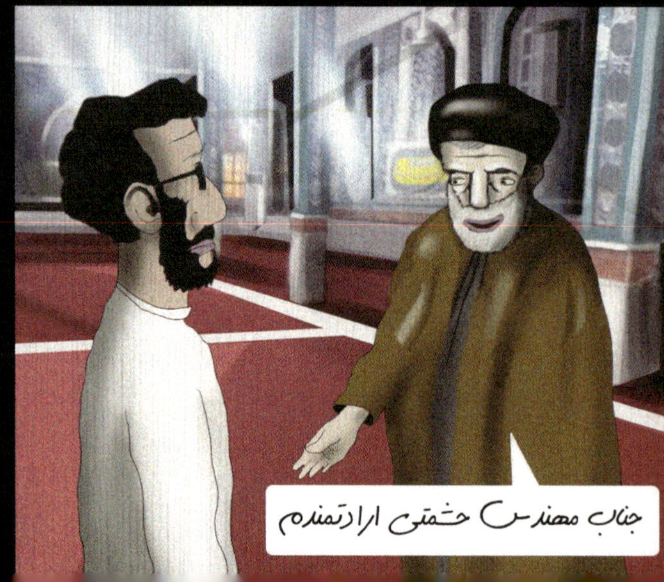
جناب مهندس حشمتی ارادتمندم

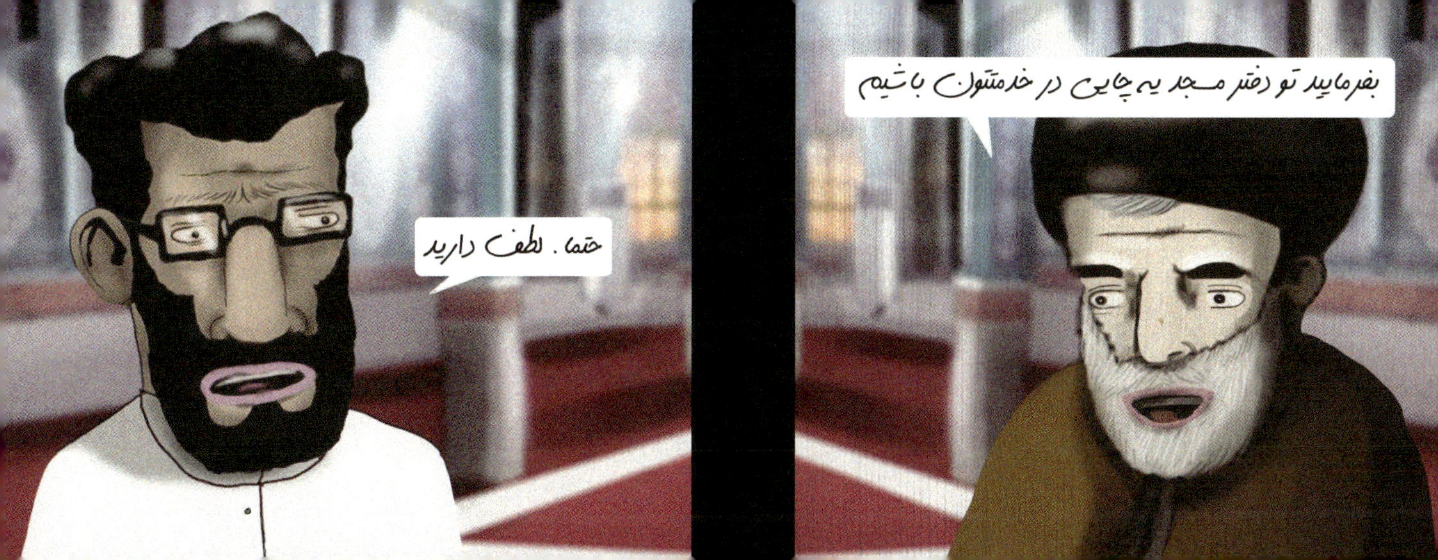

بفرمایید تو دفتر مسجد یه چایی در خدمتون باشیم
حتما. لطف دارید

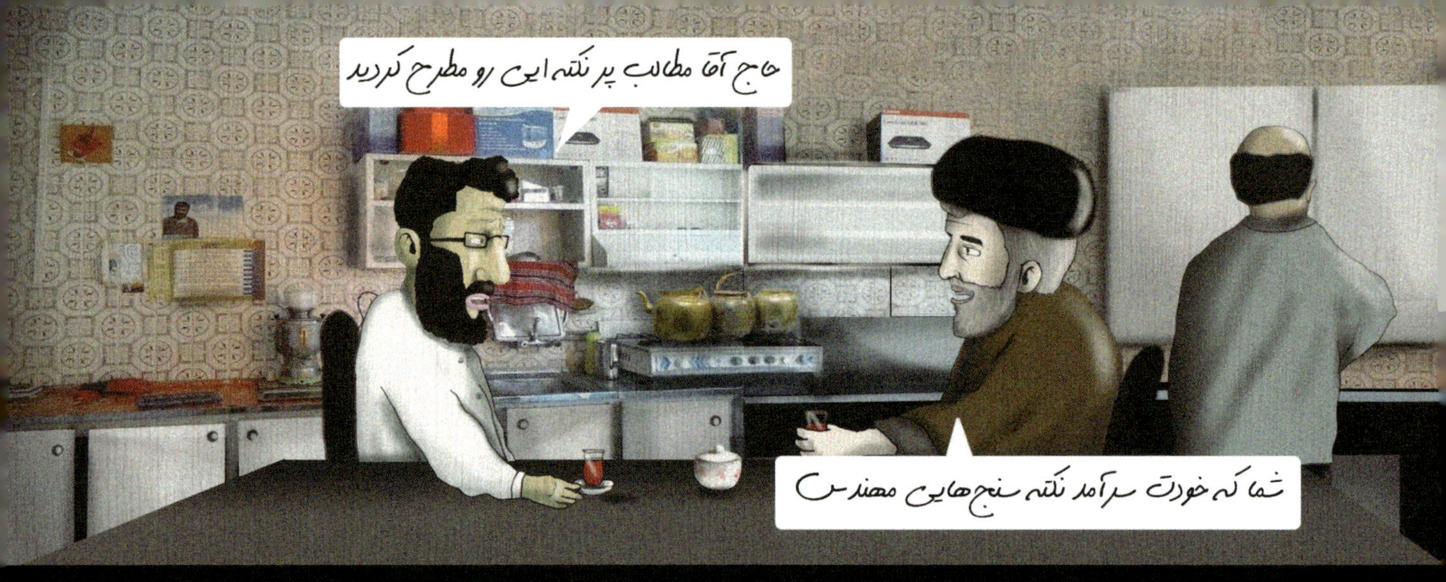

حاج آقا مطالب پر نکته ای رو مطرح کردید
شما که خودت سرآمد نکته سنج هایی مهندس

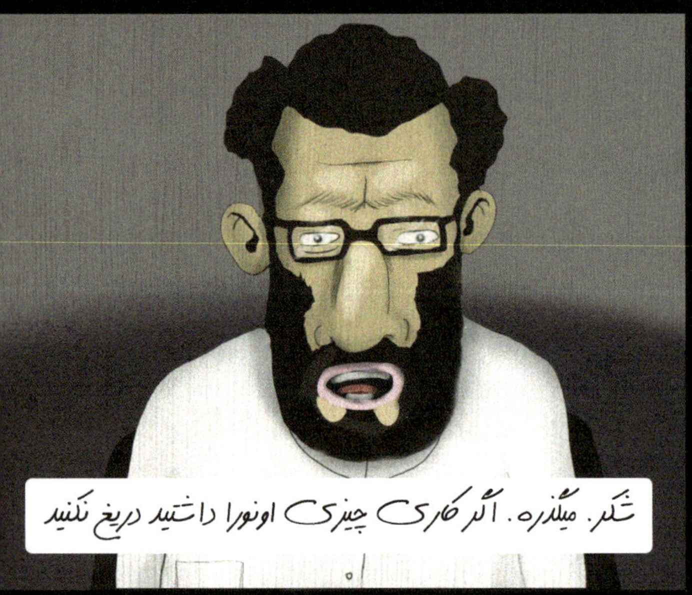

شکر. میگذره. اگر کاری چیزی اونورا داشتید دریغ نکنید

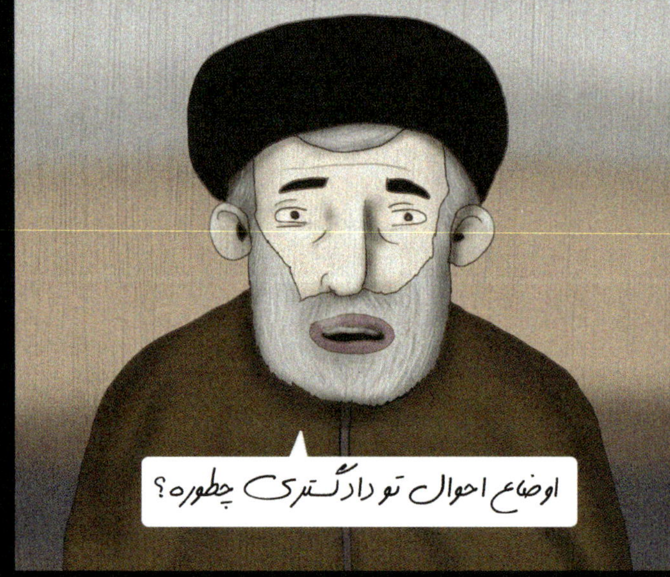

اوضاع احوال تو دادگستری چطوره؟

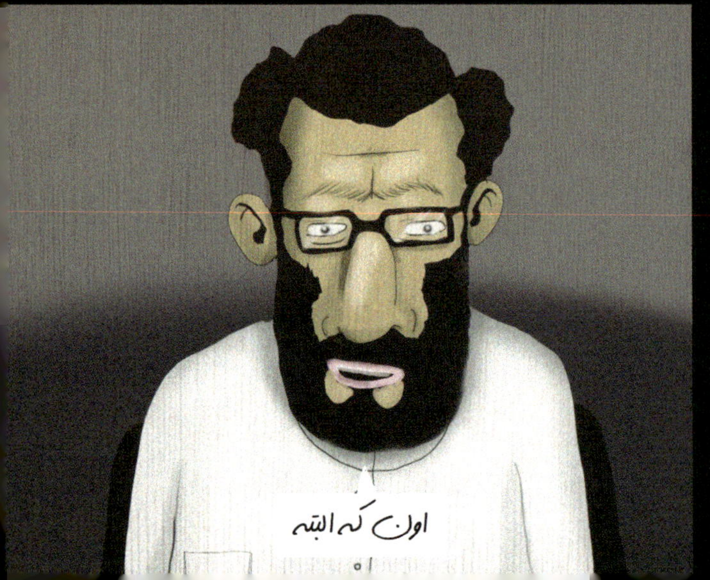

اون که البته

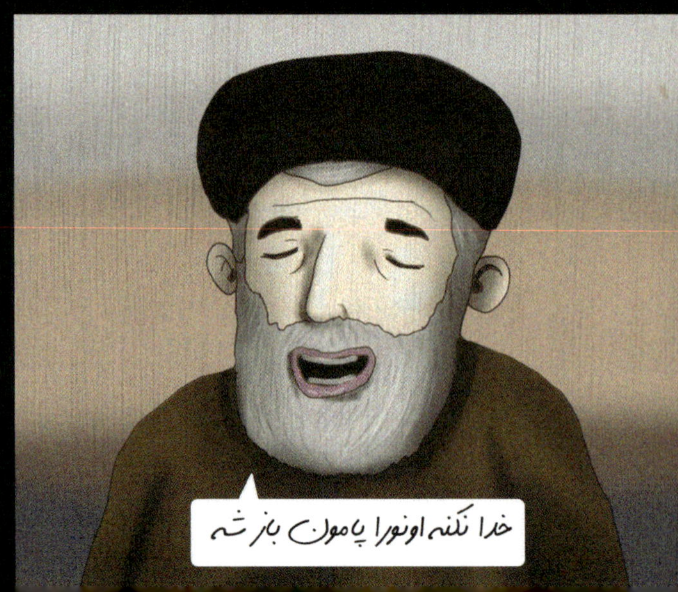

خدا نکنه اونورا پامون بیفته

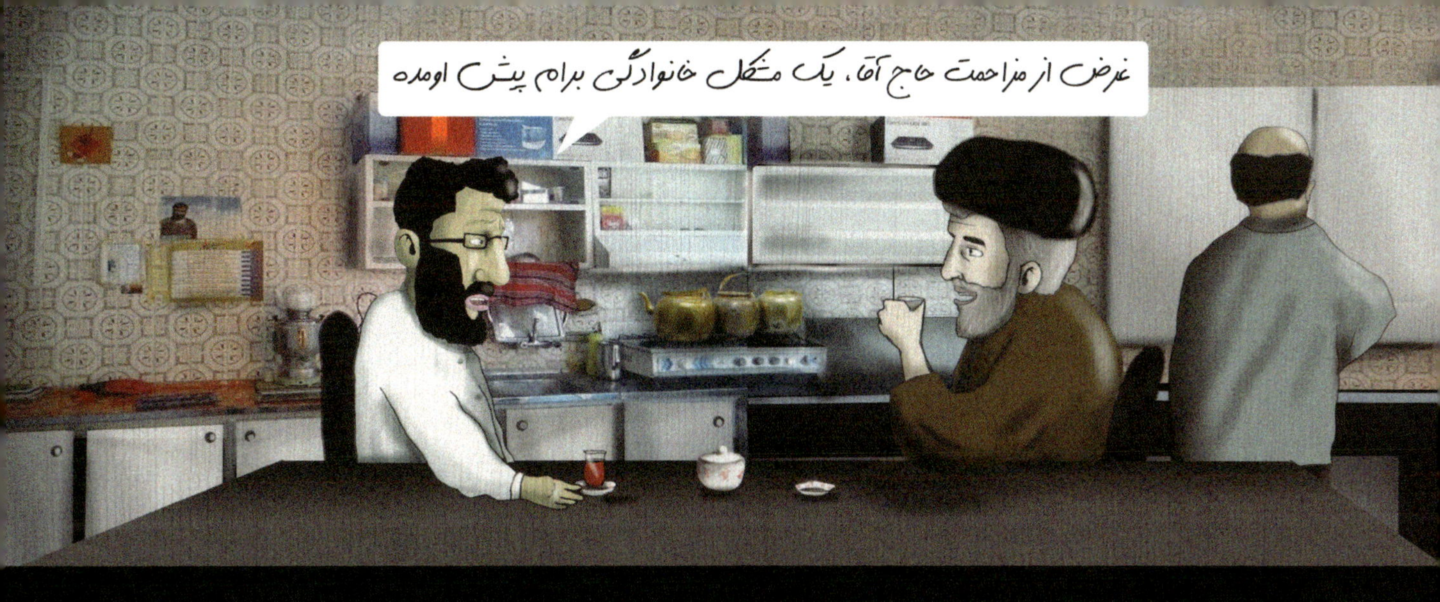

غرض از مزاحمت حاج آقا، یک مشکل خانوادگی برام پیش اومده

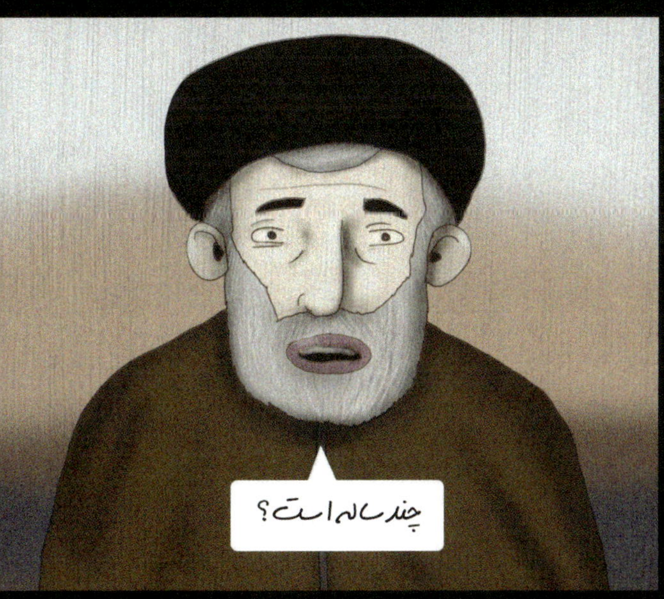

چند سالشه؟

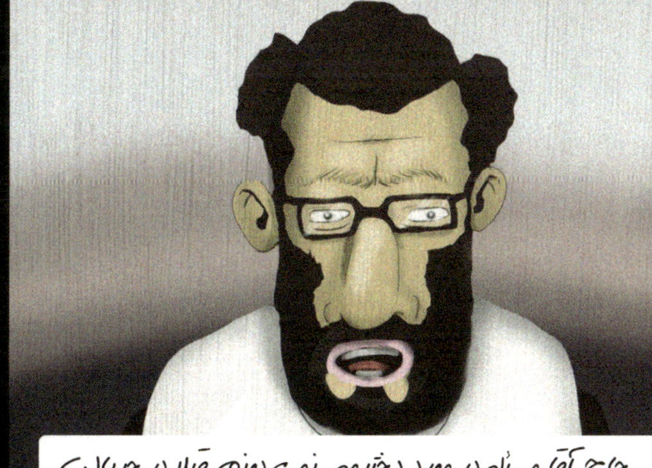

حاج آقا مسئله در مورد دخترمه. نمی دونم قبلا در جریان
گذاشتمتون یا نه ولی بنده خدا دچار اختلالات جنسیه!

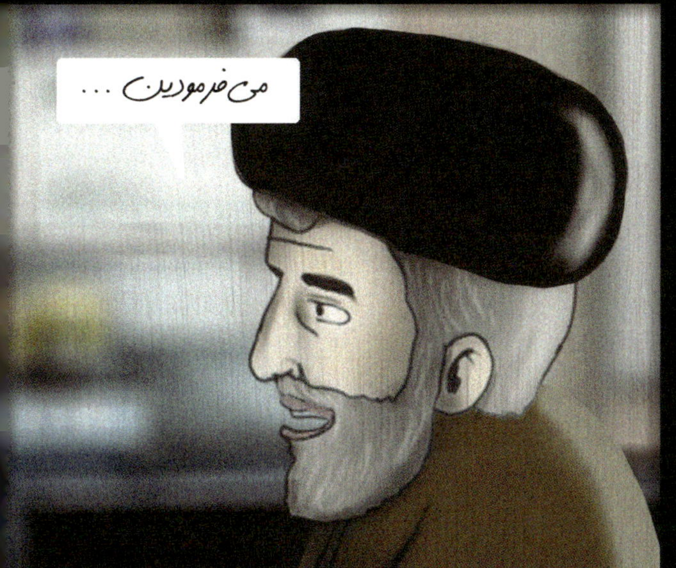

می فرمودین ...

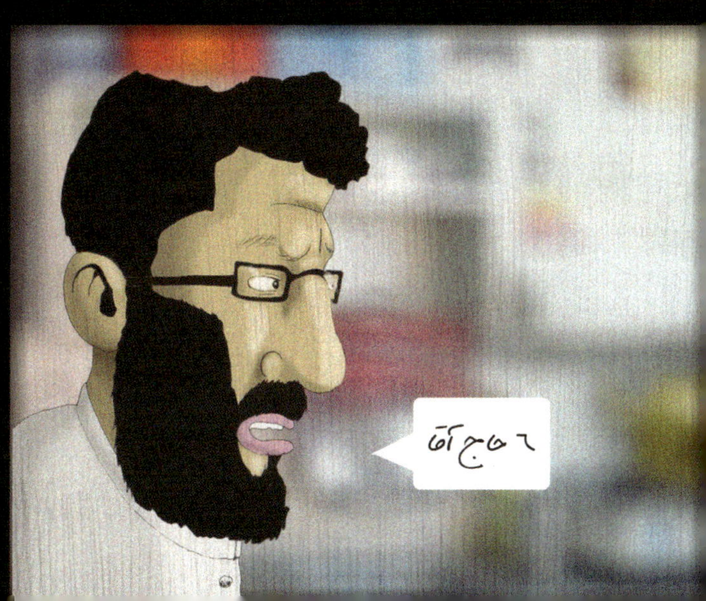

حاج آقا

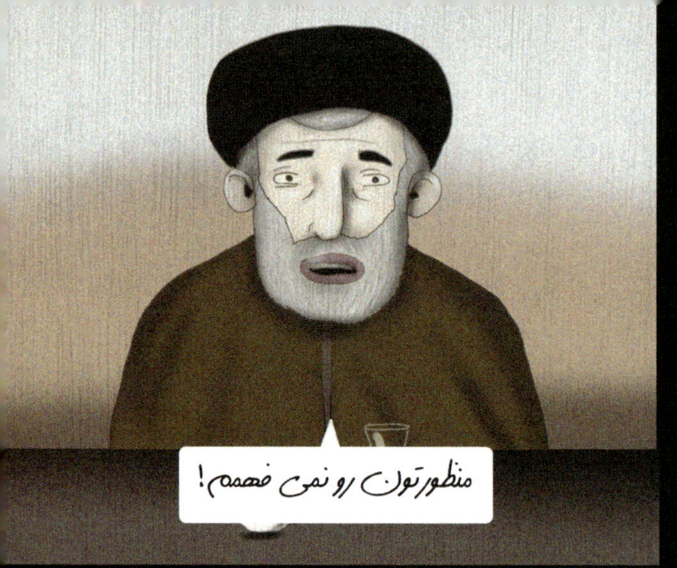

منظورتون رو نمی فهمم!

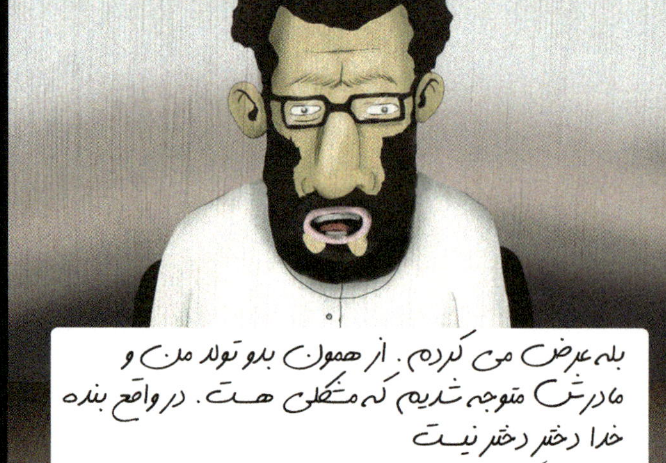

بله عرض می کردم. از همون بدو تولد من و مادرش متوجه شدیم که مشکلی هست. در واقع بنده خدا دختر دختر نیست

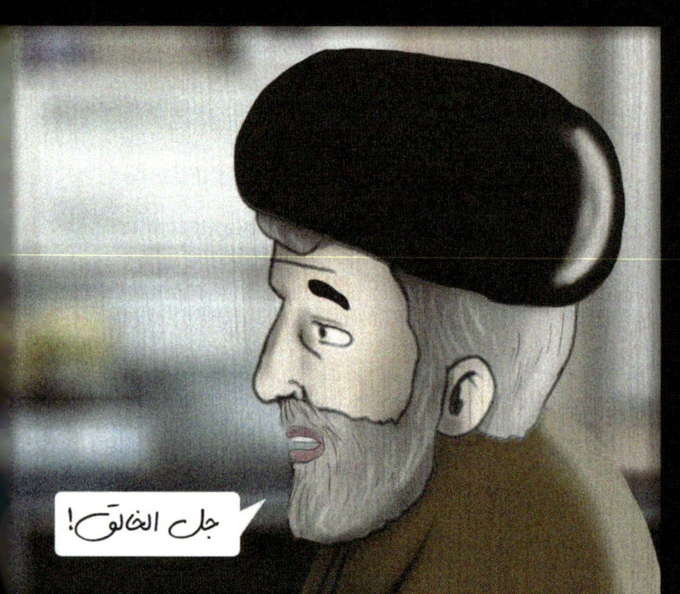

جل الخالق!

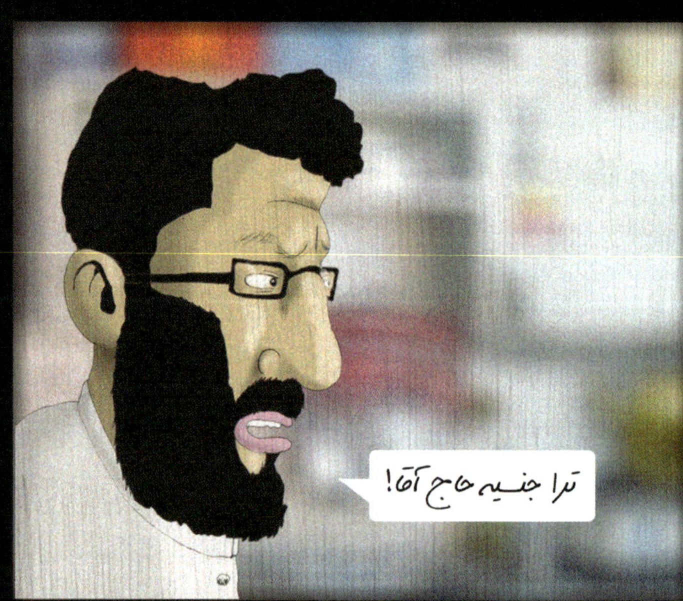

ترا جنسیه حاج آقا!

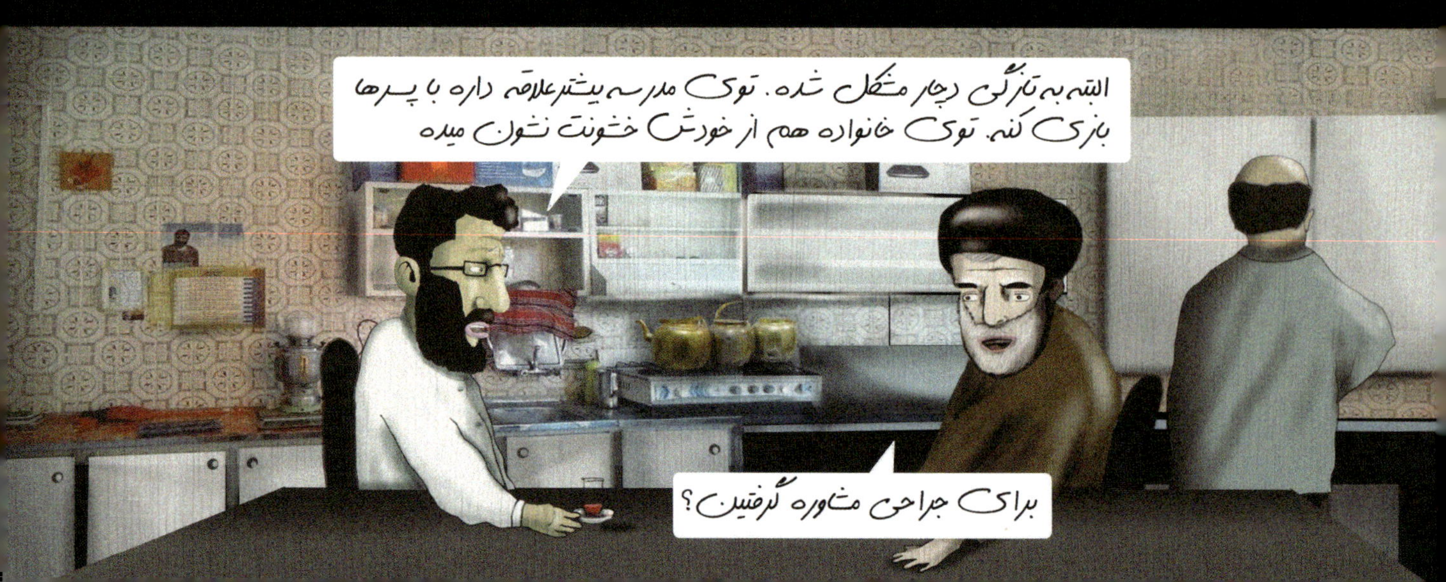

البته به تازگی دچار مشکل شده. توی مدرسه بیشتر علاقه داره با پسرها بازی کنه. توی خانواده هم از خودش خشونت نشون میده
براک جراحی مشاوره گرفتین؟

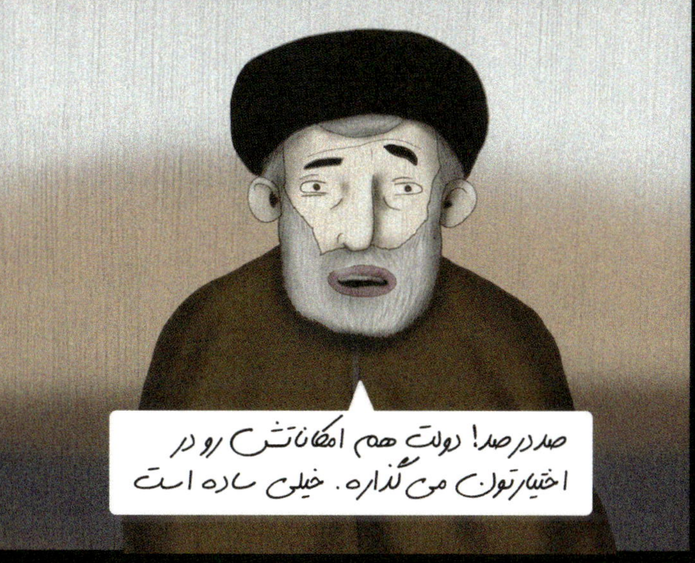

صد در صد! دولت هم امکاناتش رو در اختیارتون می‌گذاره. خیلی ساده است

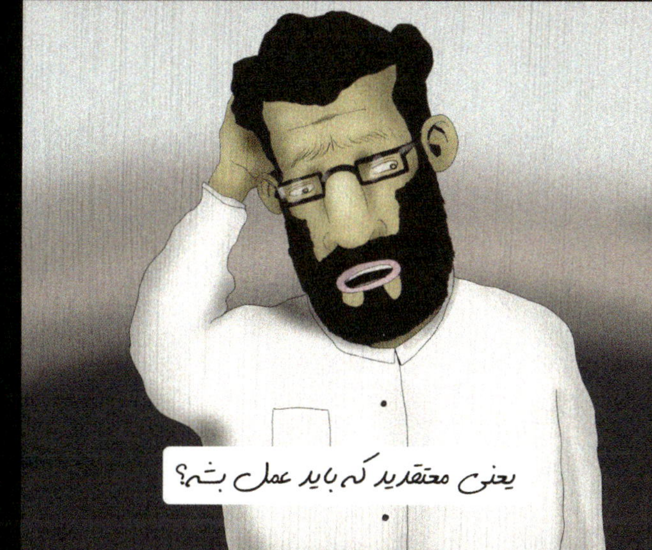

یعنی معتقدید که باید عمل بشه؟

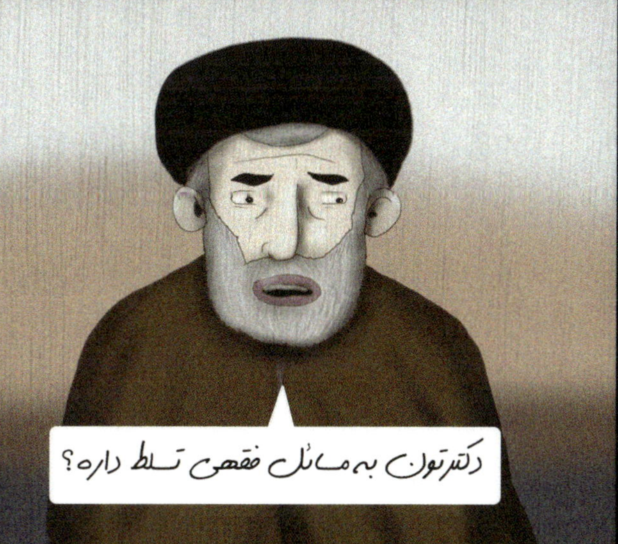

دکترتون به مسائل فقهی تسلط داره؟

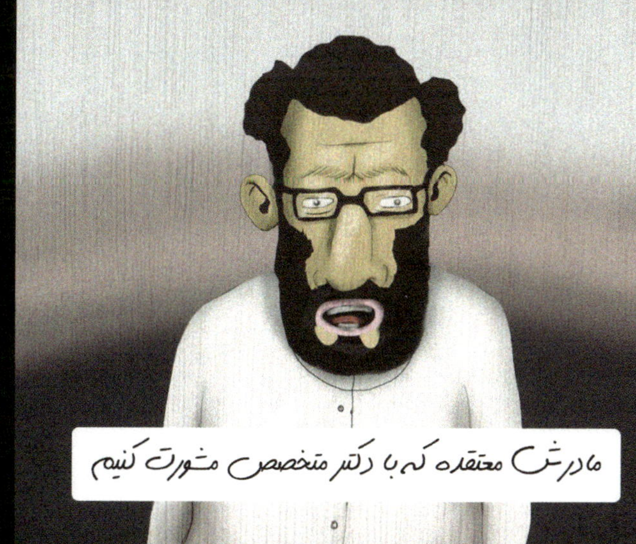

مادرش معتقده که با دکتر متخصص مشورت کنیم

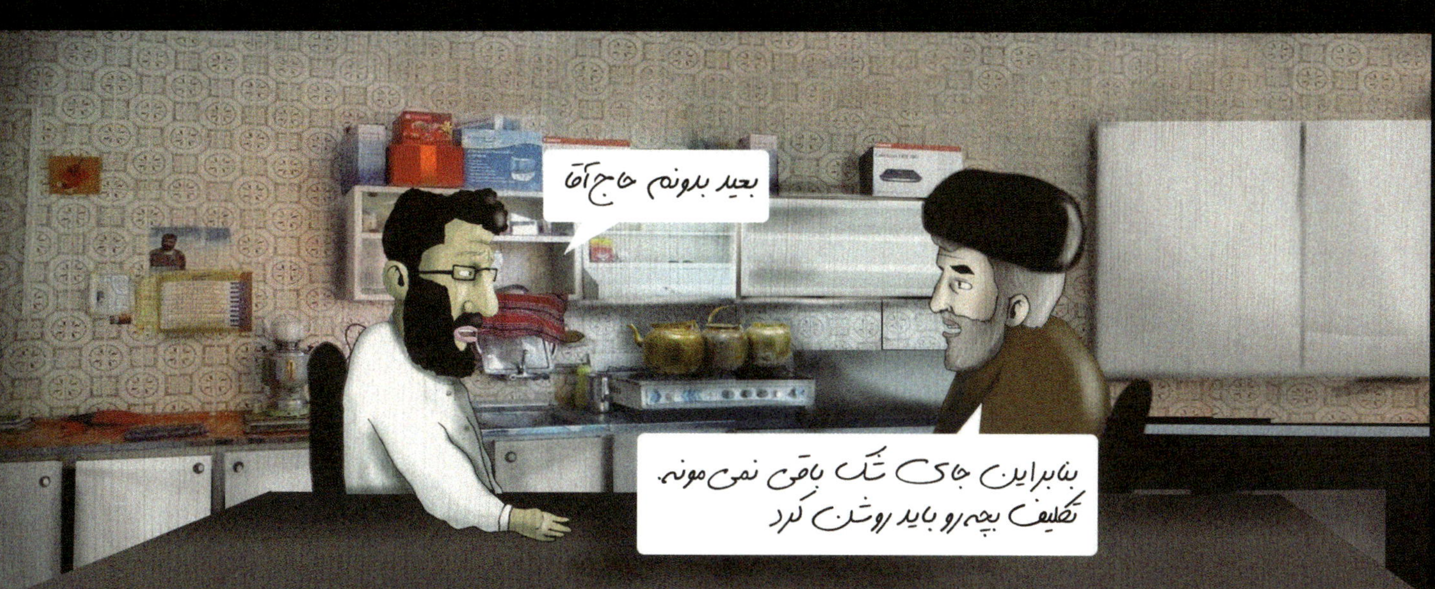

بعید بدونم حاج‌آقا
بنابراین جای شک باقی نمی‌مونه. تکلیف بچه رو باید روشن کرد

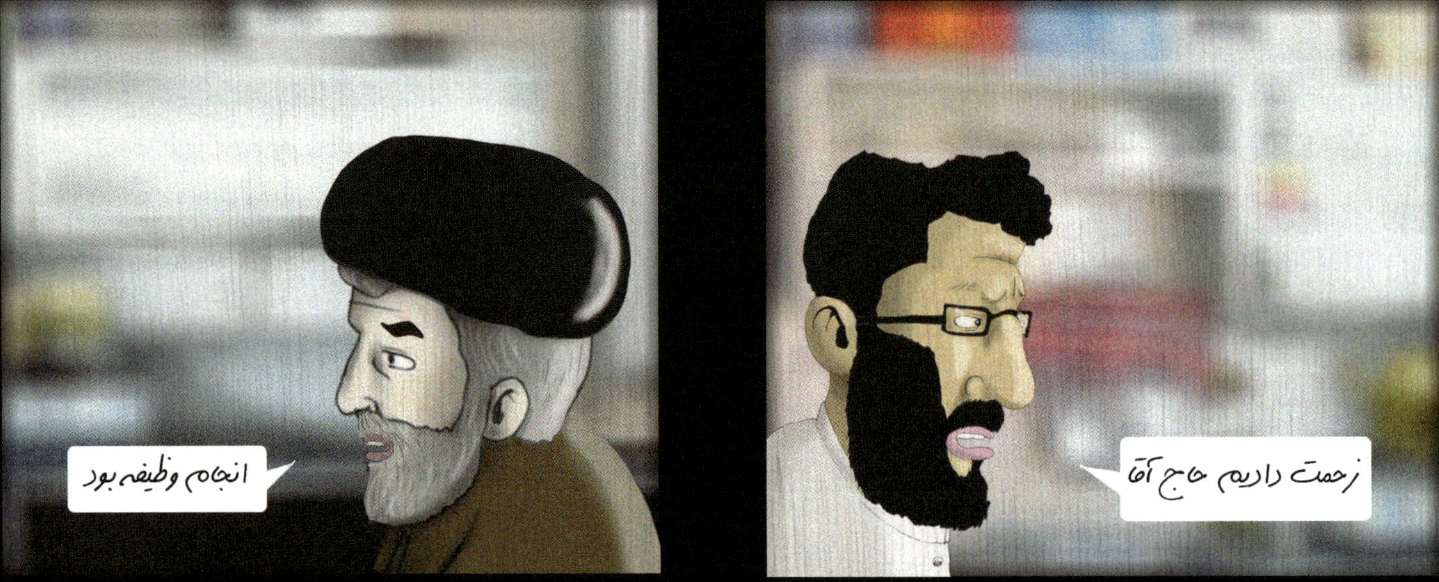

انجام وظیفه بود زحمت دادیم
زحمت دادیم حاج آقا

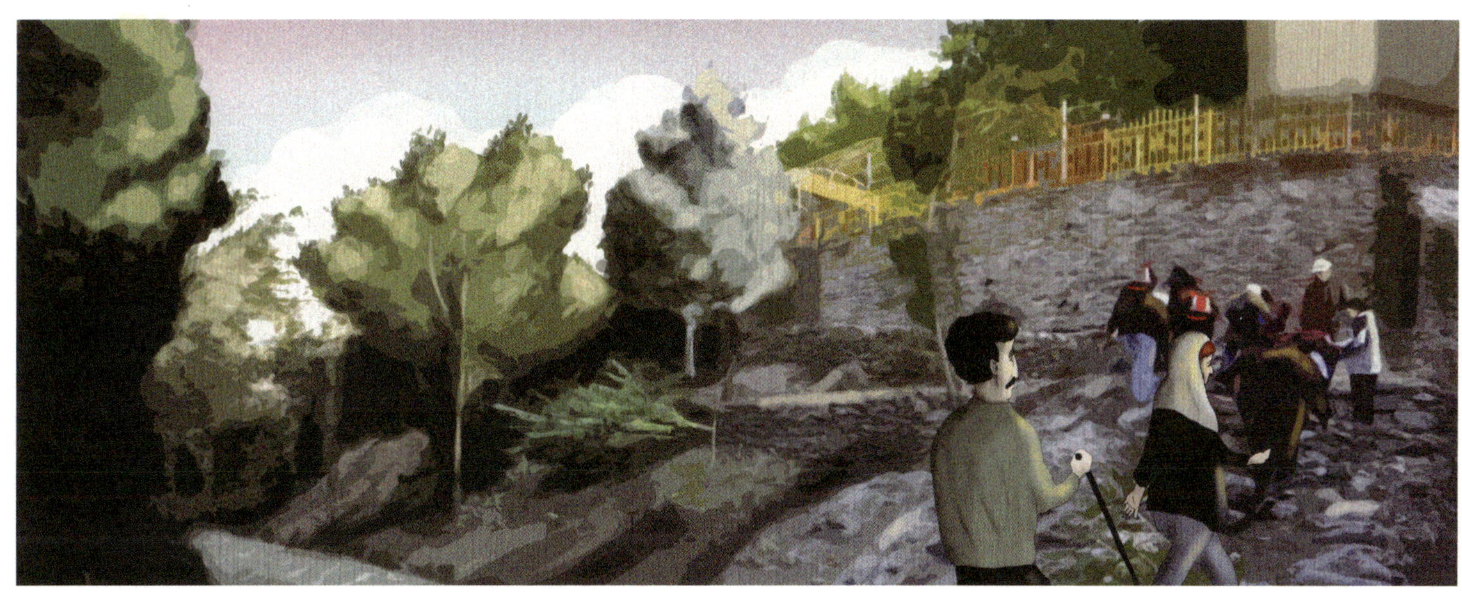

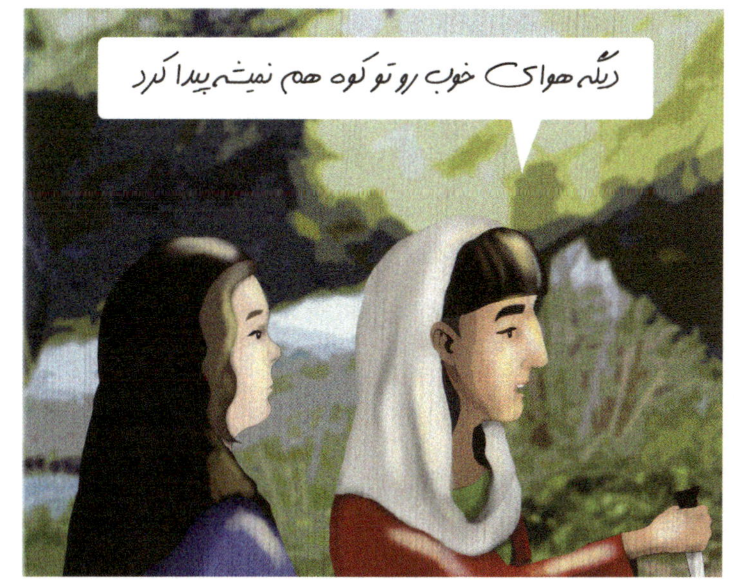

دیگه هوای خوب رو تو کوه هم نمیشه پیدا کرد

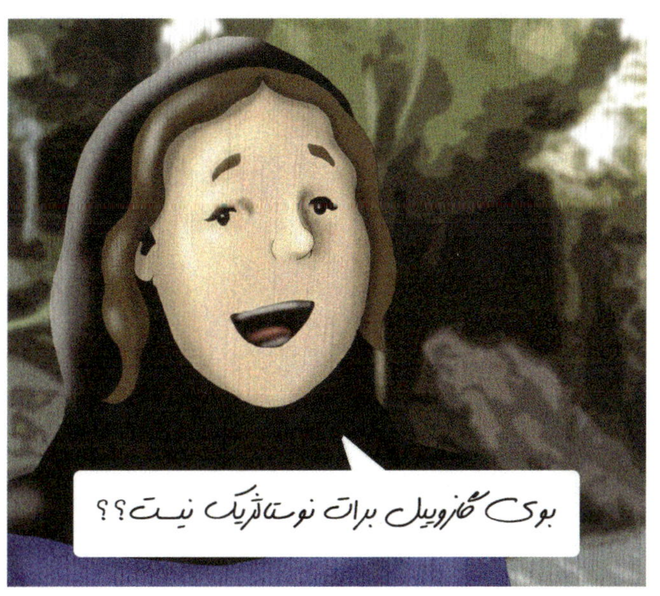

بوی گازوئیل برات نوستالژیک نیست؟؟

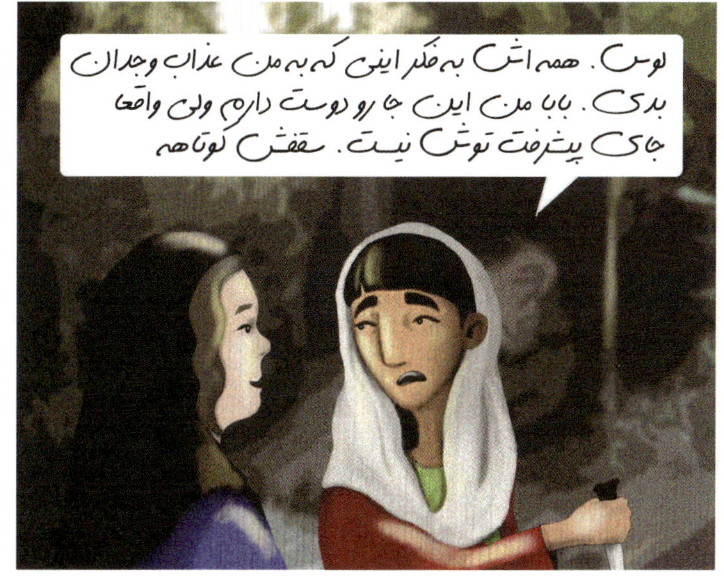

لوس. همه‌اش به فکر اینی که به من عذاب وجدان بدی. بابا من این جا رو دوست دارم ولی واقعا جای پیشرفت توش نیست. سقفش کوتاهه

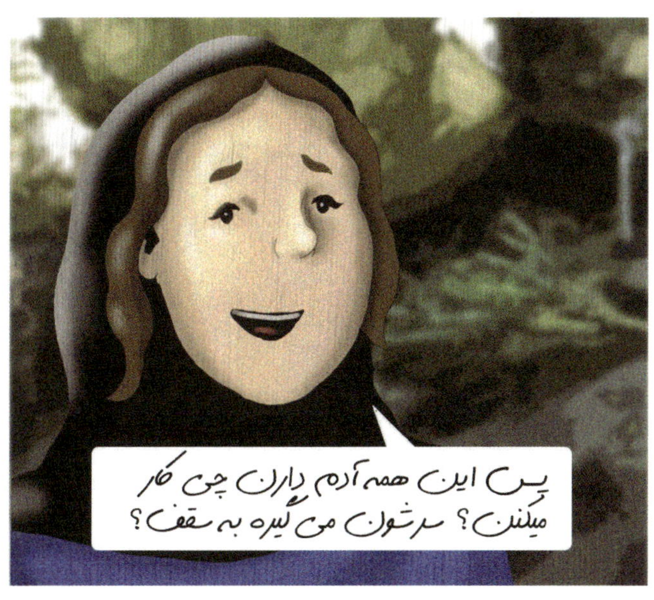

پس این همه آدم دارن چی کار میکنن؟ سرشون می‌گیره به سقف؟

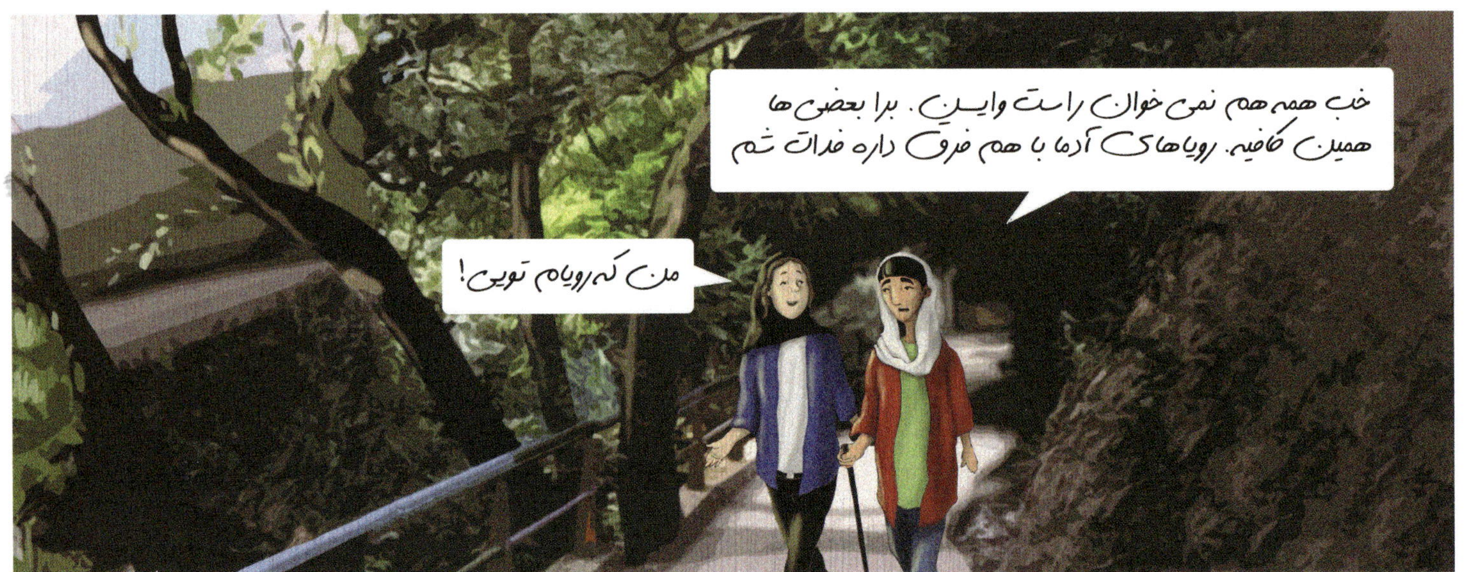

خب همه هم نمی‌خوان راست وایسن. برا بعضی‌ها همین کافیه. رویاهای آدما با هم فرق داره فدات شم
من که رویام تویی!

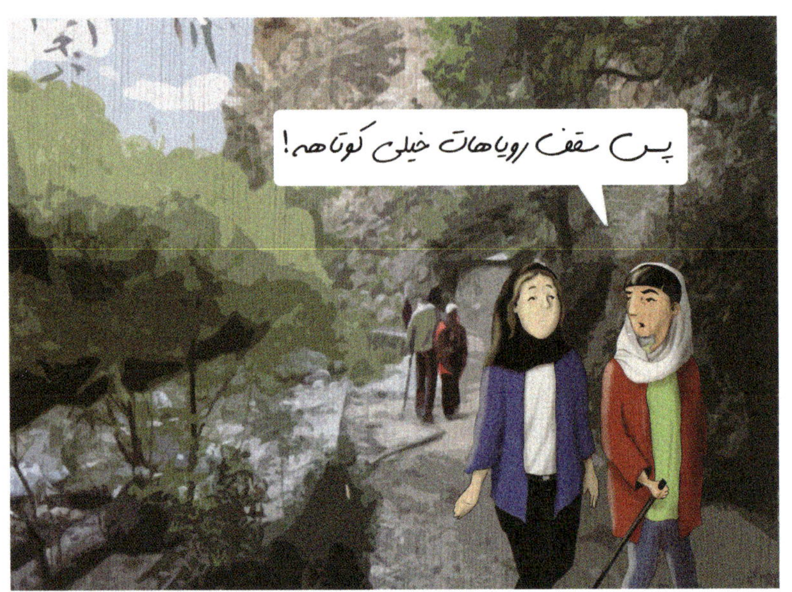

پس سقف رویاهات خیلی کوتاهه!

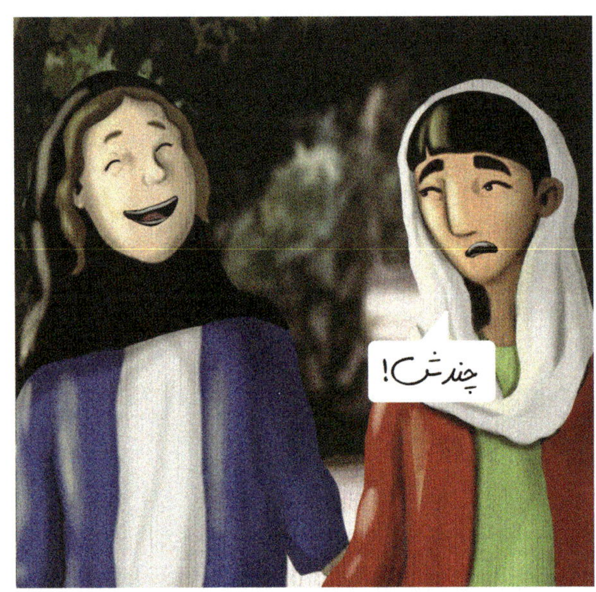

چندش!

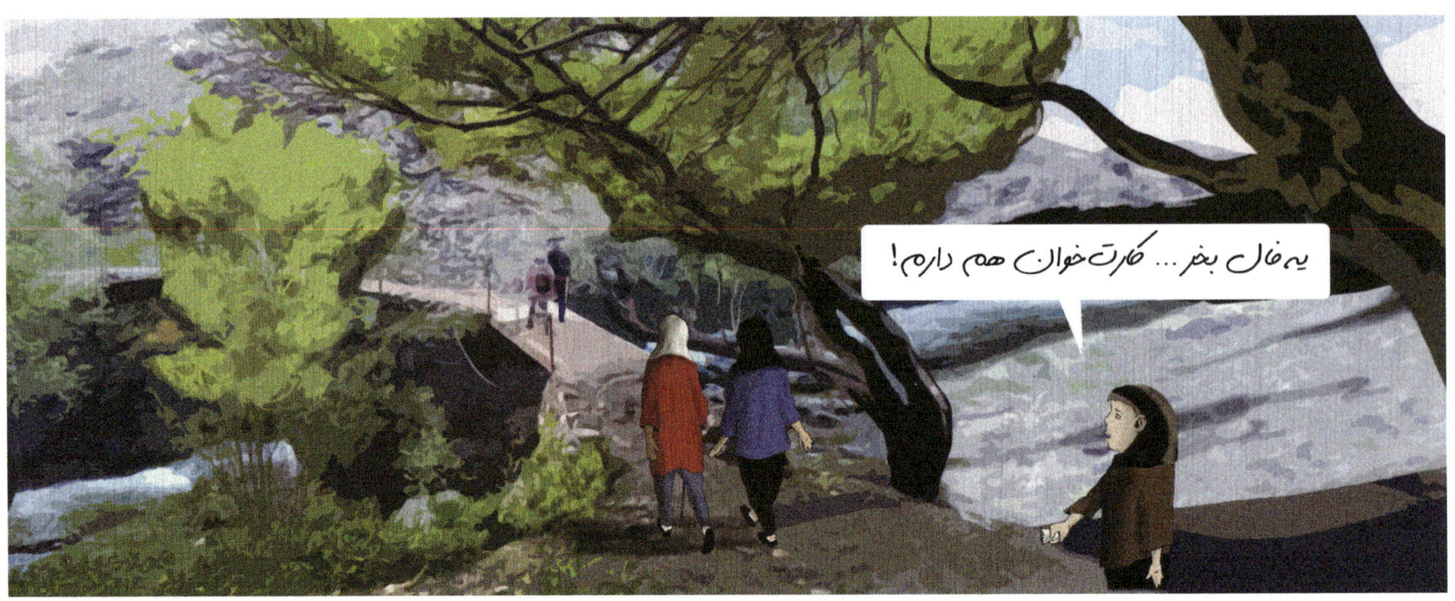

یه فال بخر... کارت‌خوان هم دارم!

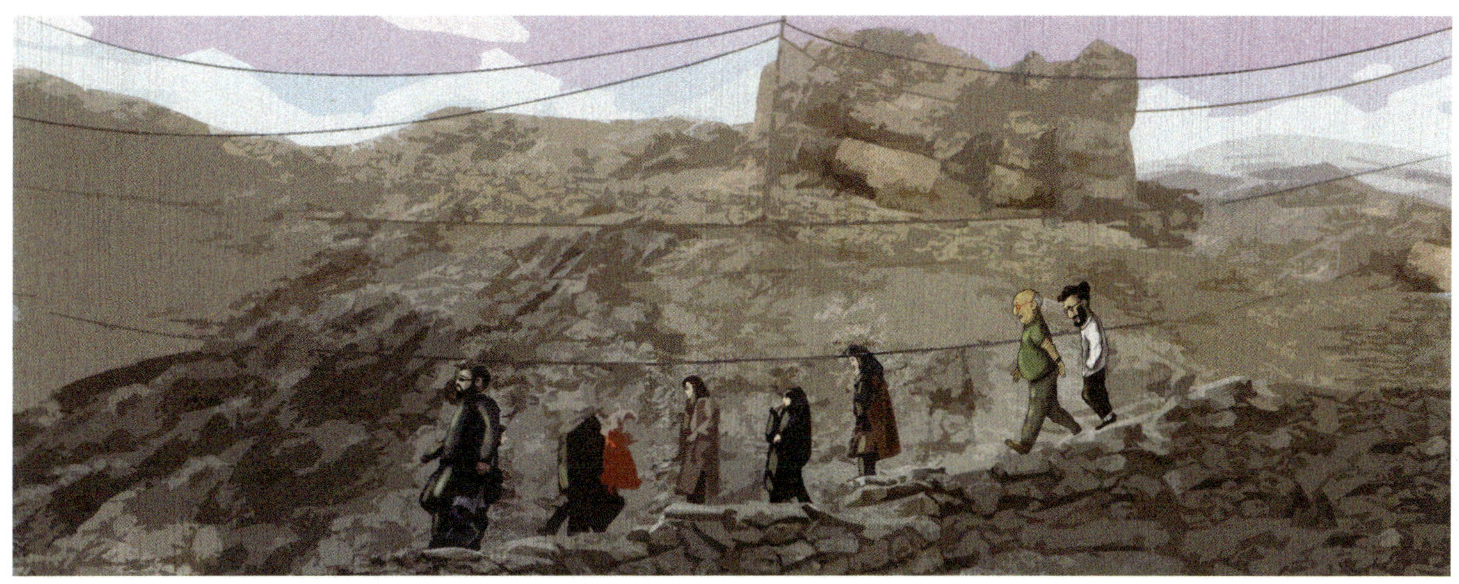

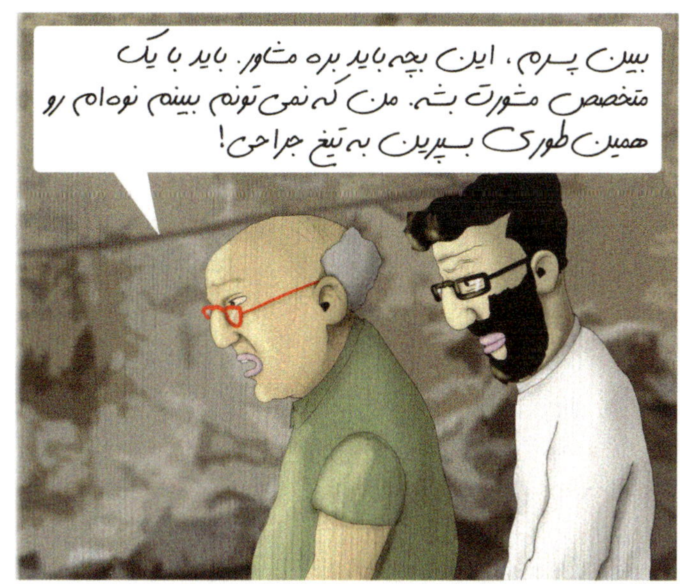

ببین پسرم، این بچه باید بره مشاور. باید با یک متخصص مشورت بشه. من که نمی‌تونم ببینم نوه‌ام رو همین طوری بسپرین به تیغ جراحی!

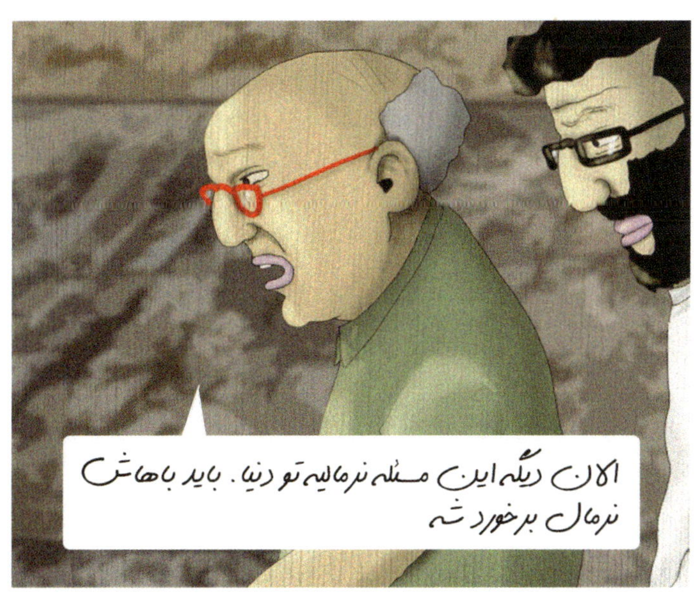

الان دیگه این مسئله نرماله تو دنیا. باید باهاش نرمال برخورد شه

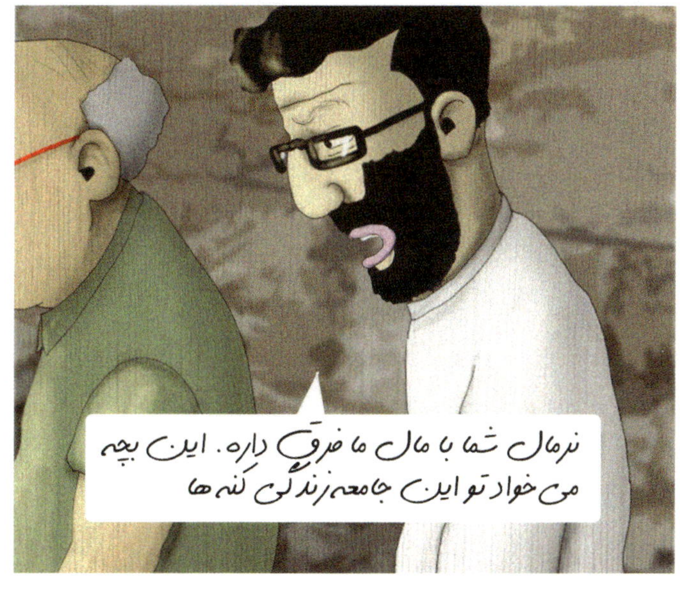

نرمال شما با مال ما فرق داره. این بچه می‌خواد تو این جامعه زندگی کنه ها

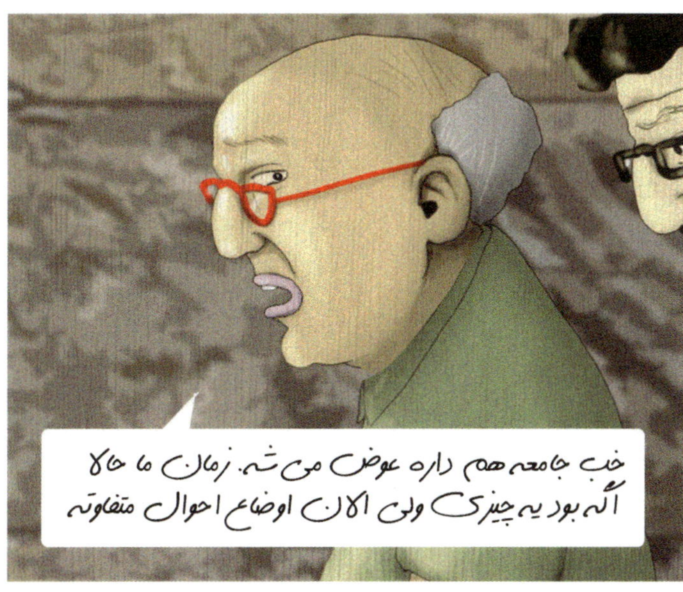

خب جامعه هم داره عوض می‌شه. زمان ما حالا آره بود یه چیزی ولی الان اوضاع احوال متفاوته

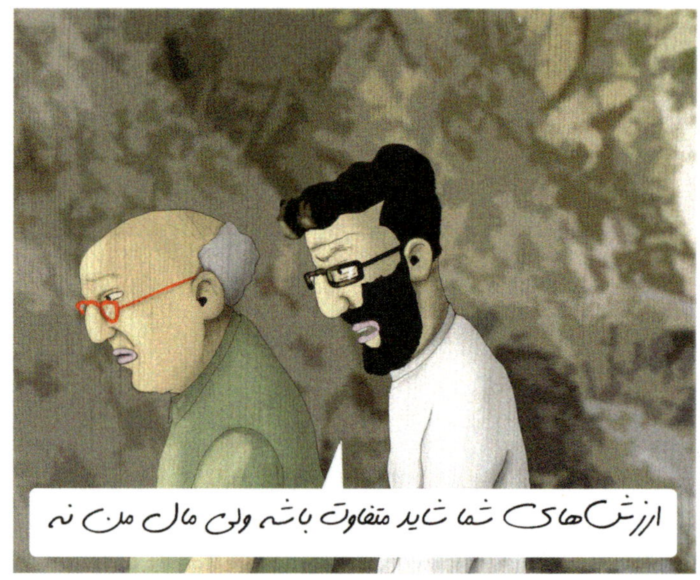
ارزش‌های شما شاید متفاوت باشه ولی مال من نه

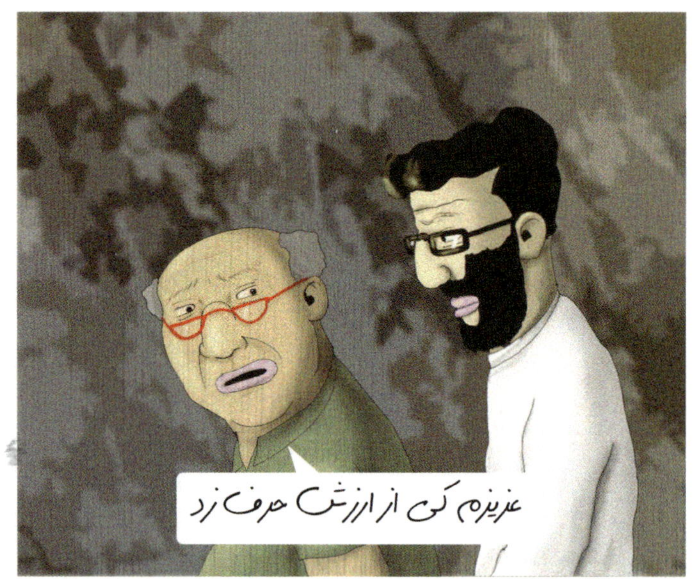
عزیزم کی از ارزش حرف زد

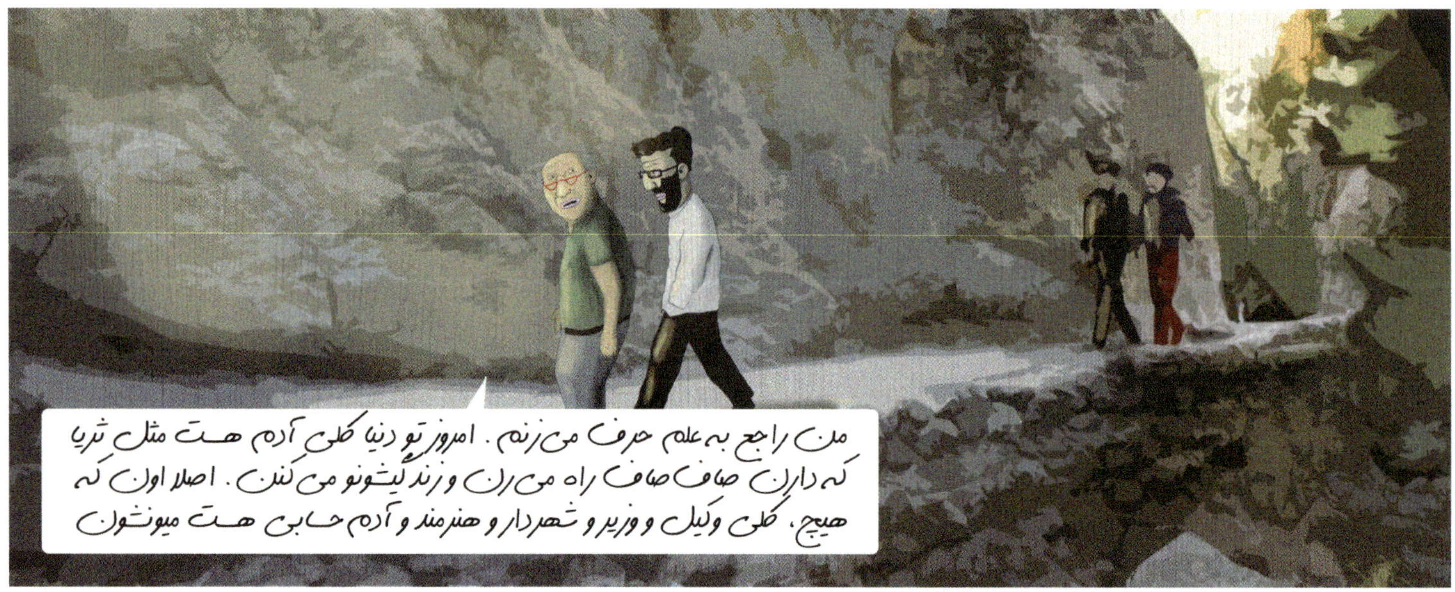
من راجع به علم حرف می‌زنم. امروز تو دنیا کلی آدم هست مثل ثریا که دارن صاف صاف راه می‌رن و زندگیشونو می‌کنن. اصلا اون که هیچ، کلی وکیل و وزیر و شهردار و هنرمند و آدم حسابی هست میونشون

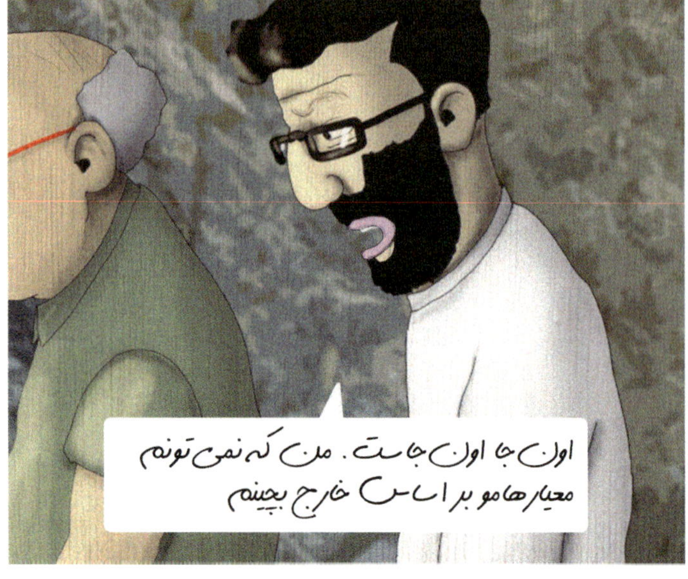
اون جا اون جاست. من که نمی‌تونم معیارهامو بر اساس خارج بچینم

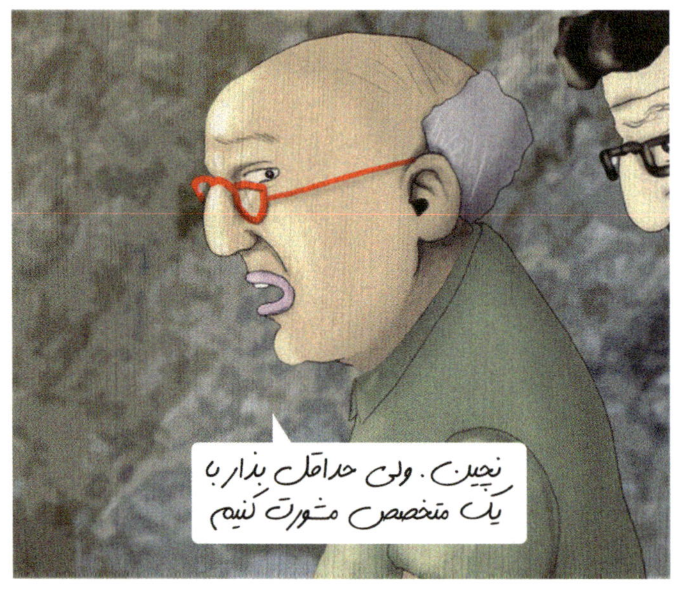
نچین. ولی حداقل بذار با یک متخصص مشورت کنیم

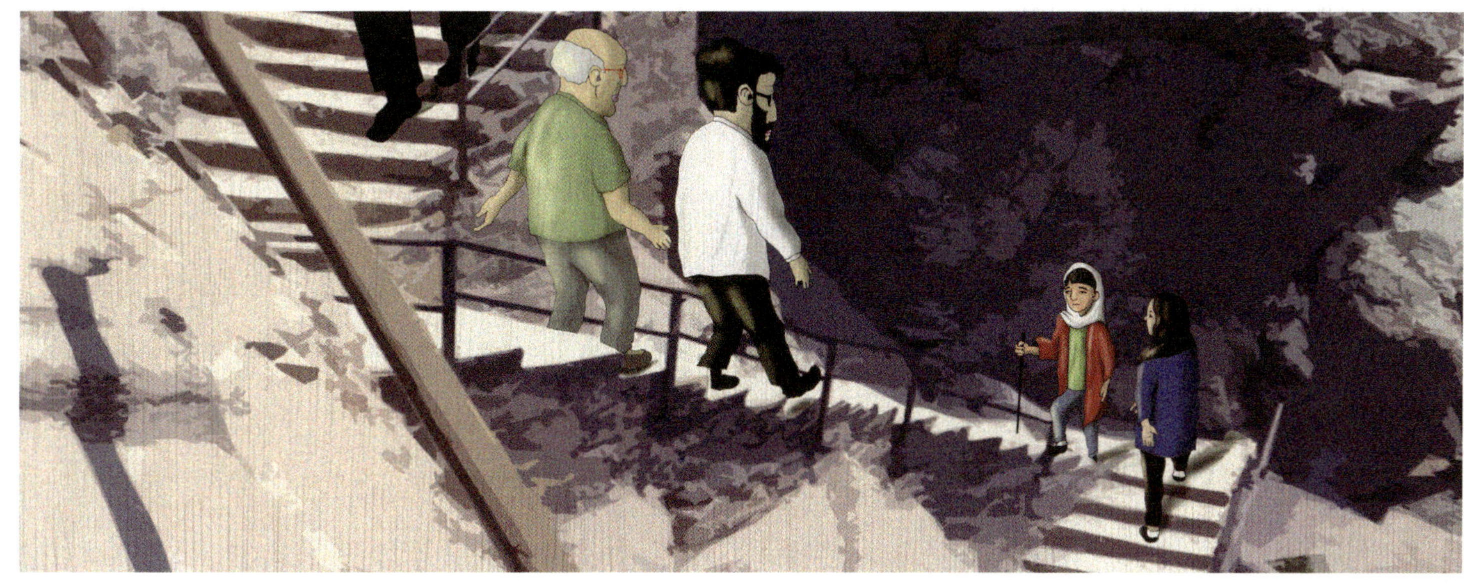

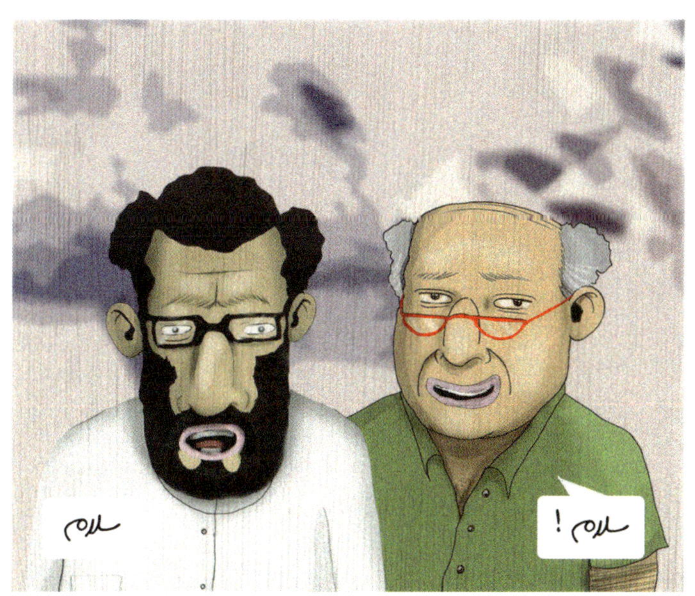

سلام !
سلام

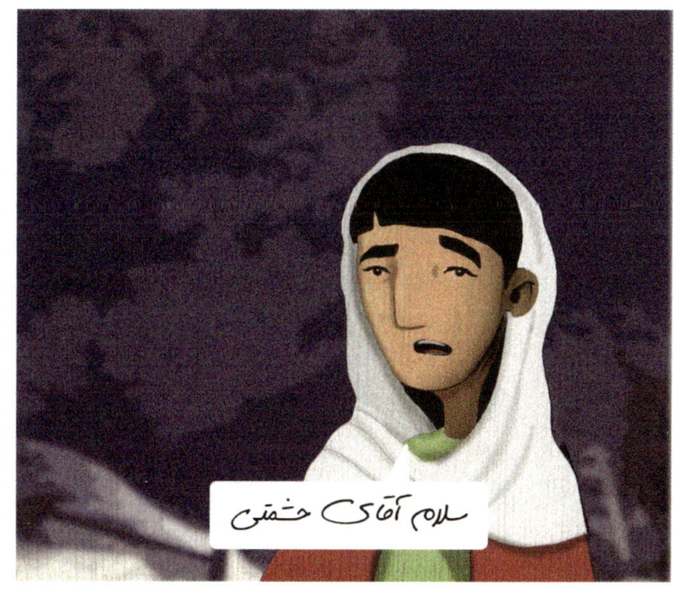

سلام آقای خشتی

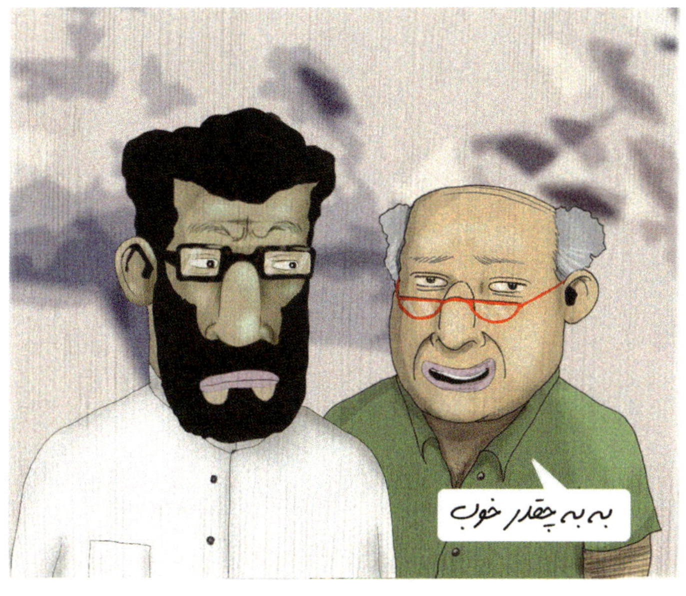

به به چقدر خوب

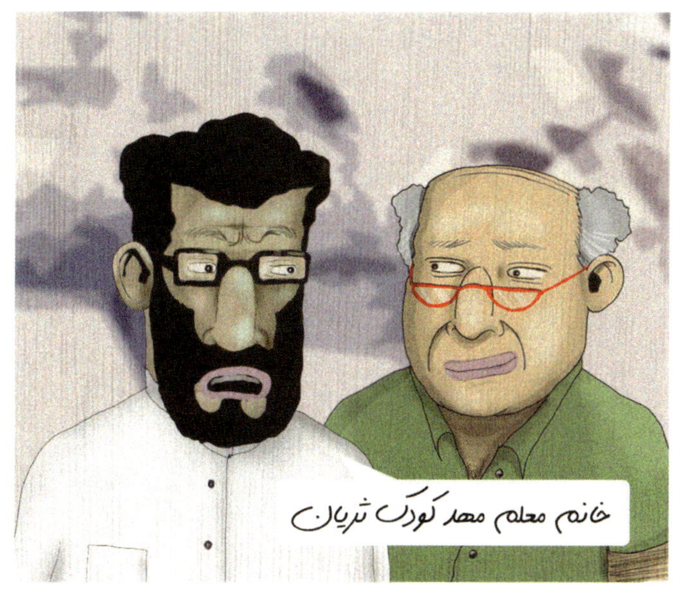

خانم معلم مهد کودک ثریان

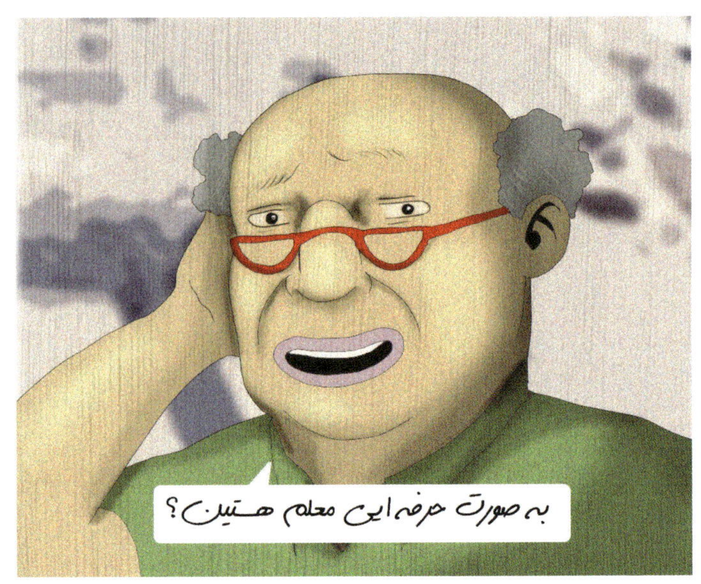

به صورت حرفه‌ای معلم هستین؟

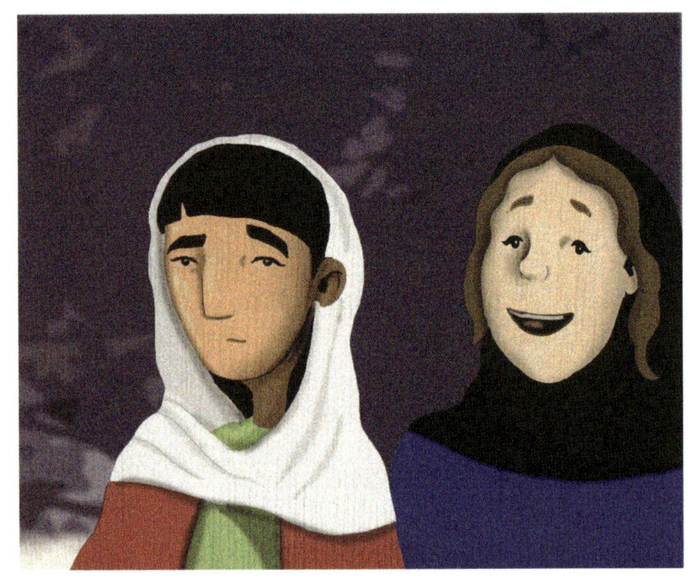

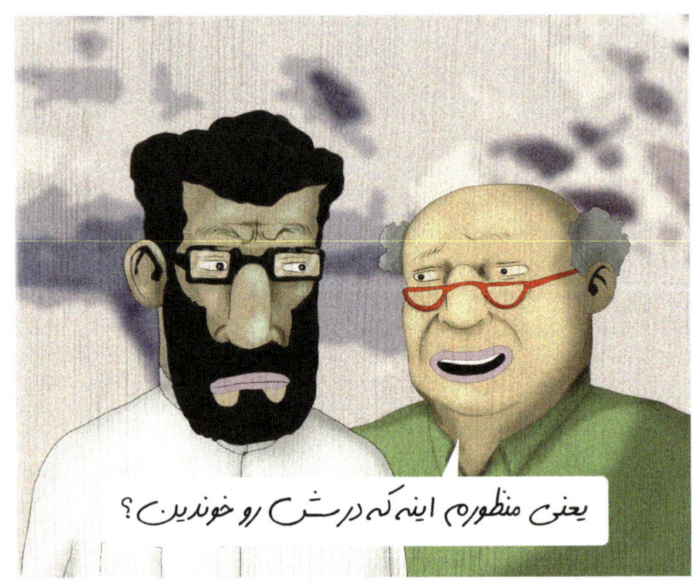

یعنی منظورم اینه که درسش رو خوندین؟

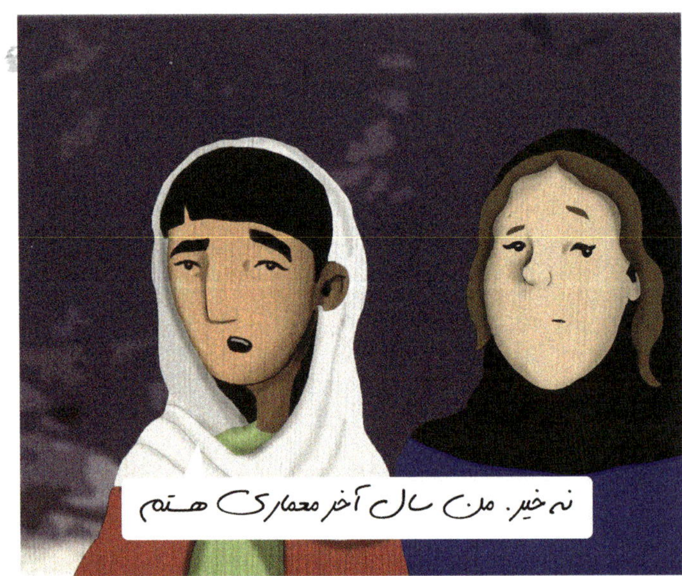

نه خیر. من سال آخر معماری هستم

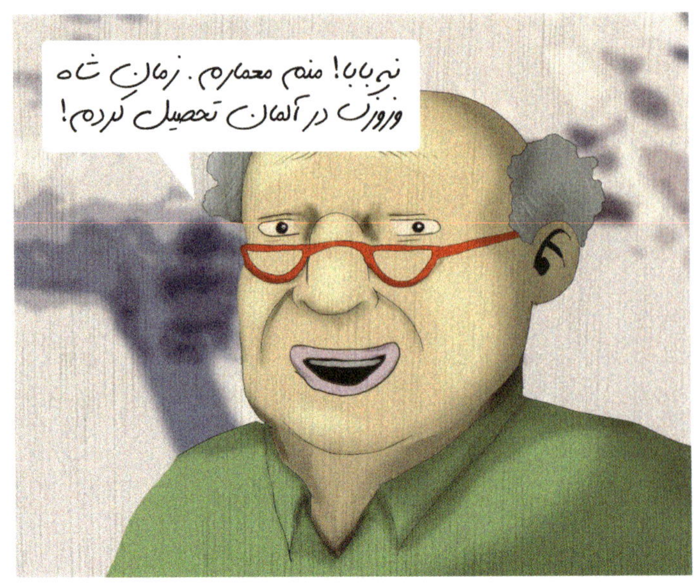

نه بابا! منم معمارم. زمان شاه
وروژن در آلمان تحصیل کردم!

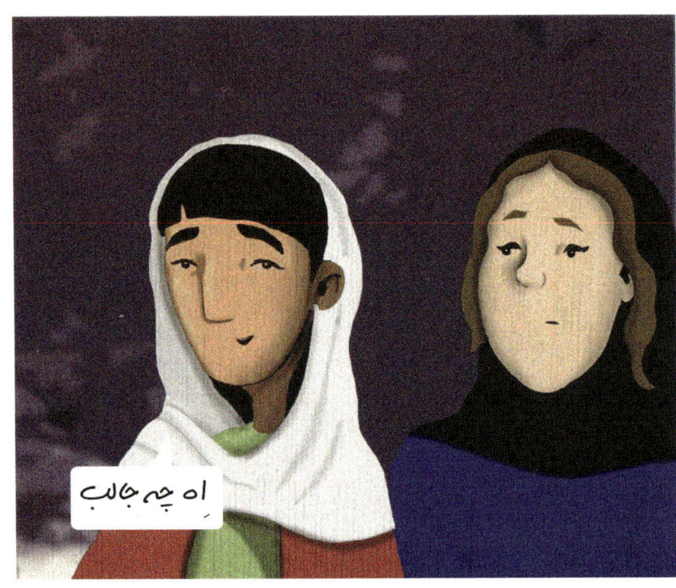

اه چه جالب

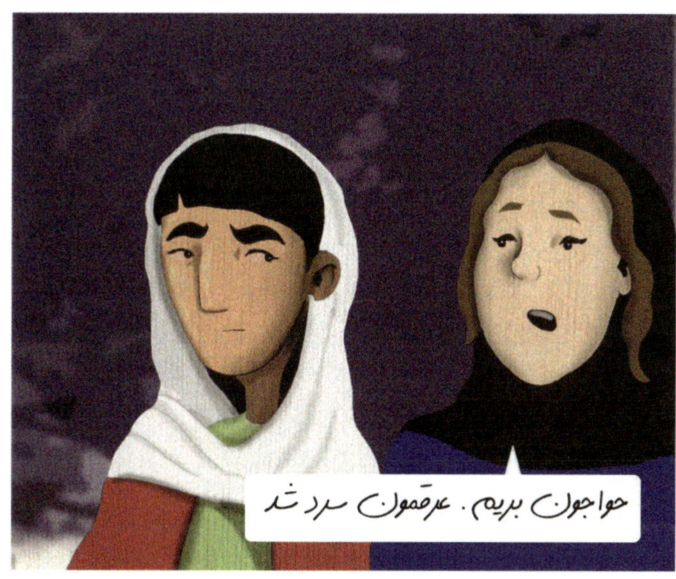
حوا جون بریم. عرقمون سرد شد

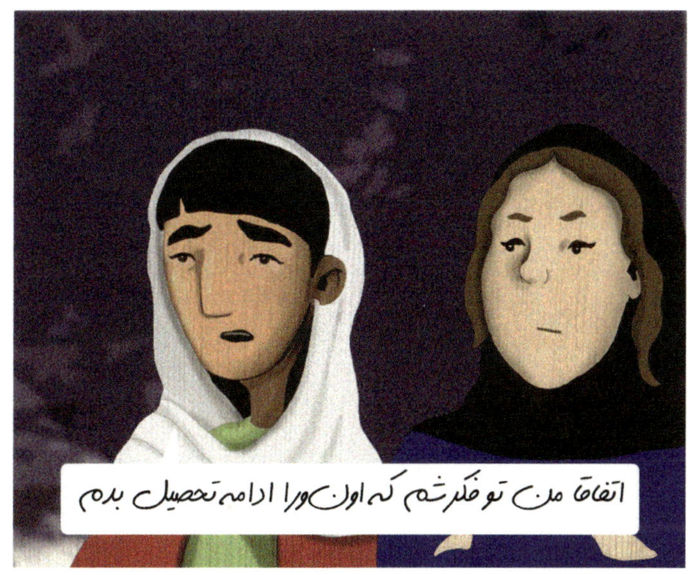
اتفاقاً من تو فکرشم که اون ورا ادامه تحصیل بدم

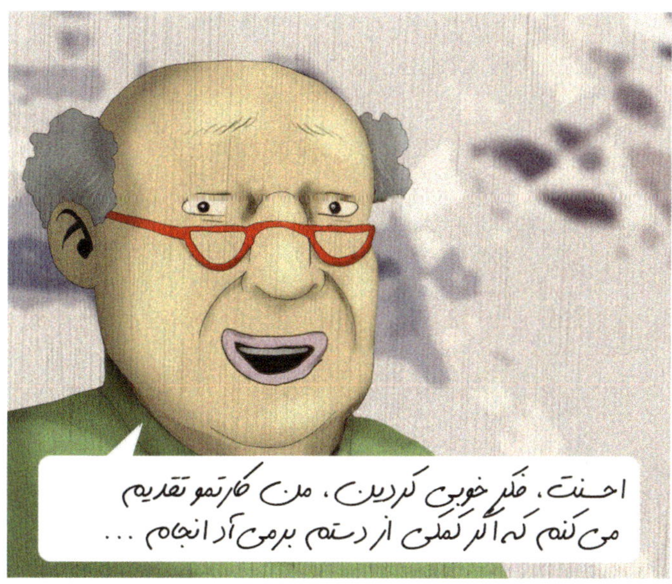
احسنت، فکر خوبی کردین، من کارتمو تقدیم می‌کنم که اگر کملی از دستم برمی آد انجام ...

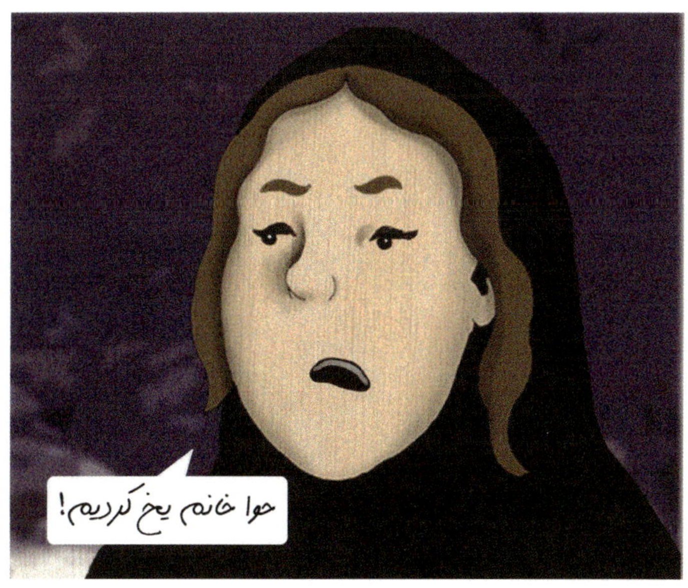
حوا خانم یخ کردیم!

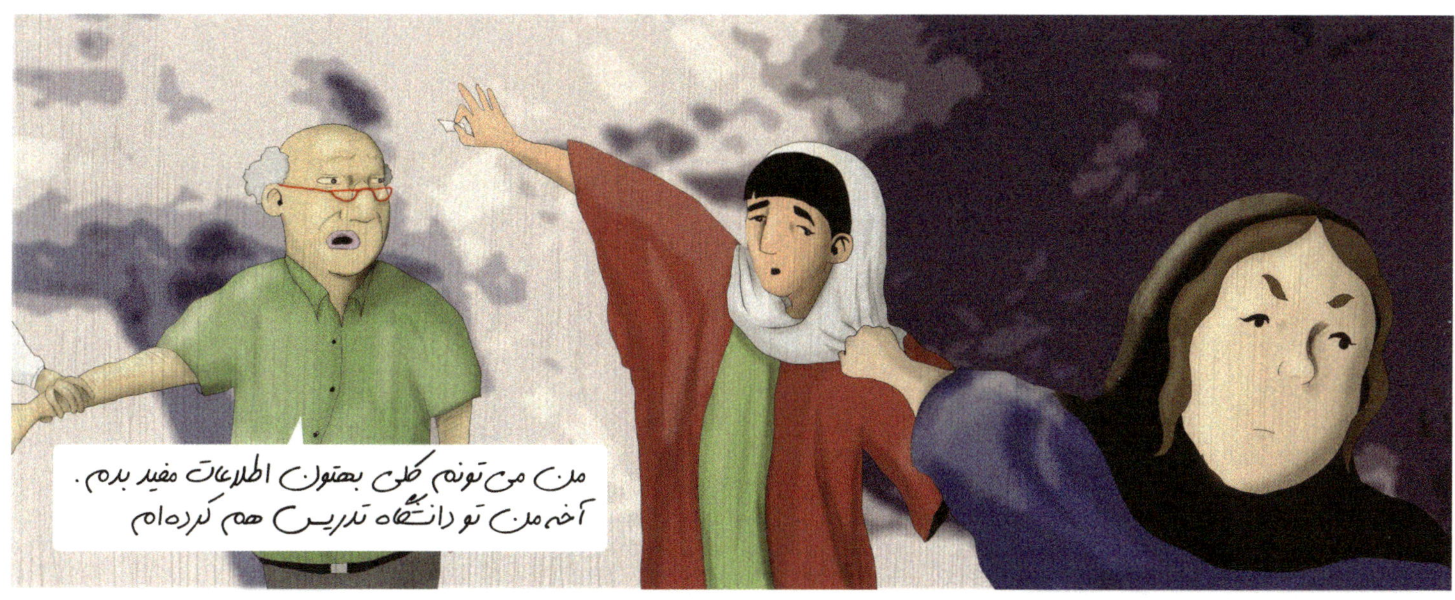
من می‌تونم کلی بهتون اطلاعات مفید بدم.
آخه من تو دانشگاه تدریس هم کرده‌ام

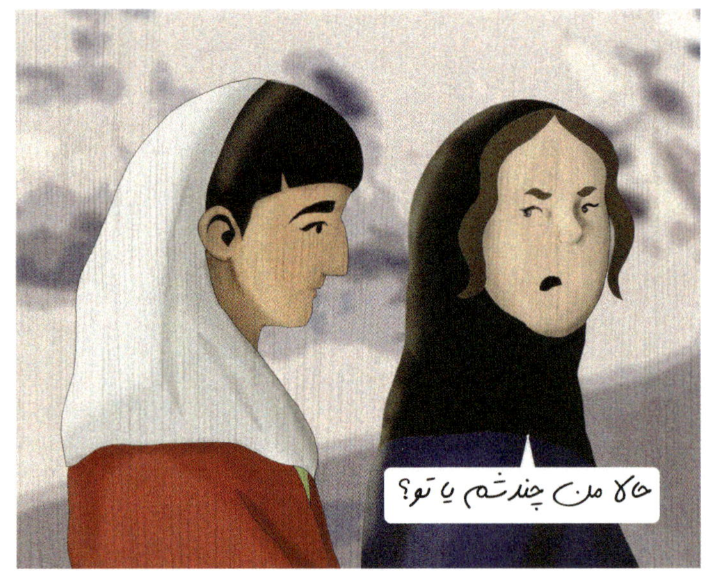

حالا من چندشم یا تو؟

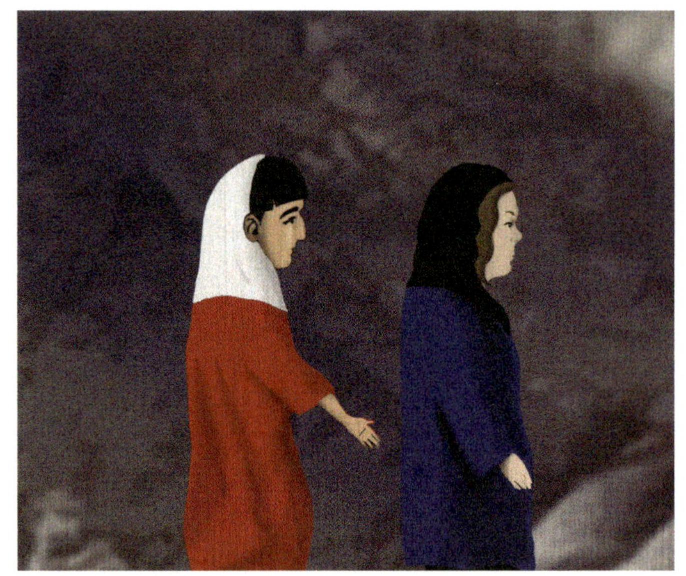

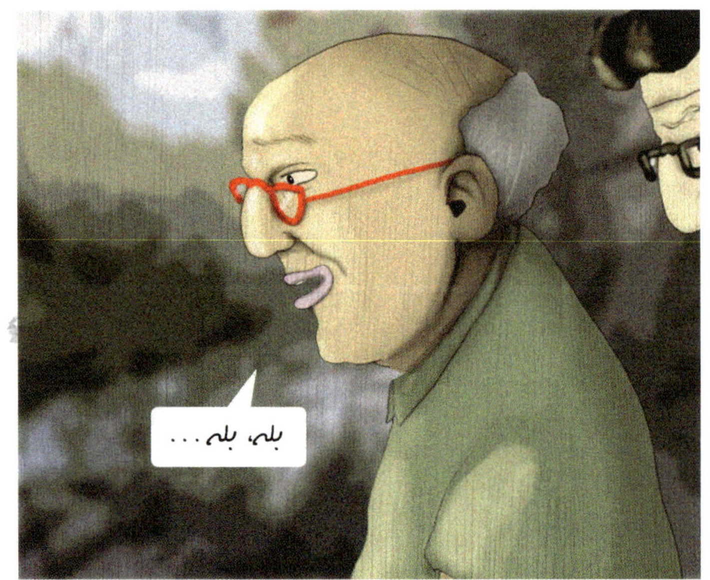

بله، بله . . .

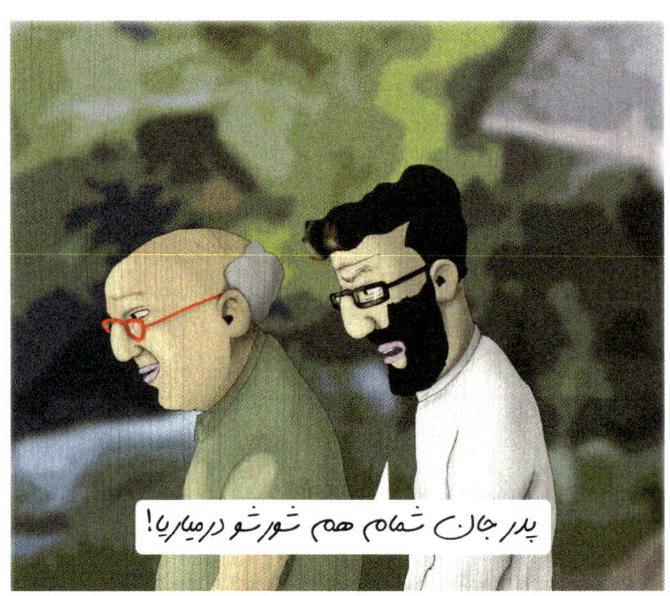

پدر جان شما هم شورشو درمیاریا!

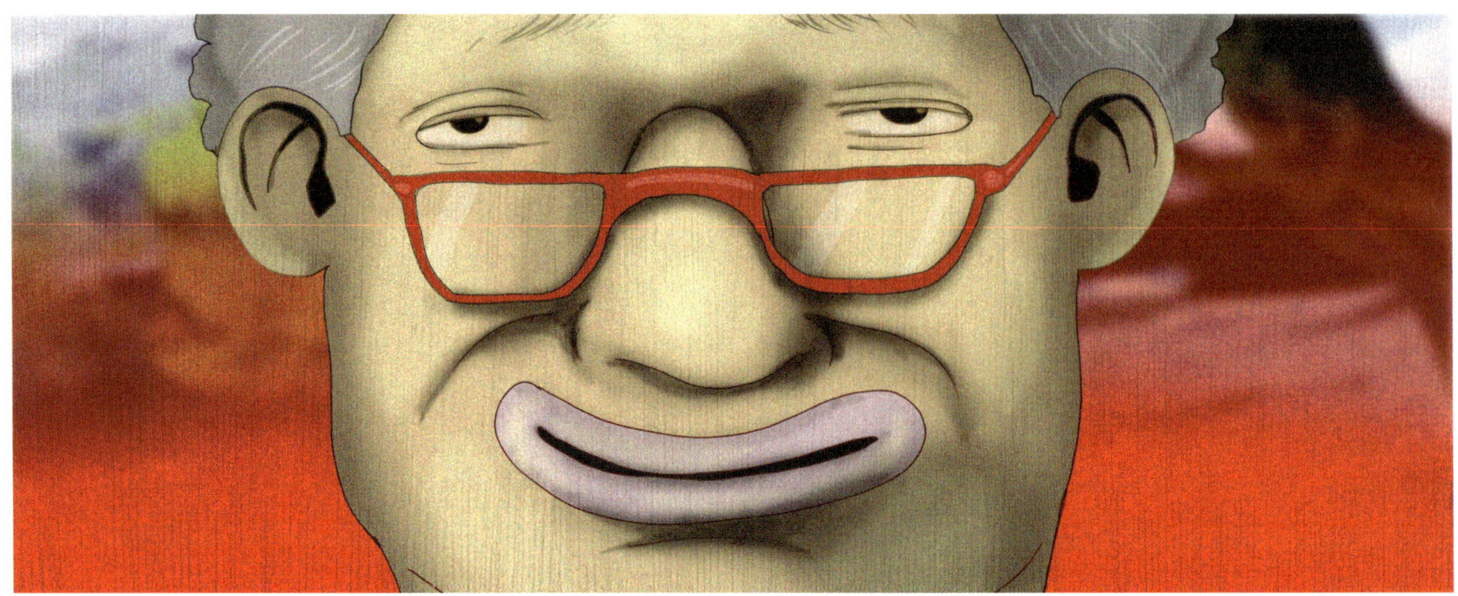

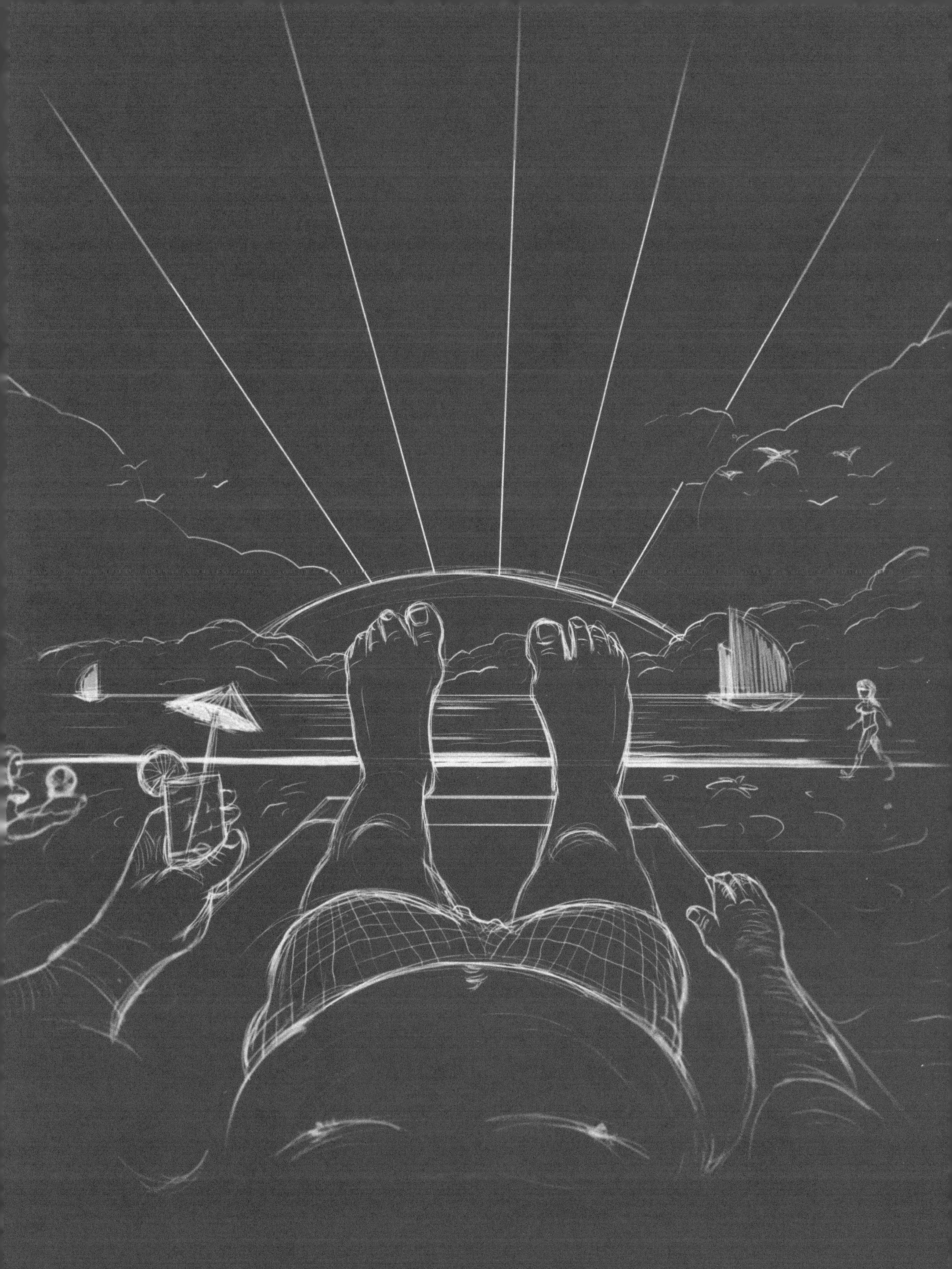

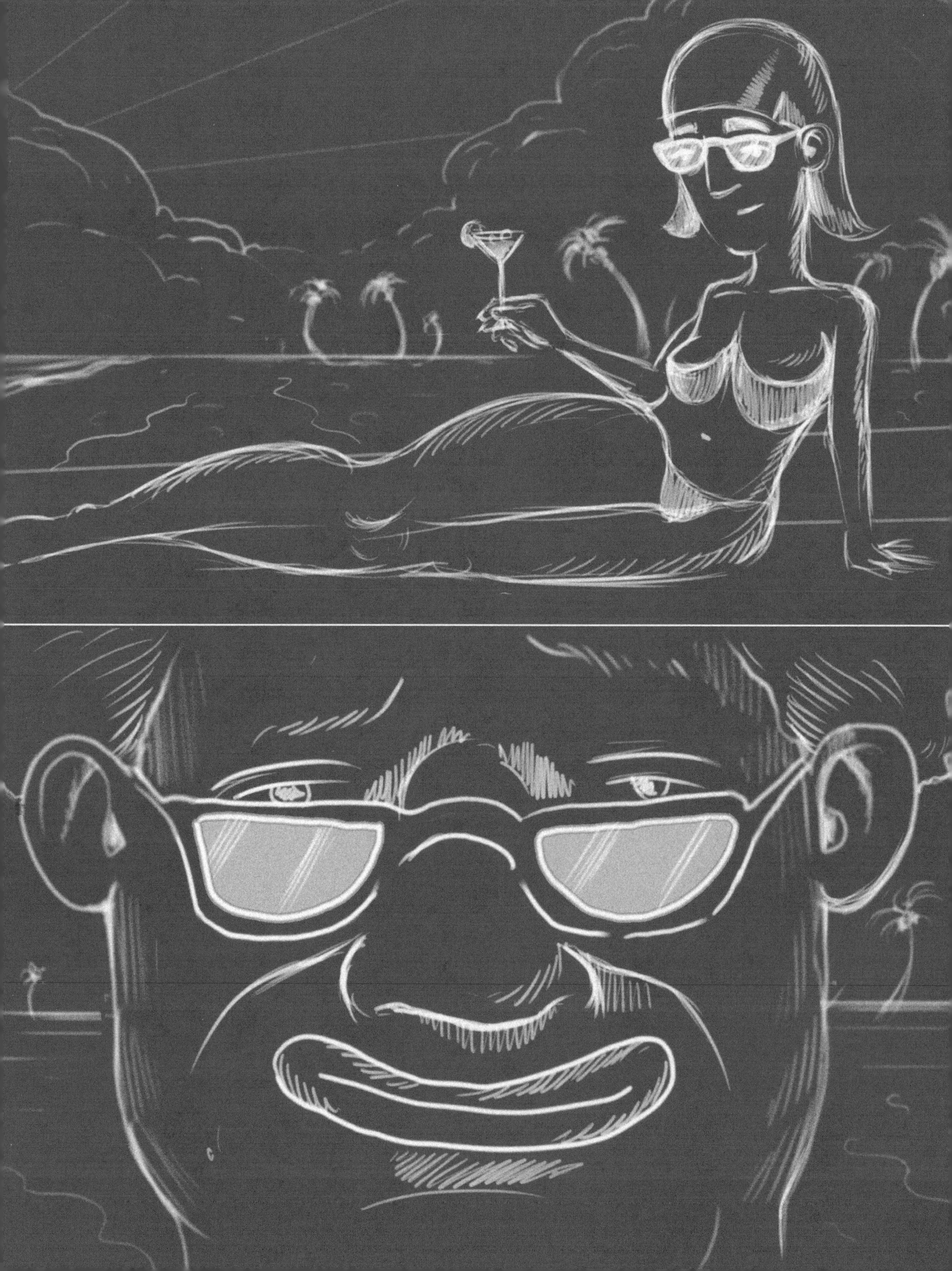

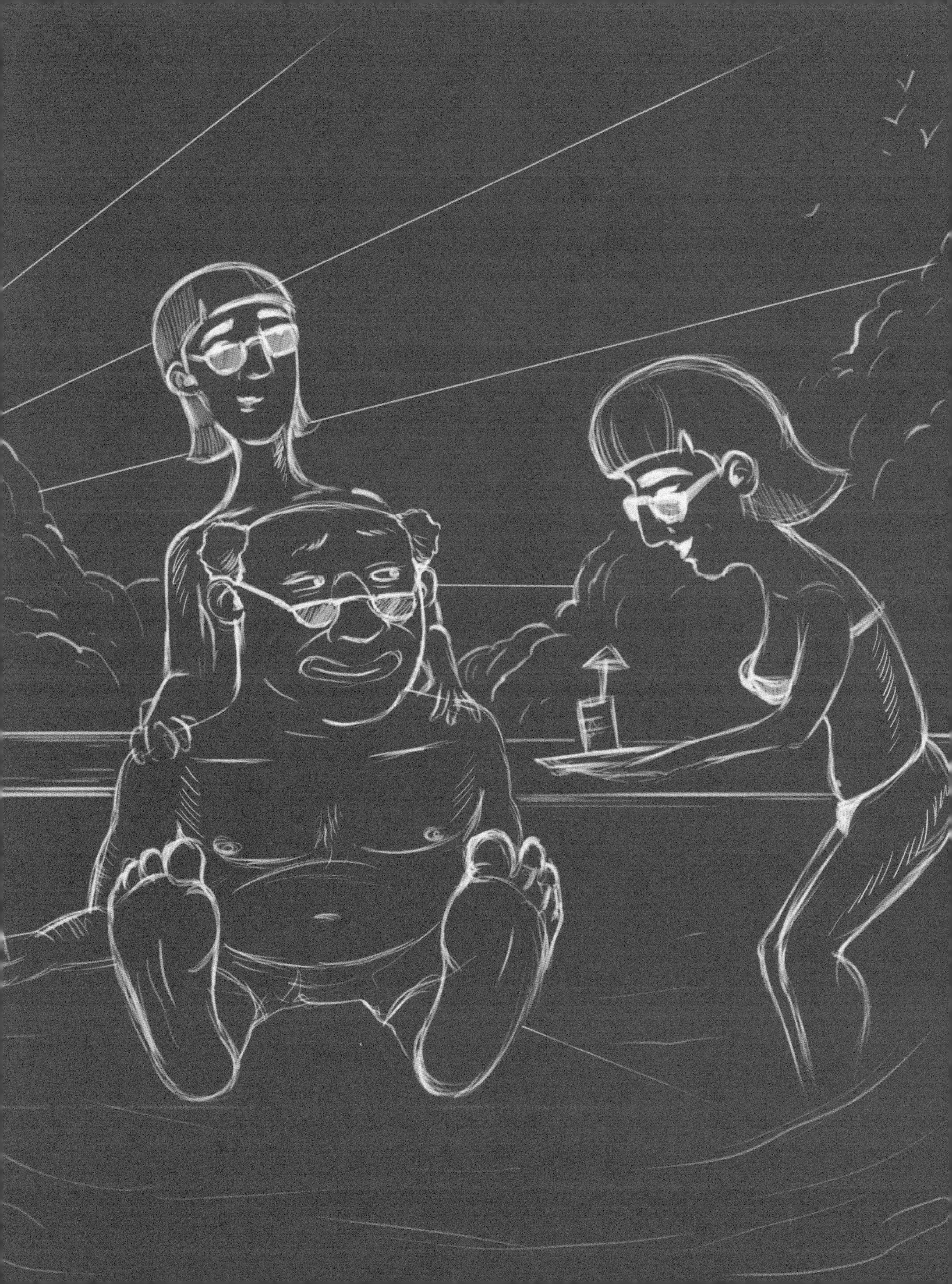

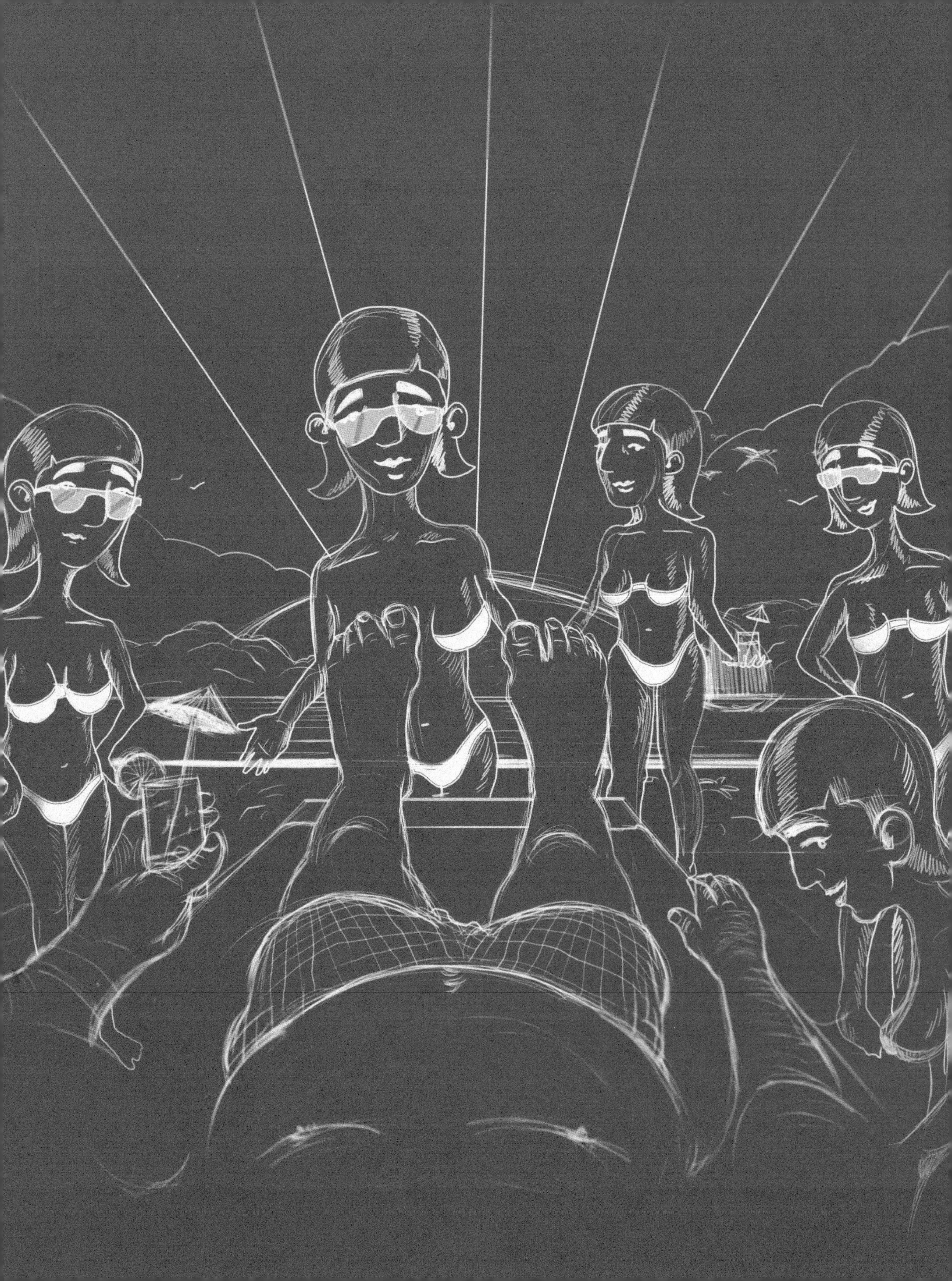

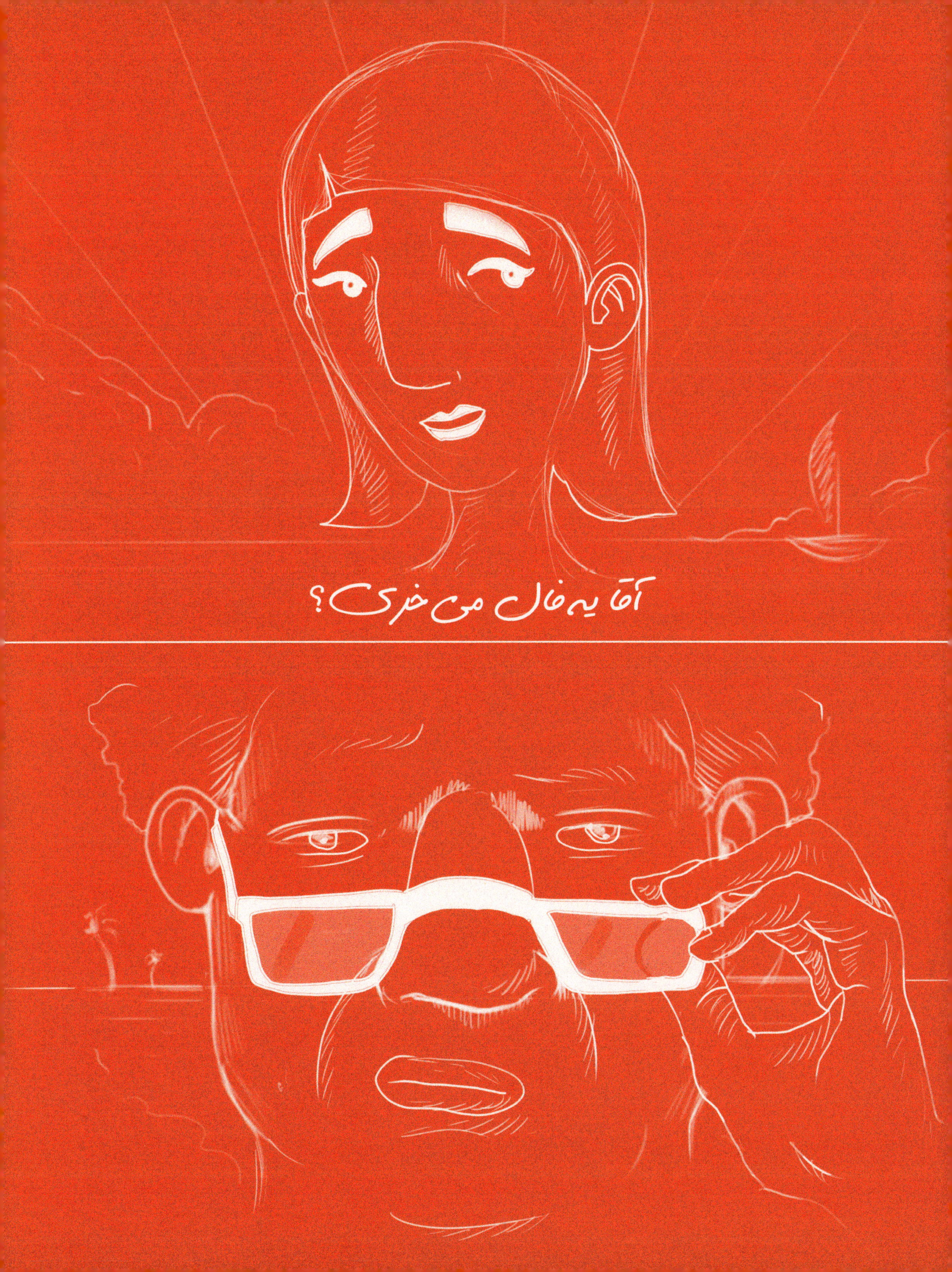

آقا یه فال می خری؟

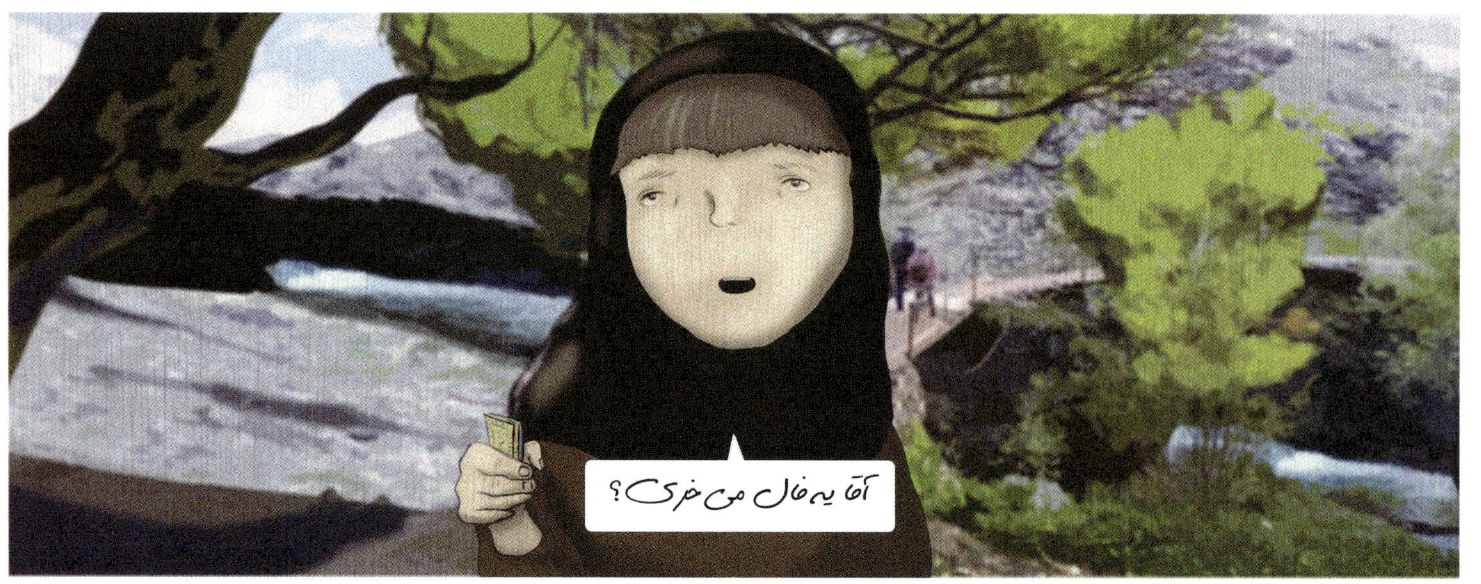

آقا یه فال می‌خری؟

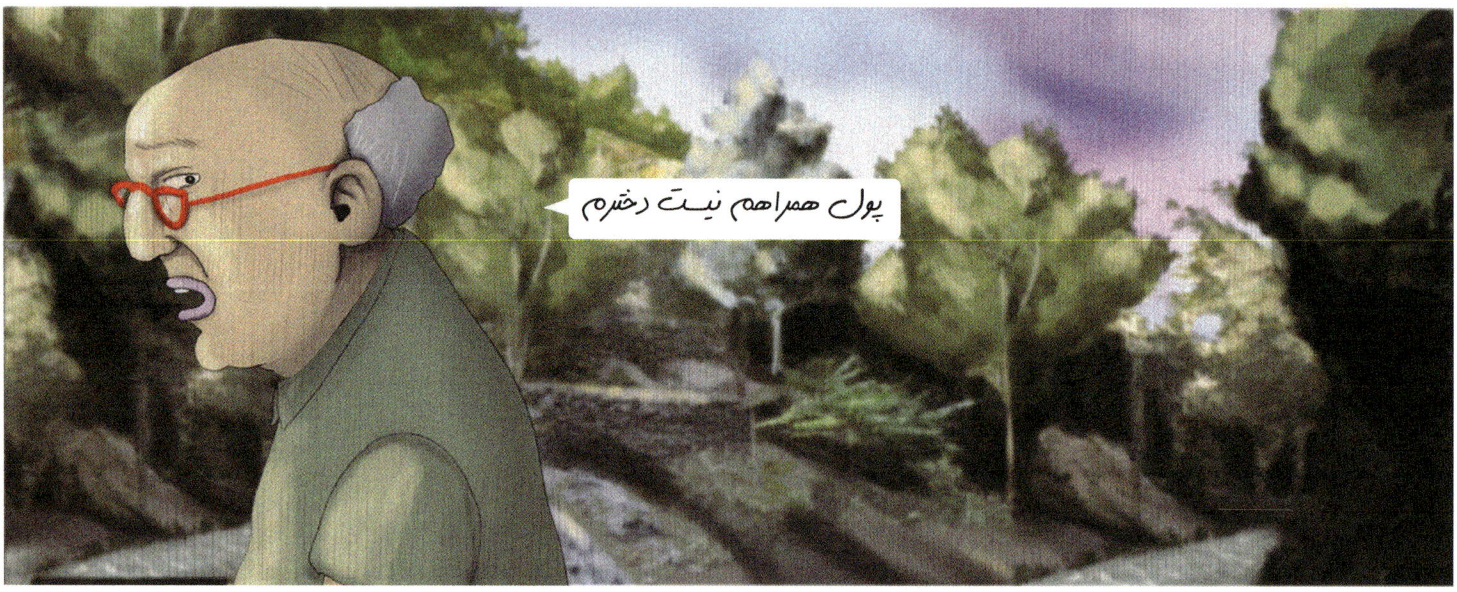

پول همراهم نیست دخترم

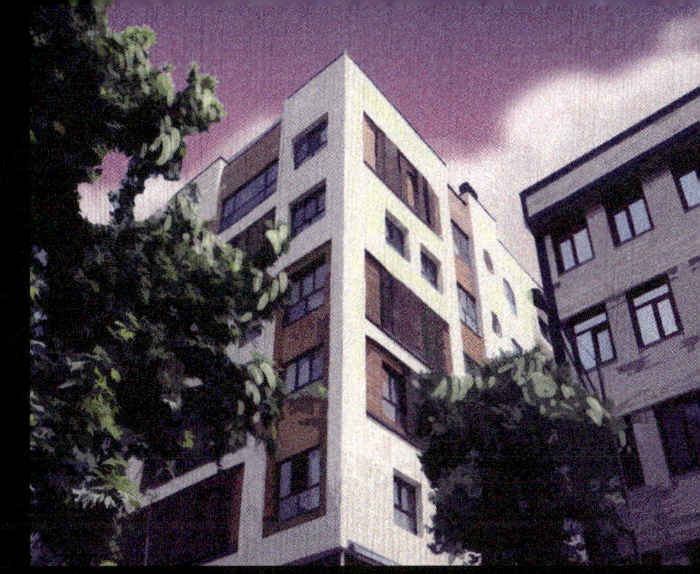
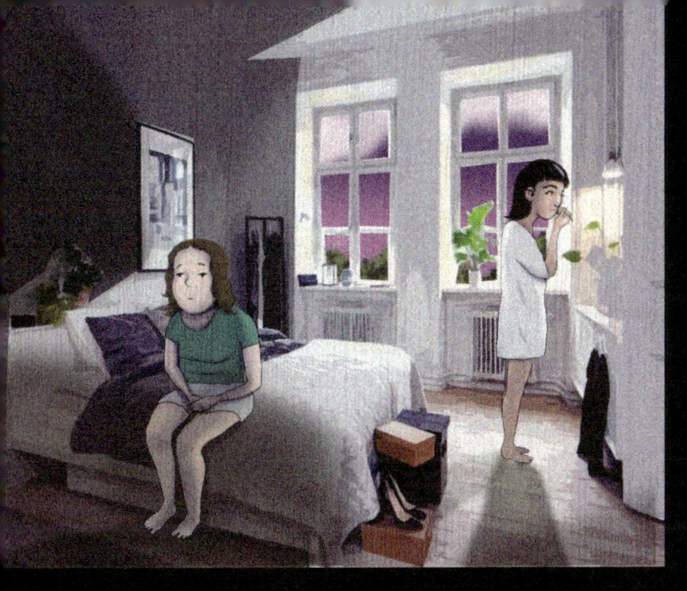
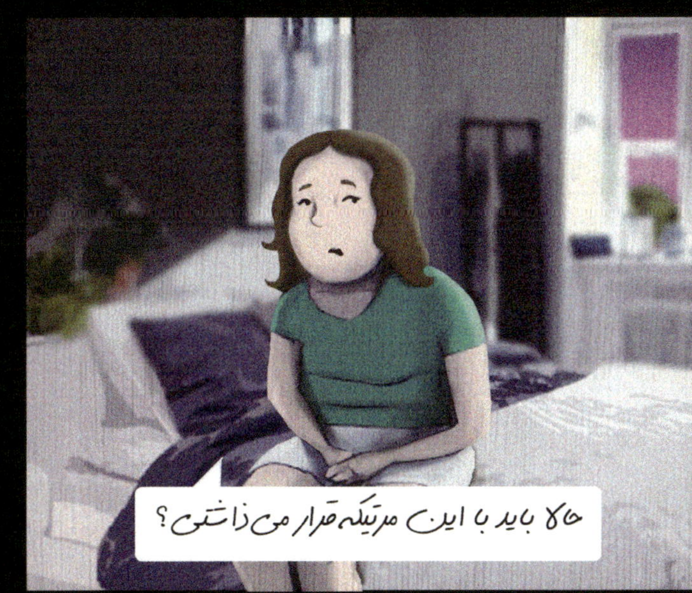

حالا باید با این مرتیکه قرار می ذاشتی؟

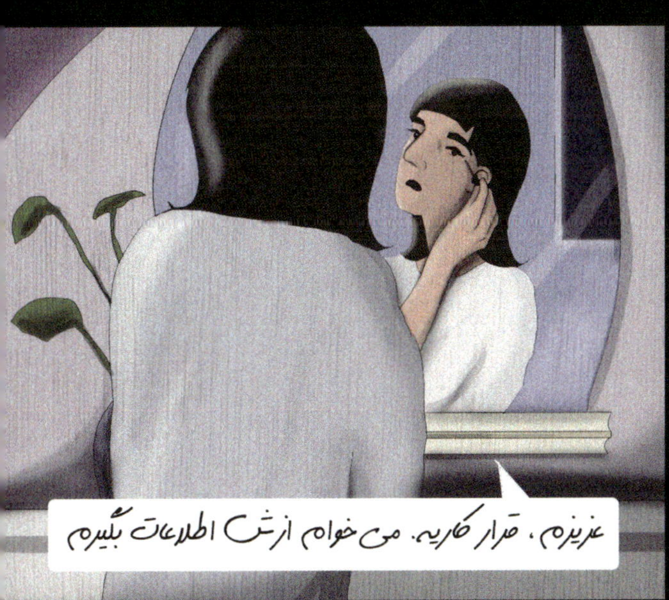

عزیزم، قرار کاریه. می خوام ازش اطلاعات بگیرم

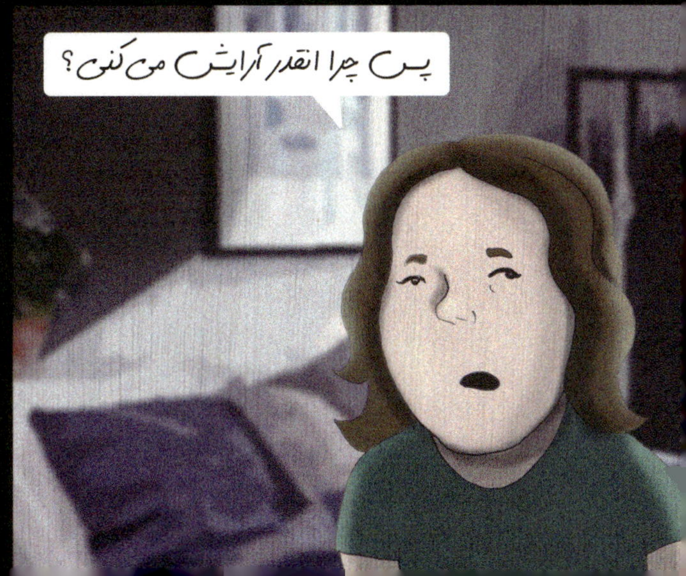

پس چرا انقدر آرایش می کنی؟

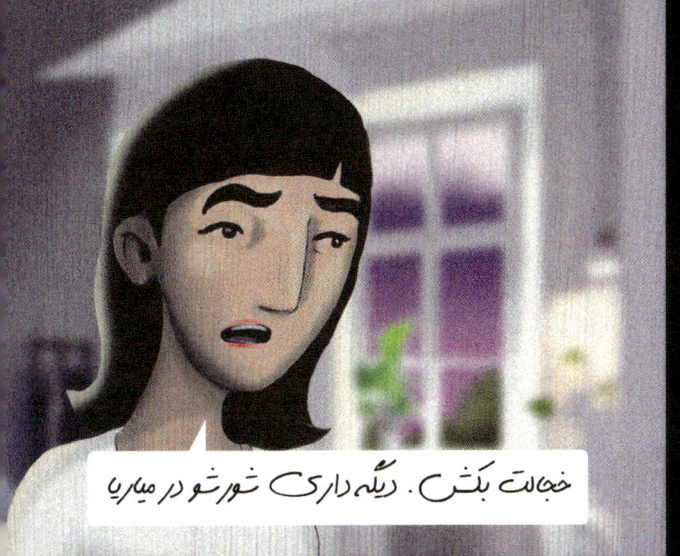

خجالت بکش. دیگه داری شورتو در میاری

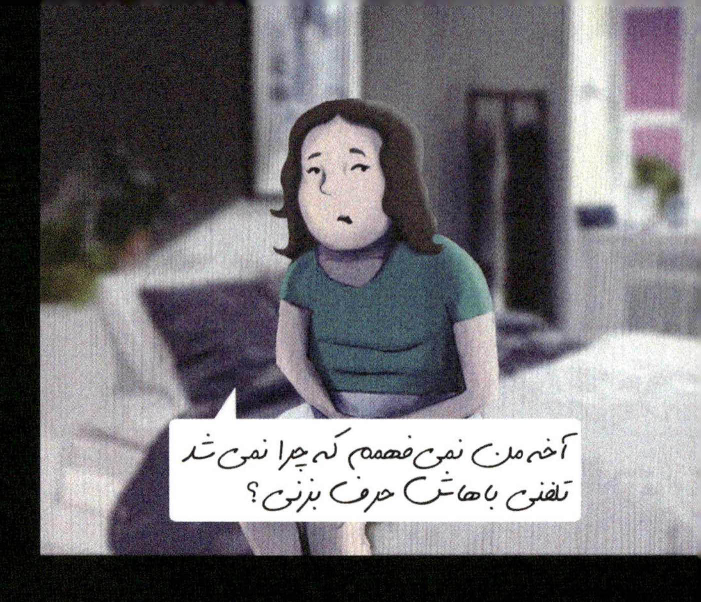

آخه من نمی فهمم که چرا نمی شد تلفنی باهاش حرف بزنی؟

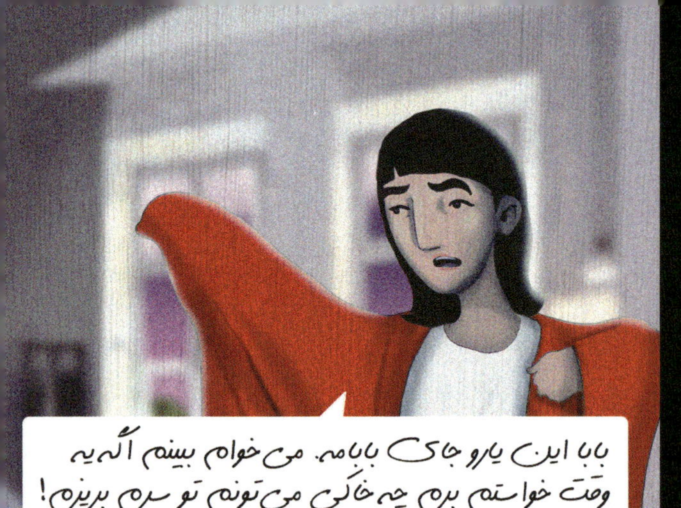

بابا این یارو جاک بابامه. می خوام ببینم اگه یه وقت خواستم برم چه خاکی می تونم تو سرم بریزم!

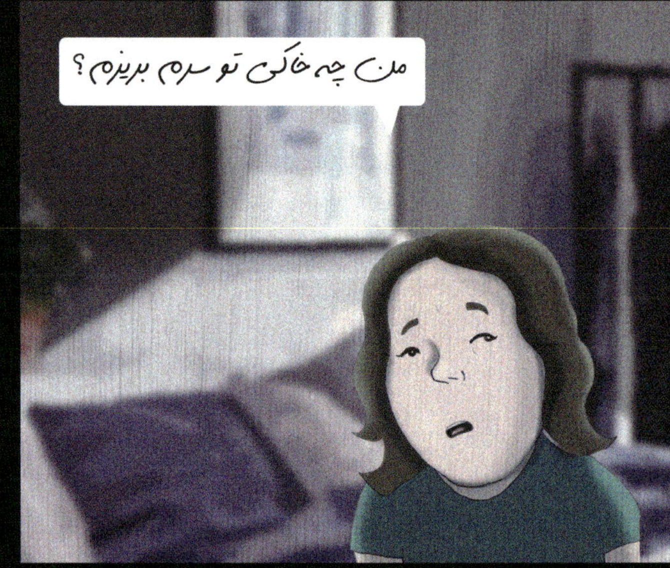

من چه خاکی تو سرم بریزم؟

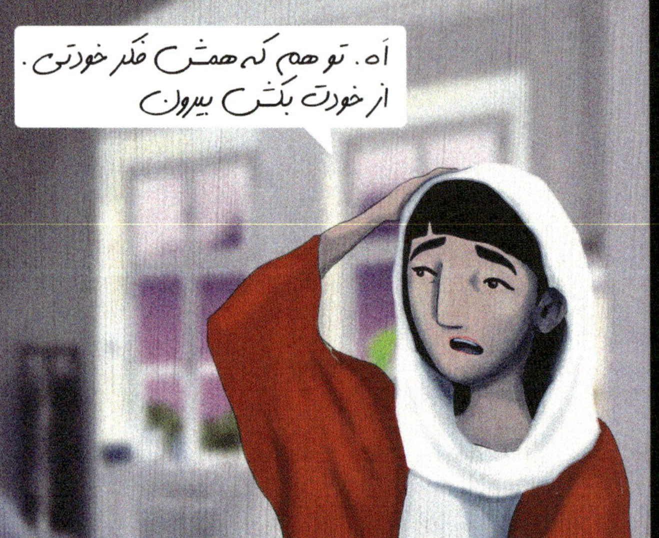

اَه. تو هم که همش فکر خودتی. از خودت بکش بیرون

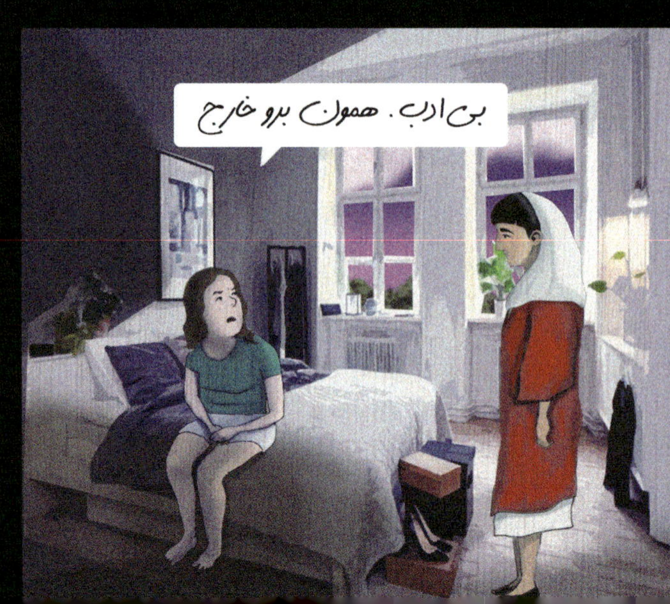

بی ادب. همون برو خارج

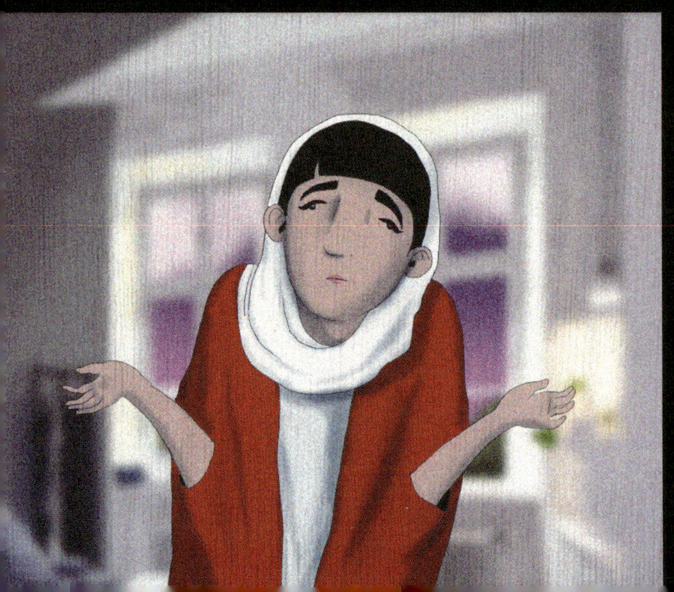

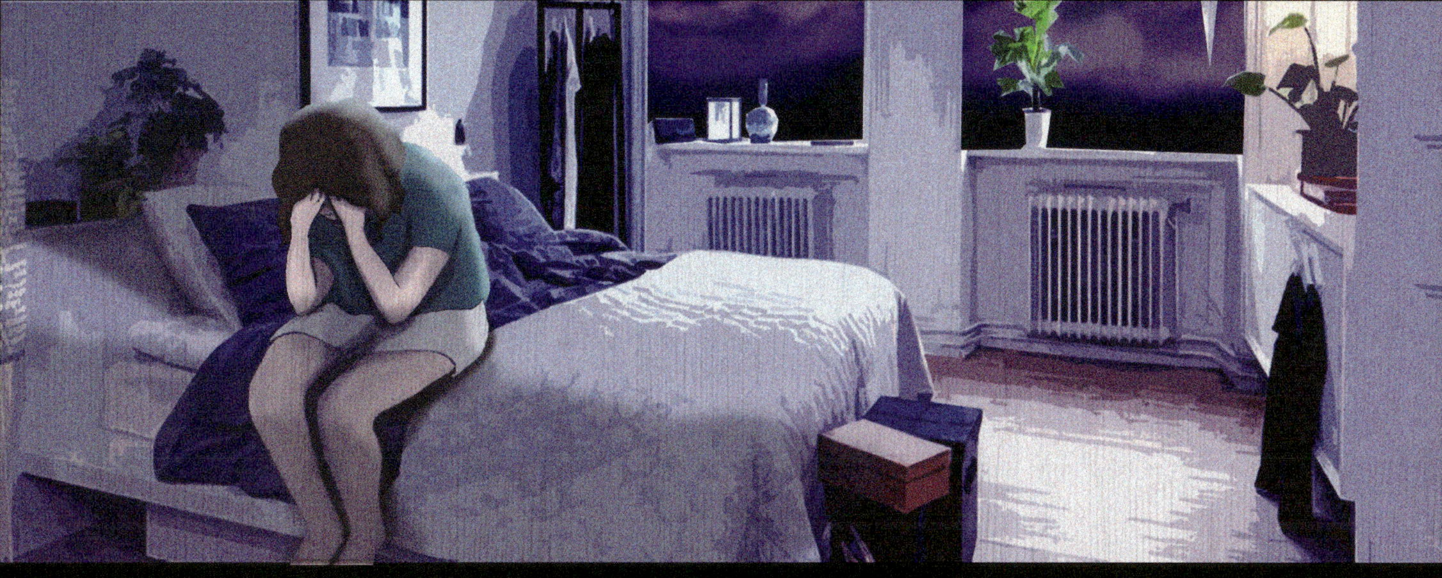

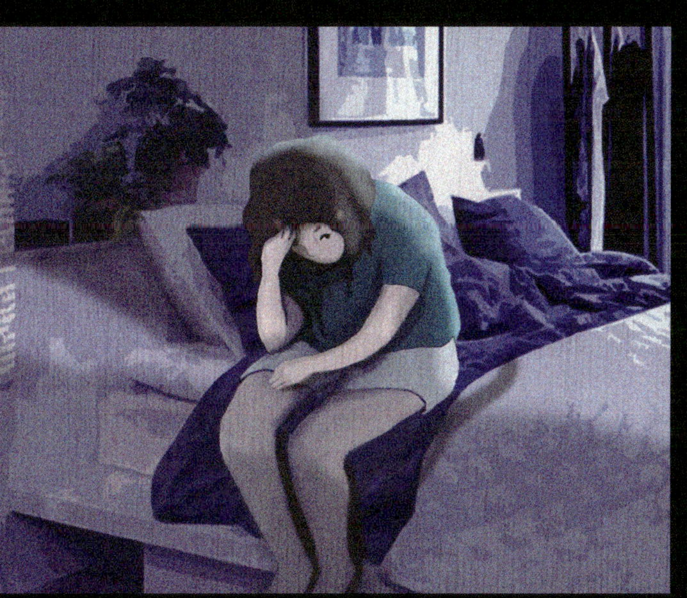

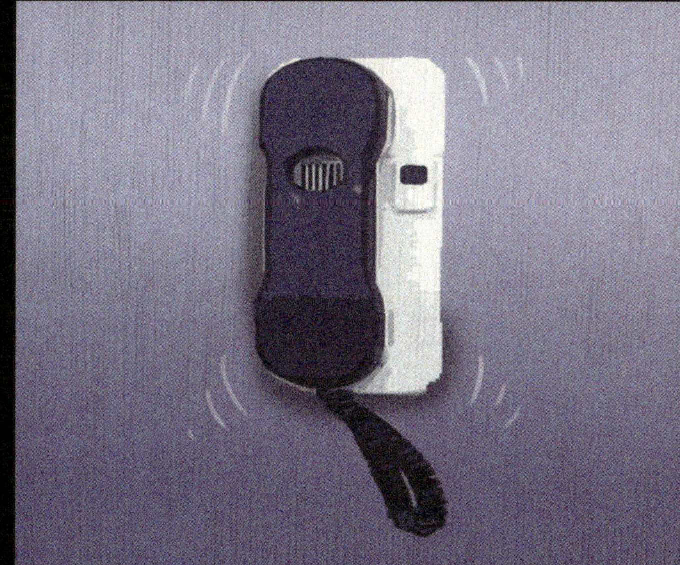

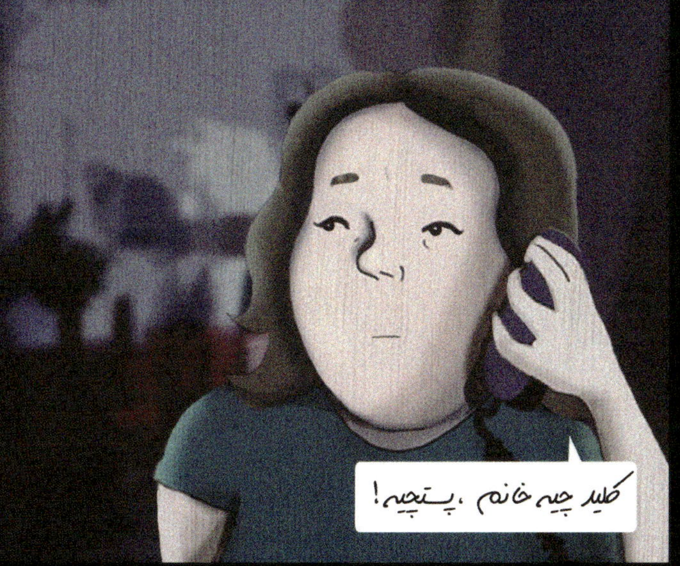
کلید چیه خانم ، پـتچیه!

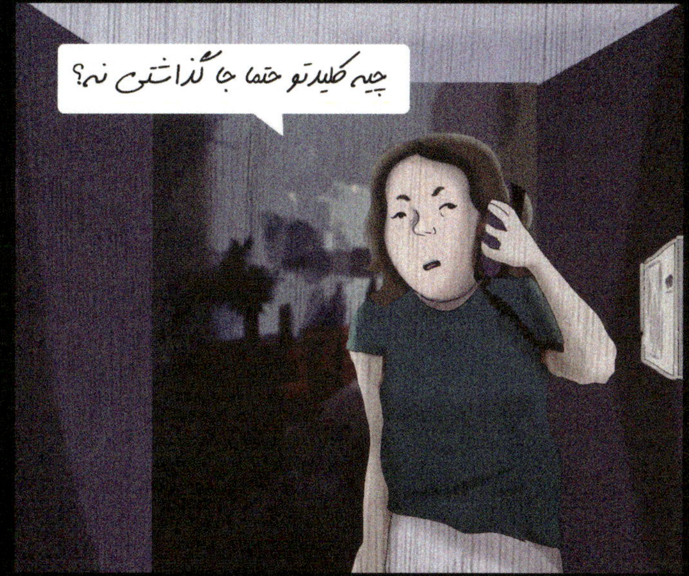
چیه کلیدتو حتما جا گذاشتی نه؟

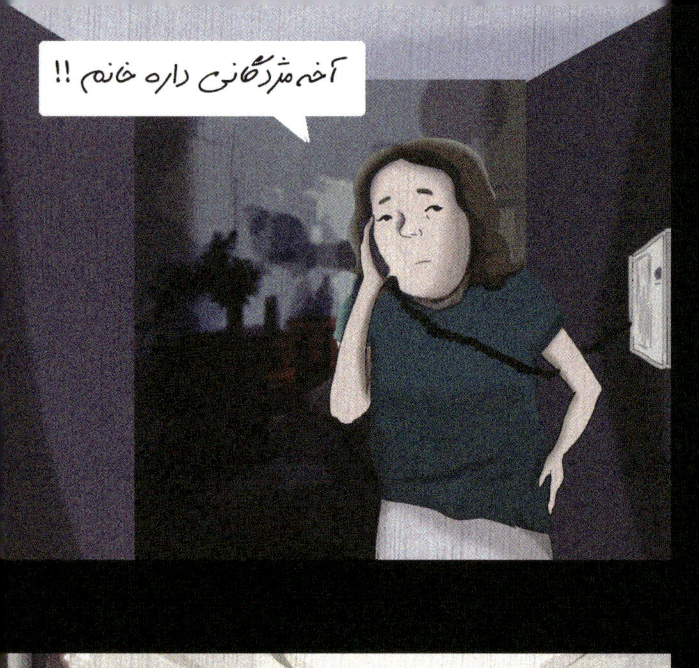
آخه مژدگانی داره خانم !!

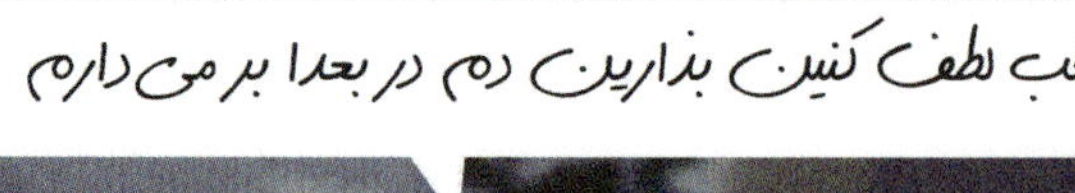
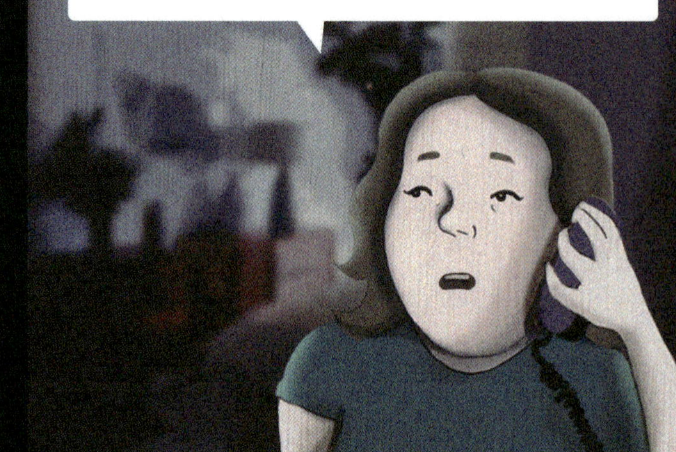
خب لطف کنین بذارین دم در بعدا بر می دارم

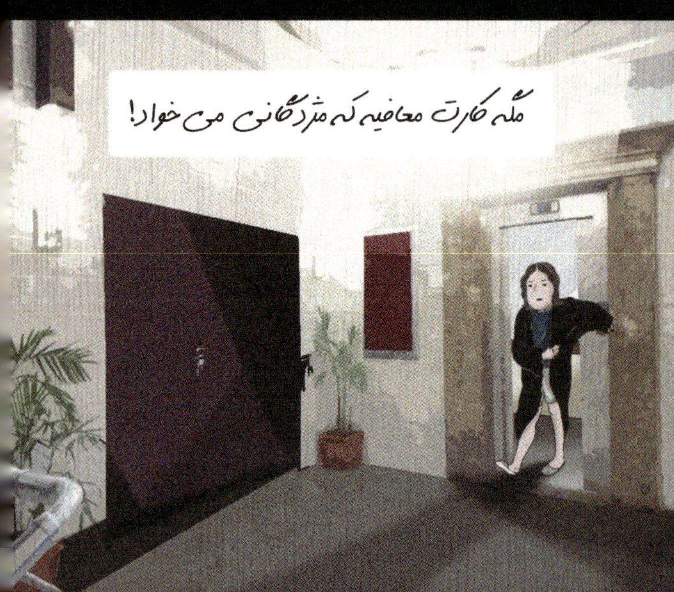
مگه کارت معافیه که مژدگانی می خوای!

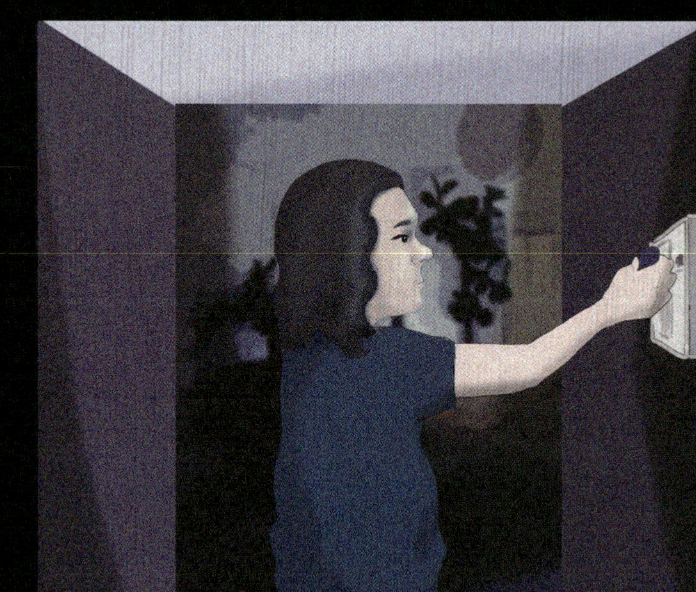

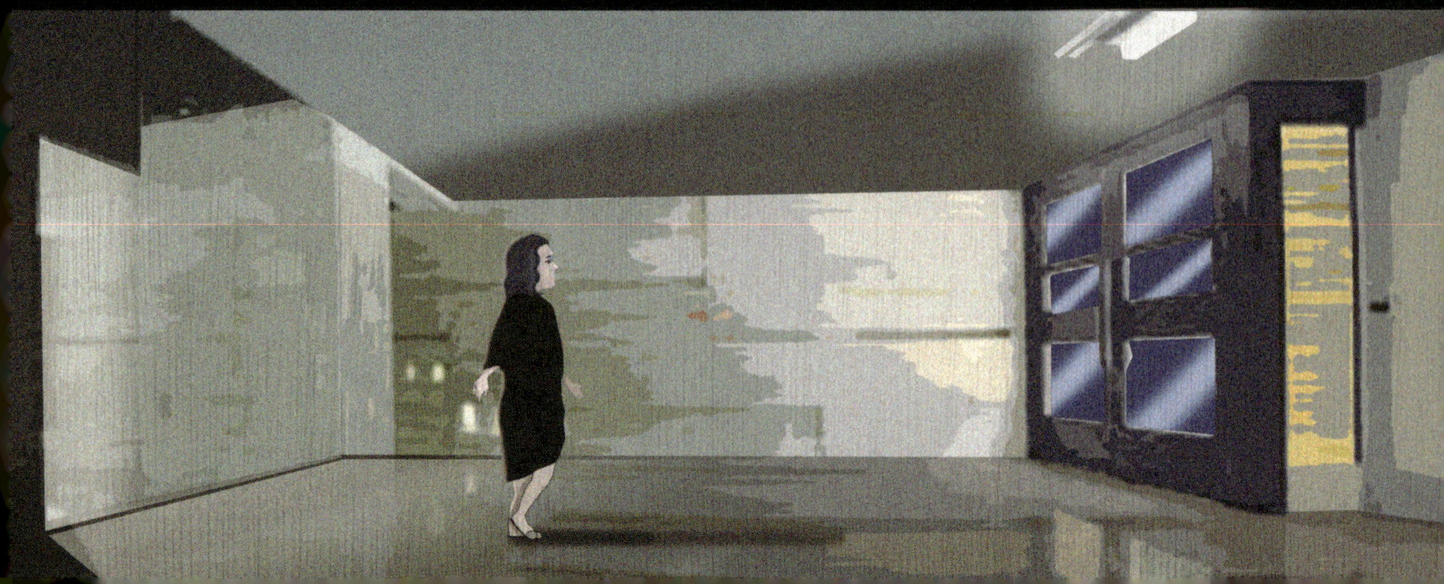

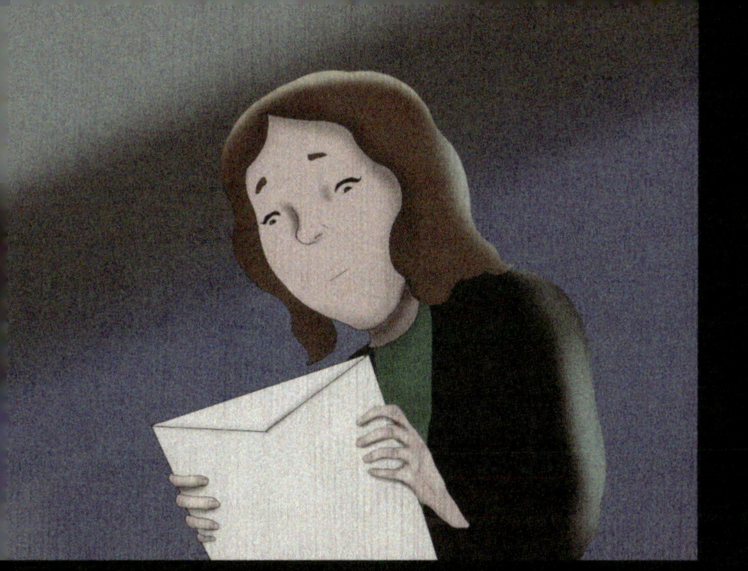
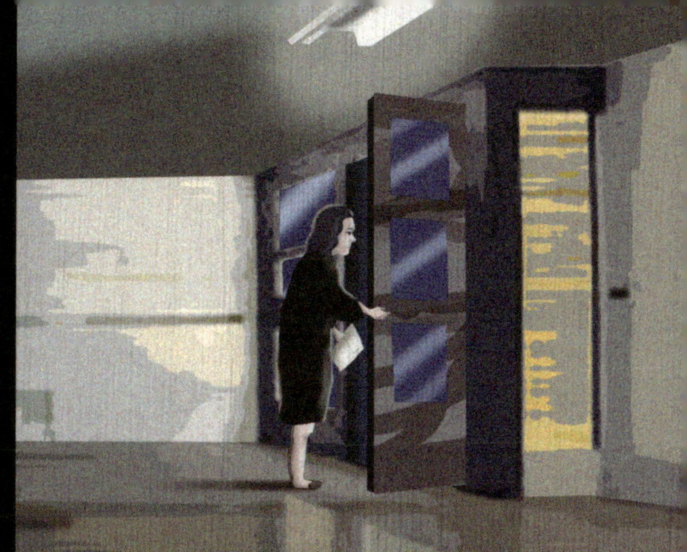

سازمان سنجش آموزش کشور
وزارت علوم، تحقیقات و فناوری
نتایج کنکور سراسری کارشناسی ارشد معماری
گیرنده: حوا حمیدی
آدرس: تهران، خیابان مقدس اردبیلی
پلاک ۹، زنگ بالا

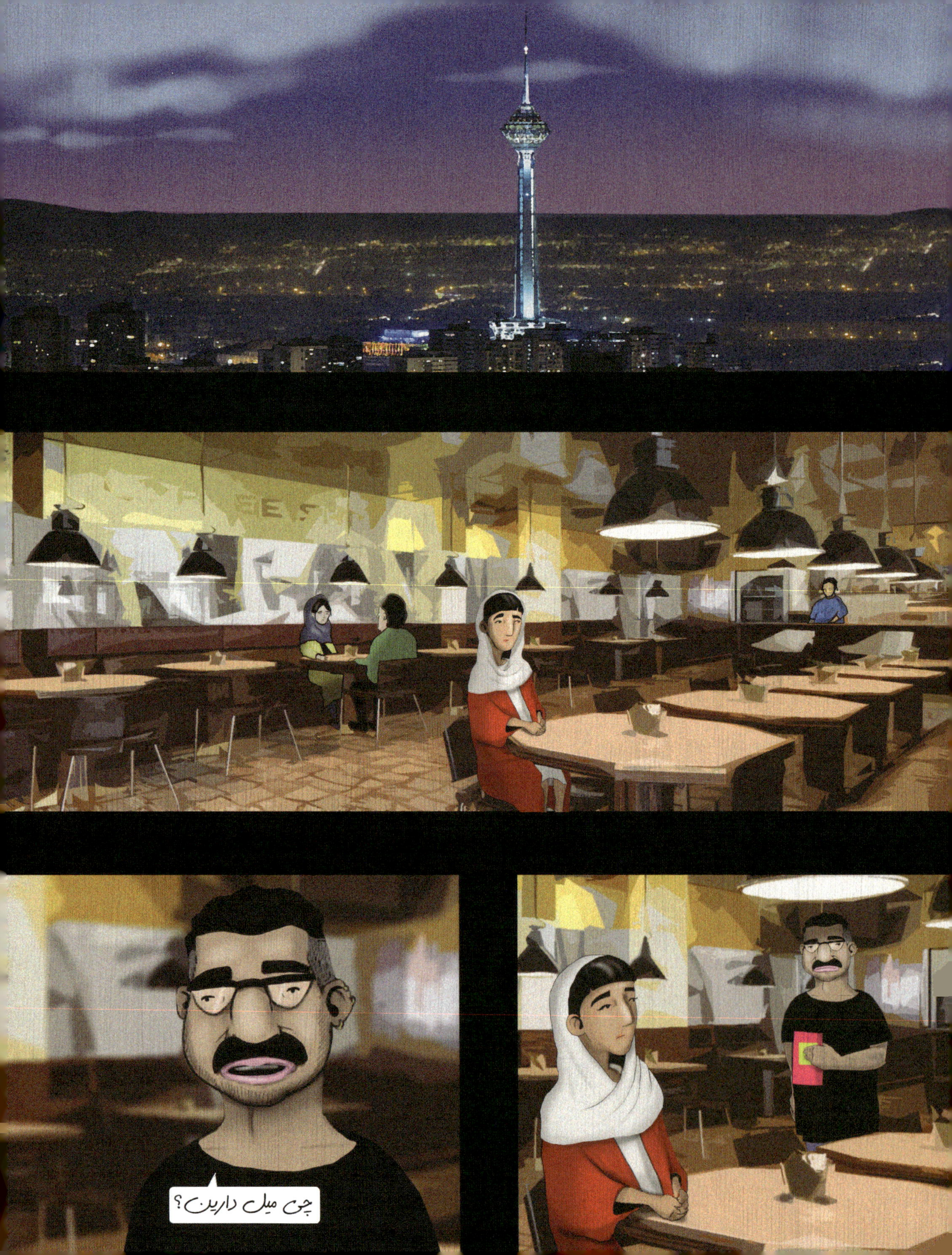

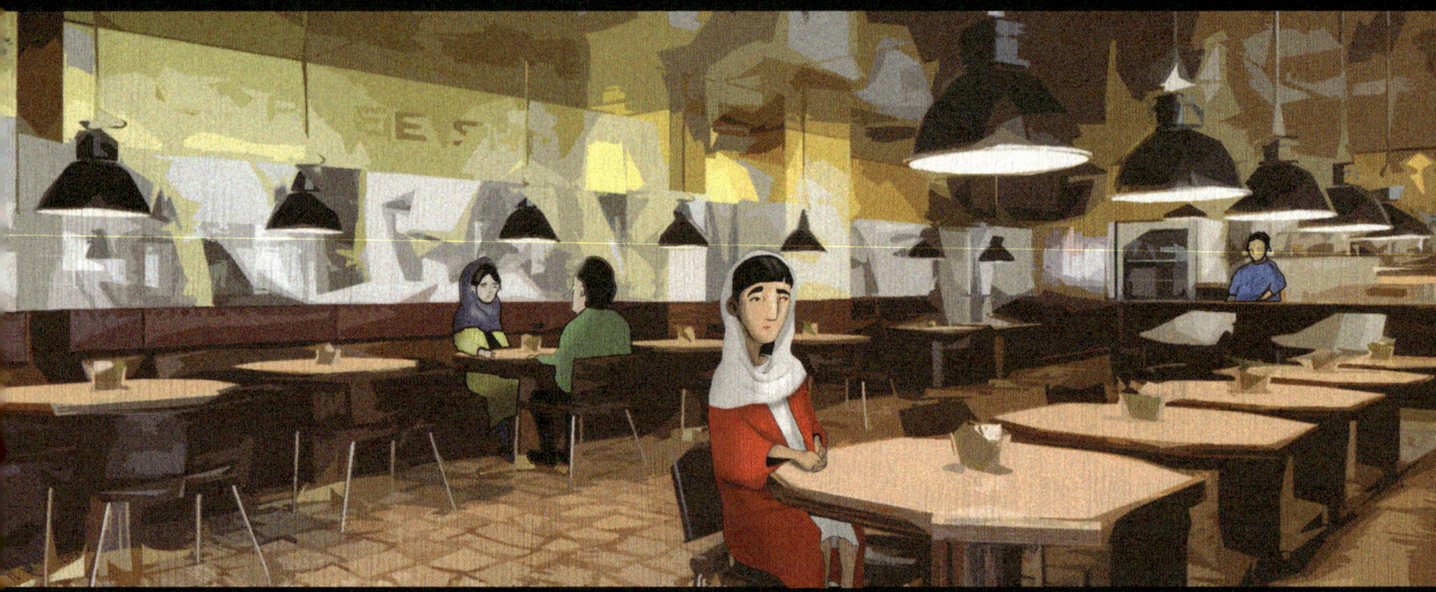
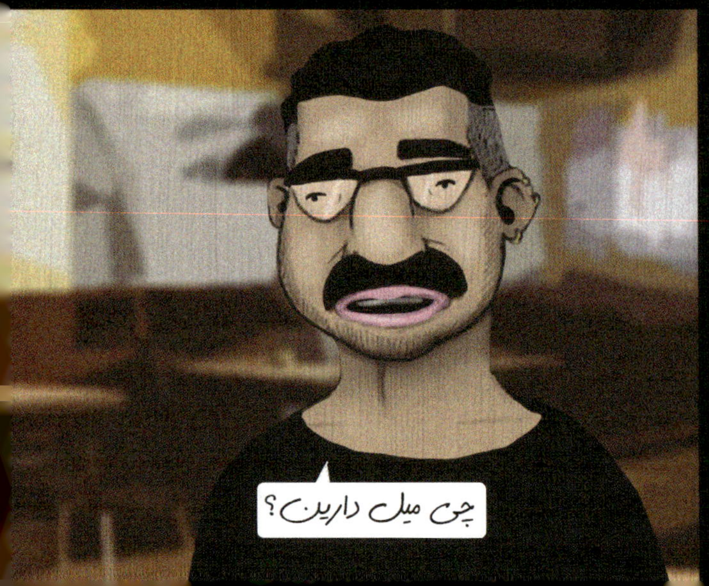
چی میل دارین؟
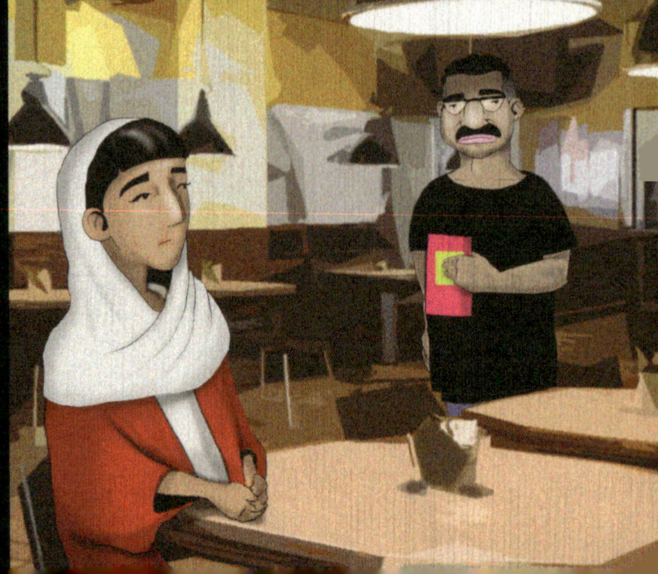

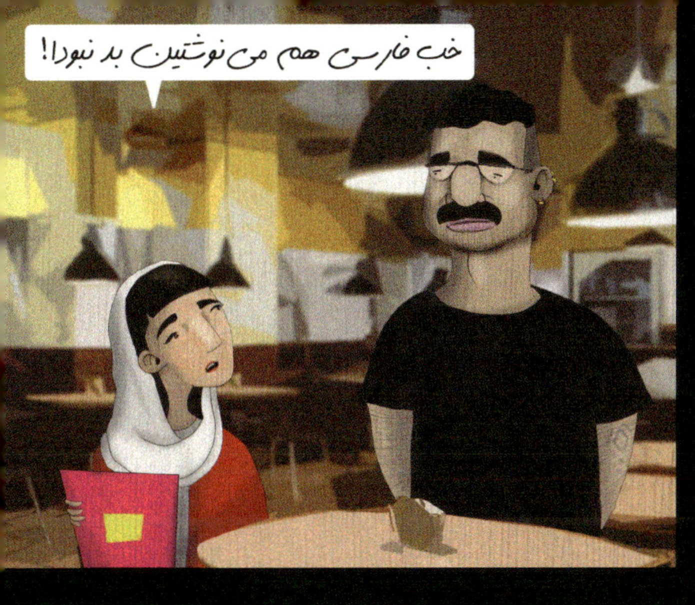
خب فارسی هم می‌نوشتین بد نبودا!

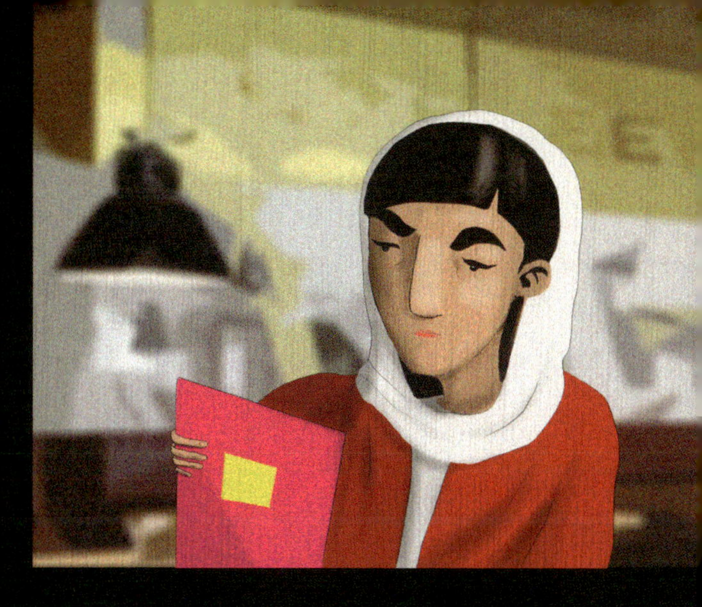

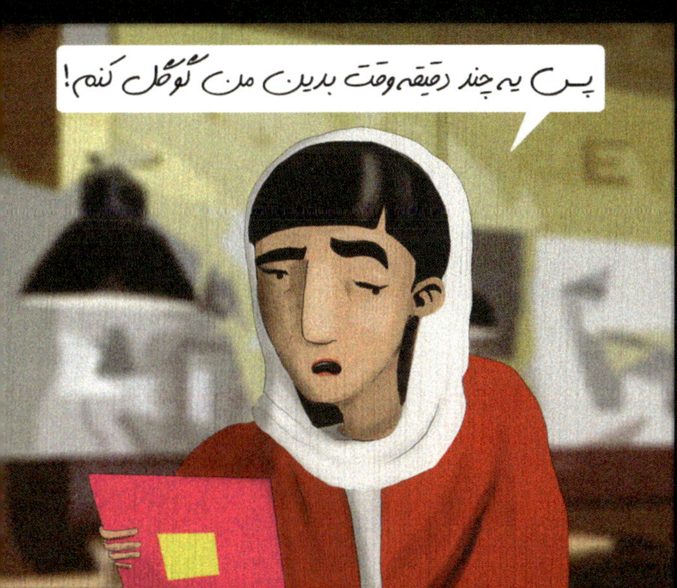
پس یه چند دقیقه وقت بدین من گوگل کنم!

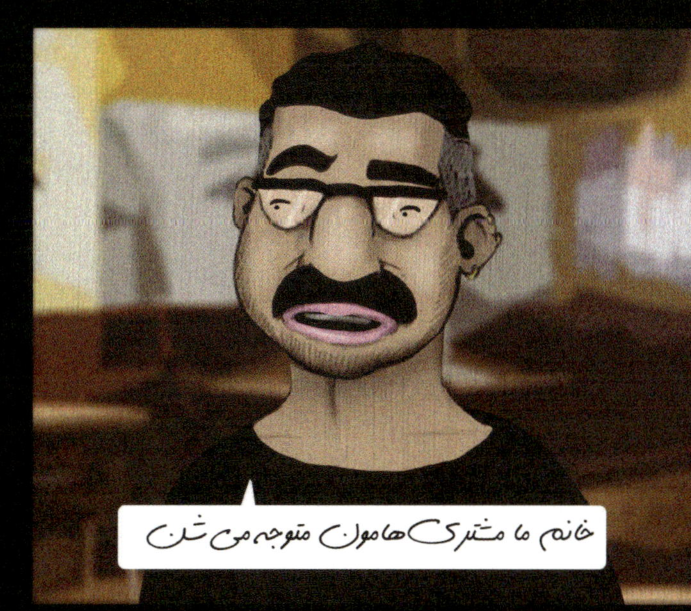
خانم ما مشتری هامون متوجه می‌شن

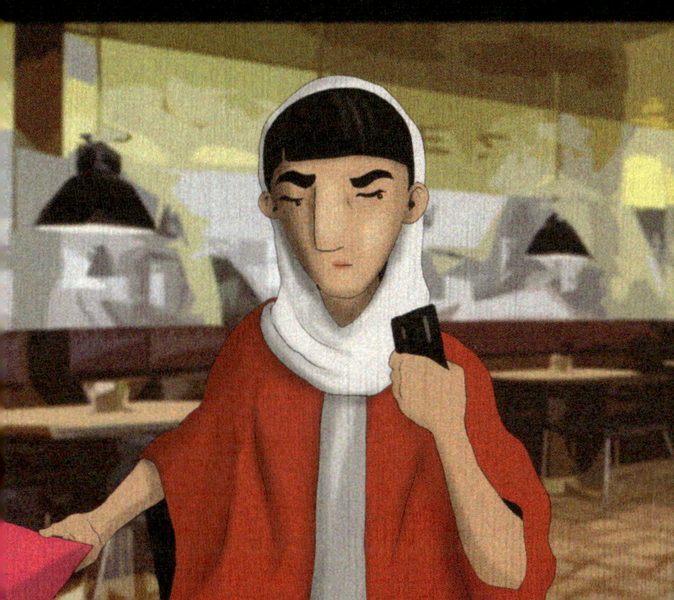

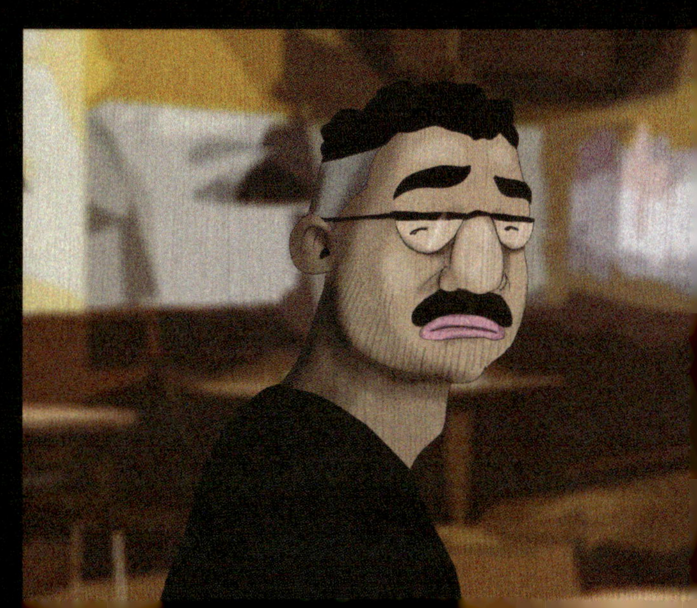

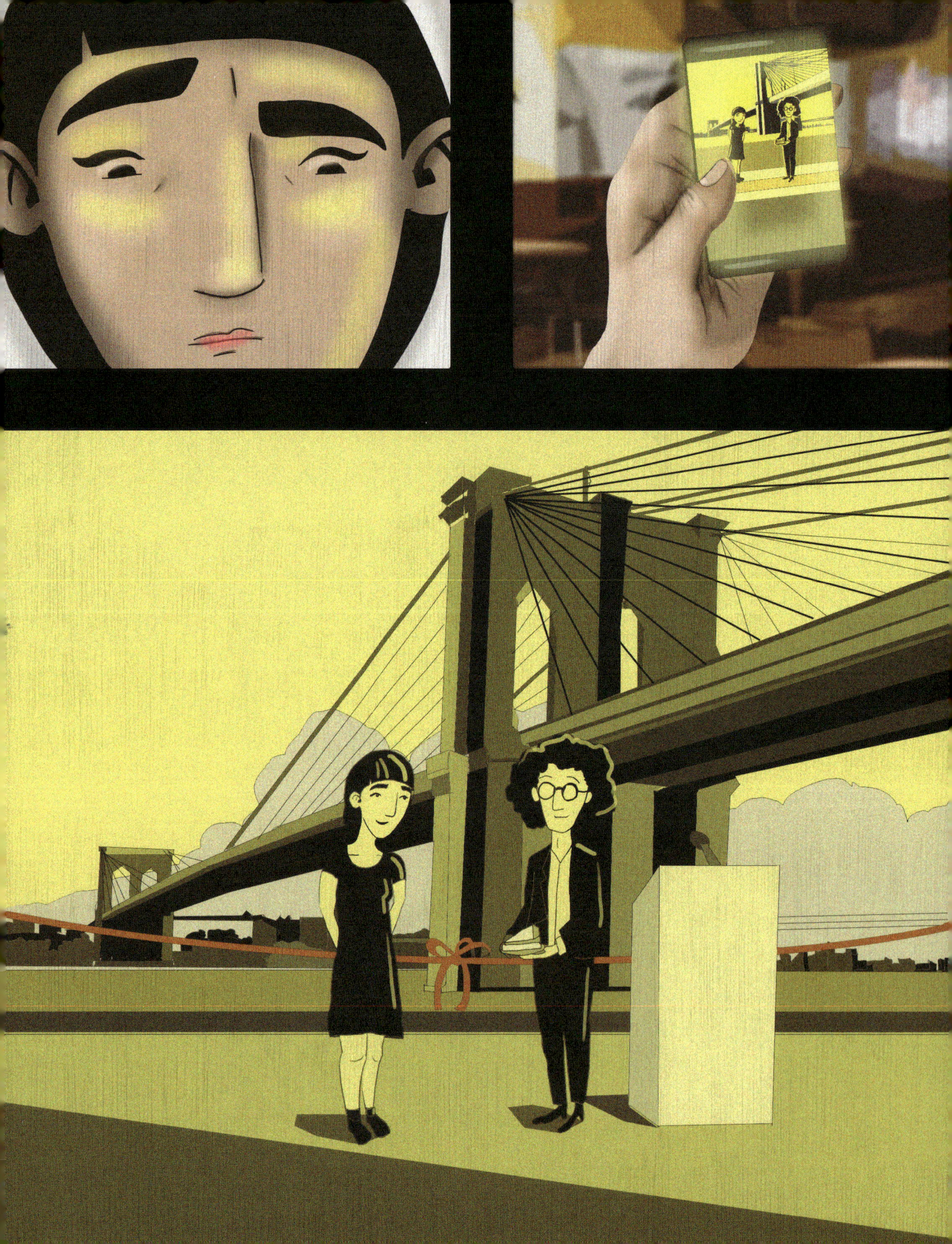

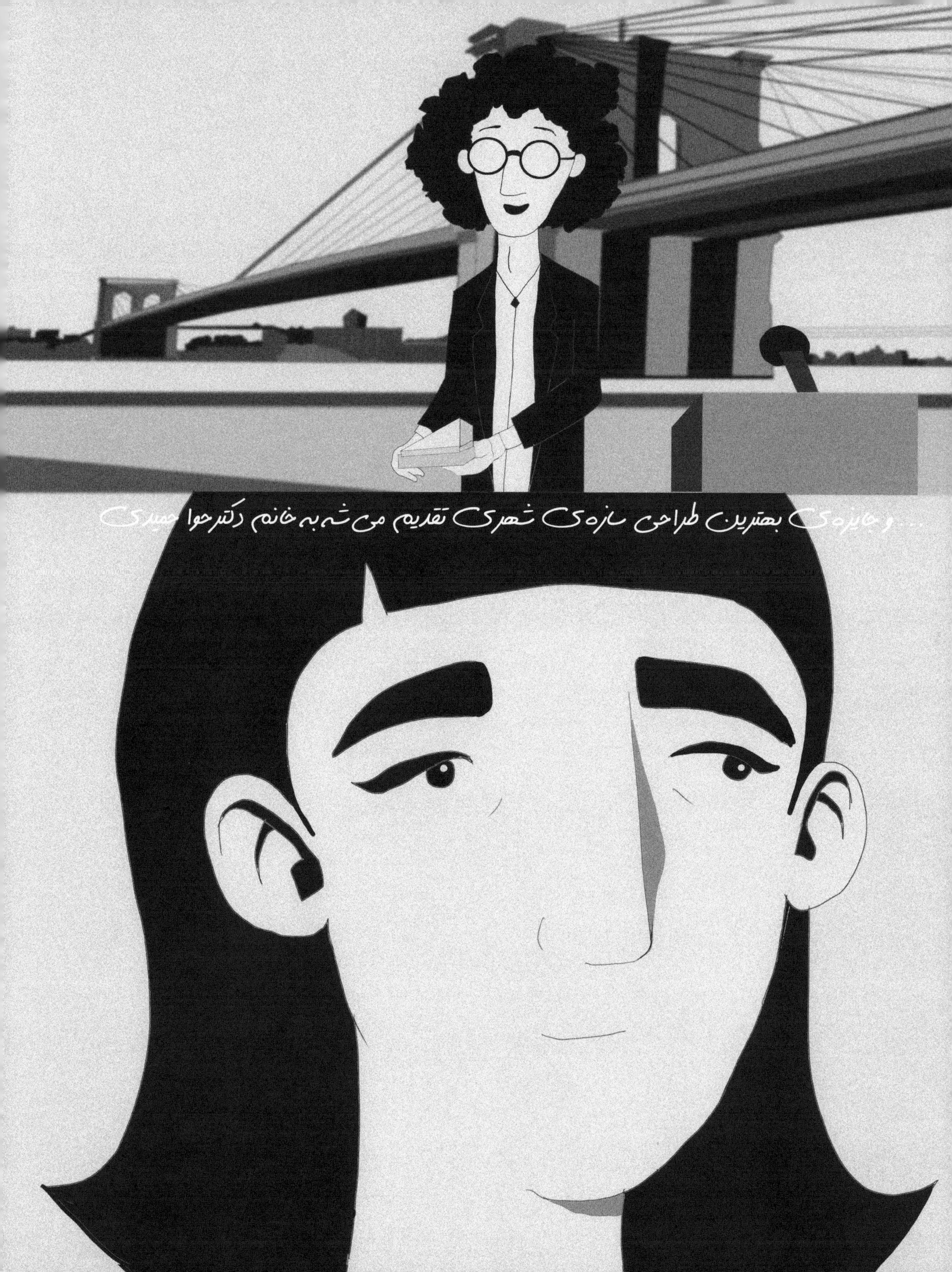

... و جایزه‌ی بهترین طراحی سازه‌ی شهری تقدیم می‌شه به خانم دکتر حوا حمید...

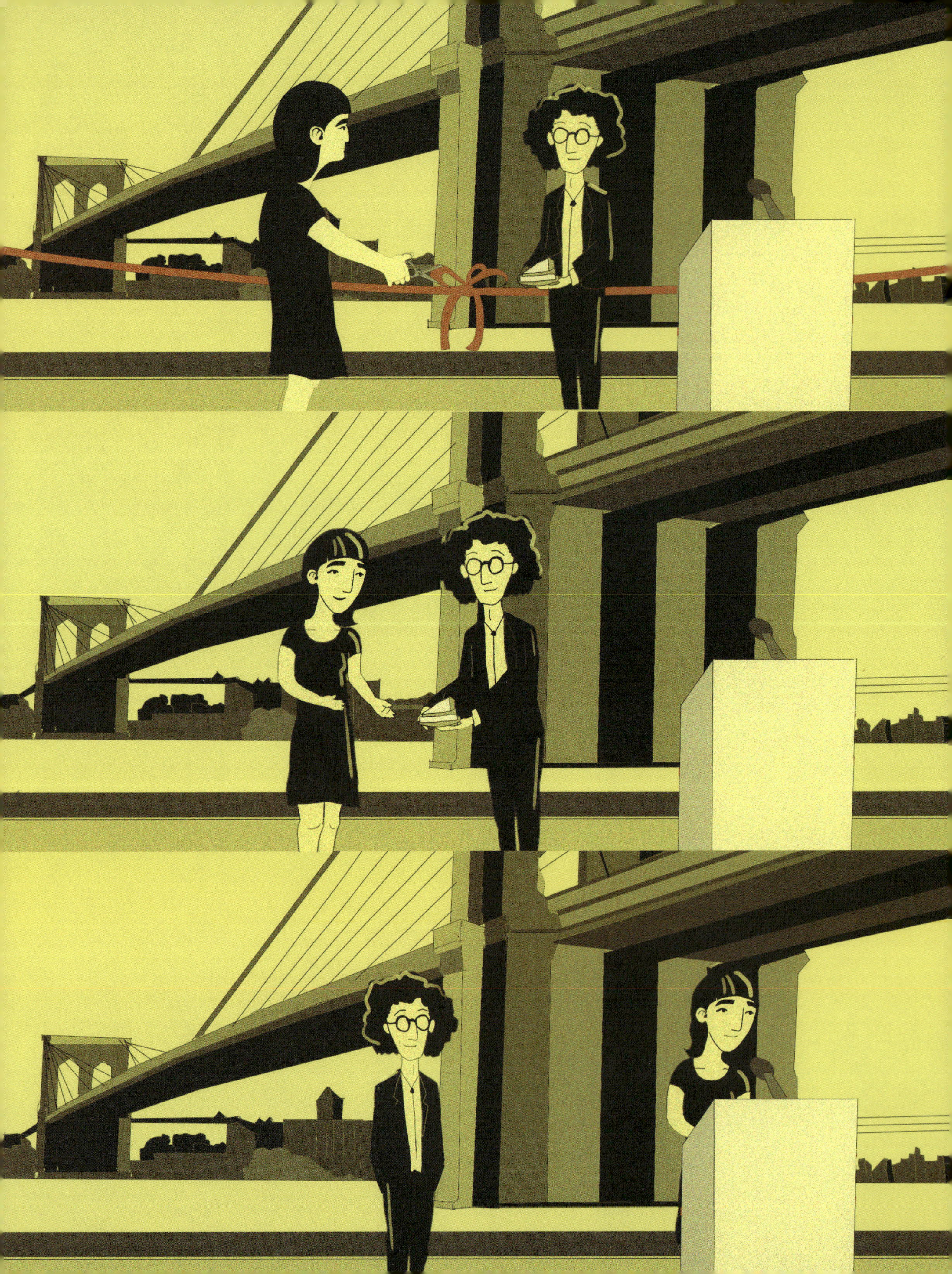

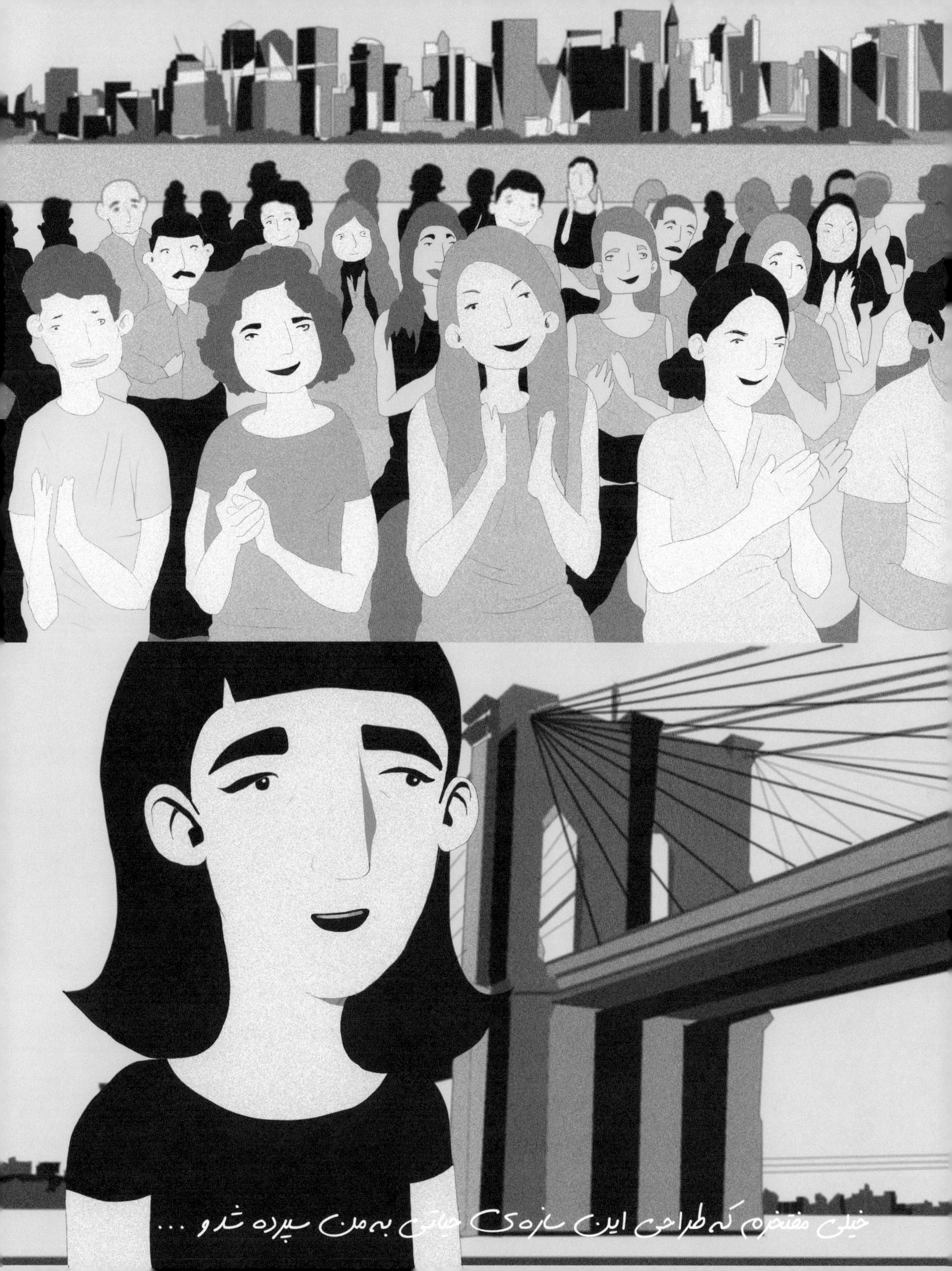

خیلی مفتخرم که طراحی این سازه‌ی حیاتی به من سپرده شد و ...

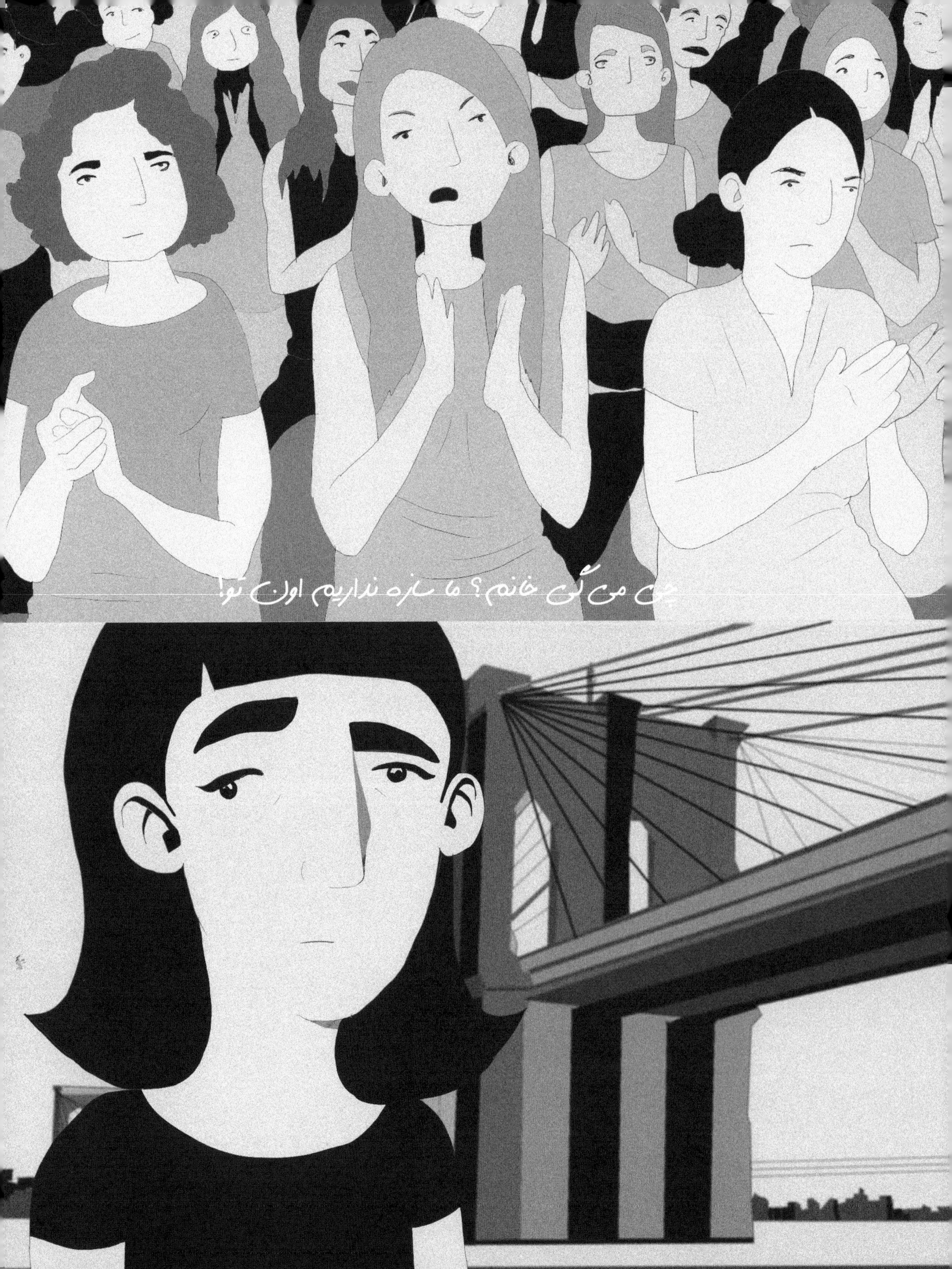
چی می گی خانم؟ ما سازه نداریم اون تو!

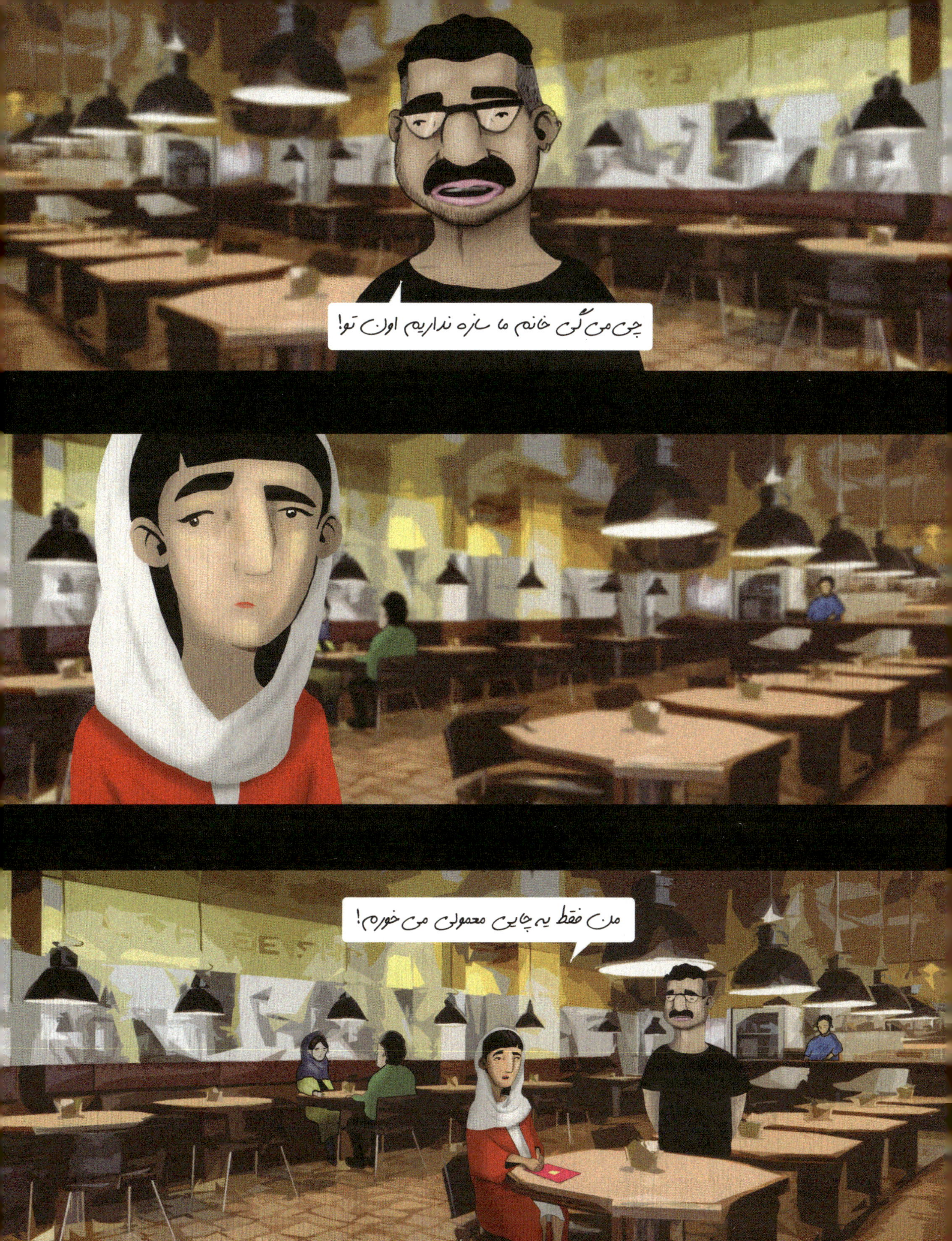

چی می گی خانم ما سازه نداریم اون تو!
من فقط یه چایی معمولی می خورم!

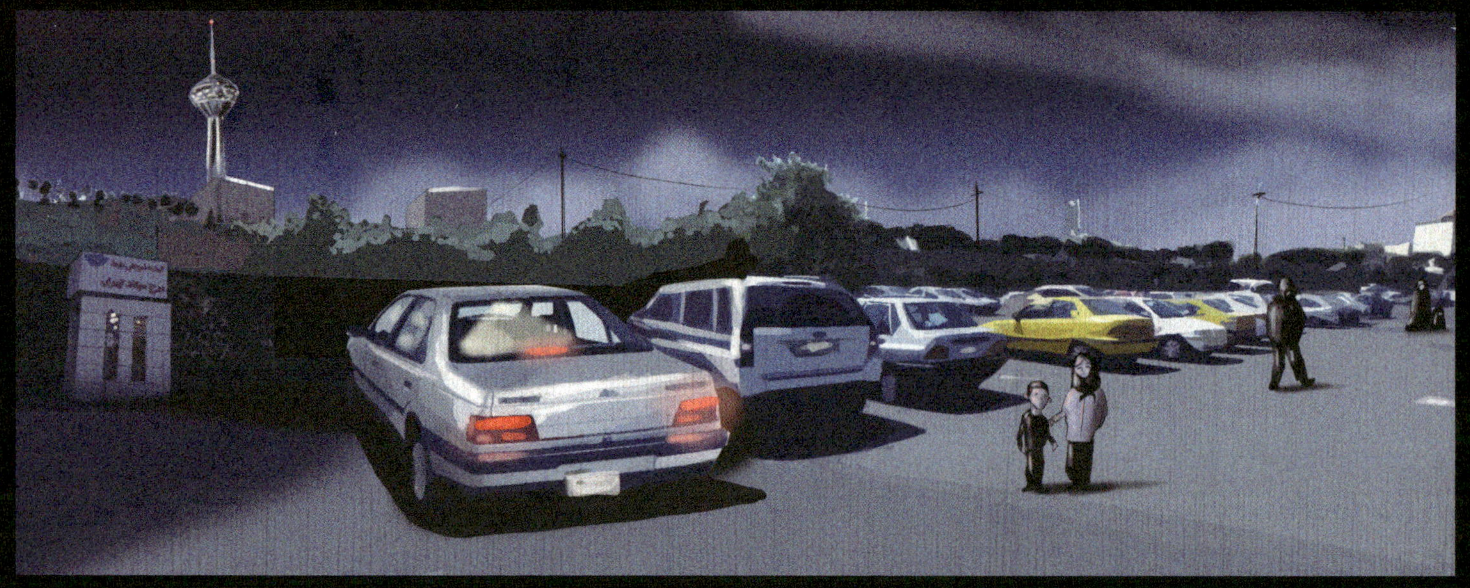

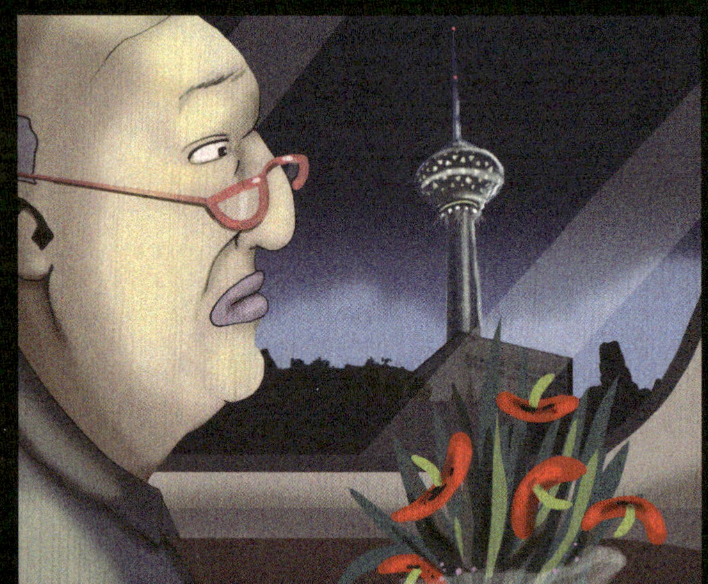

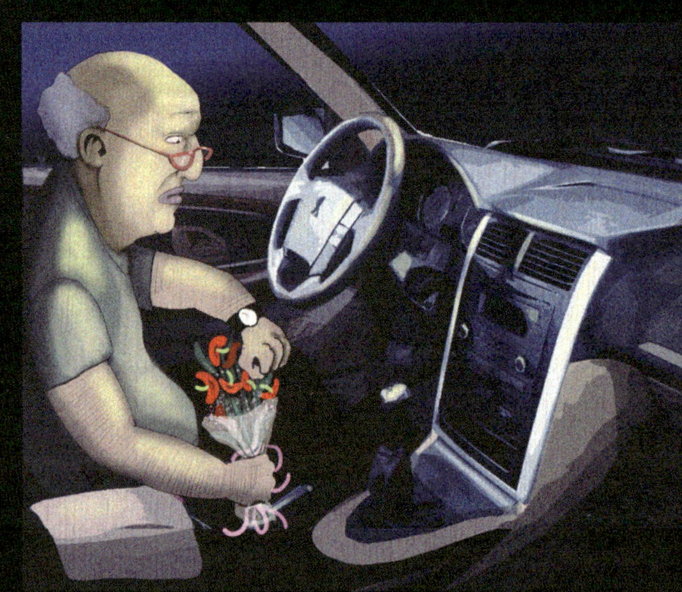

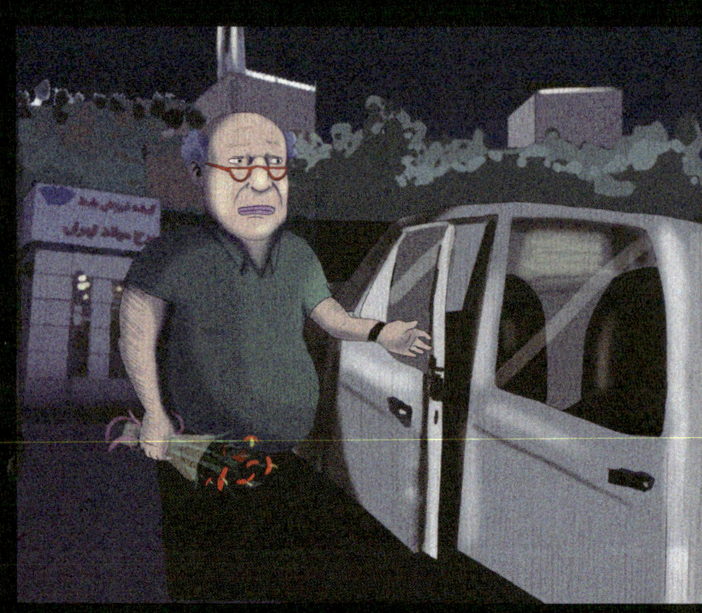

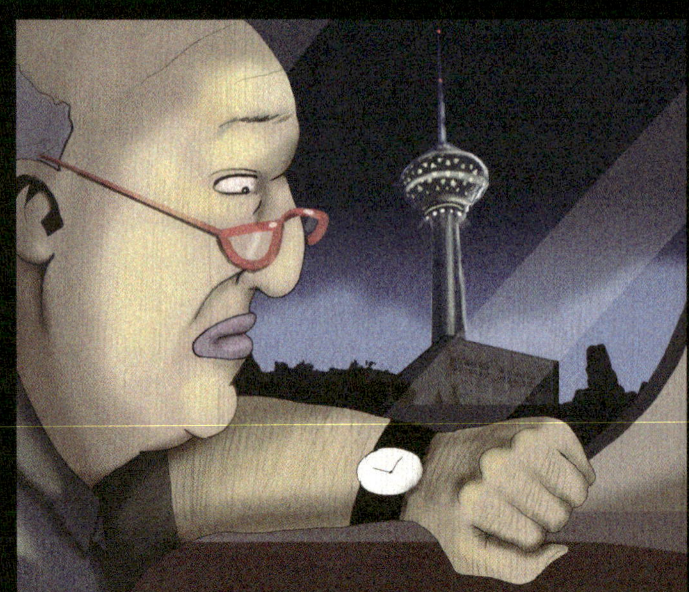

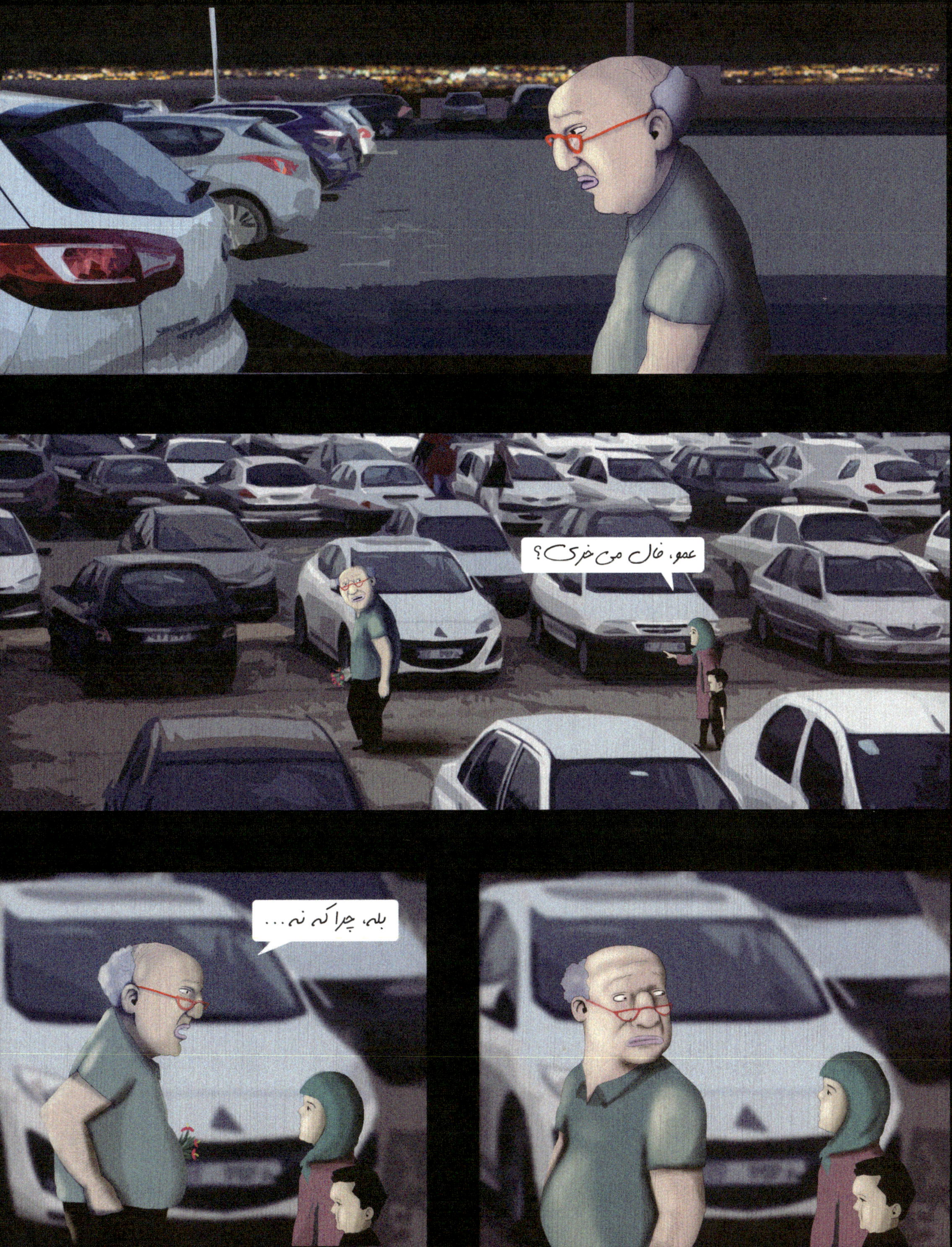
عمو، فال می خری؟
بله، چرا که نه...

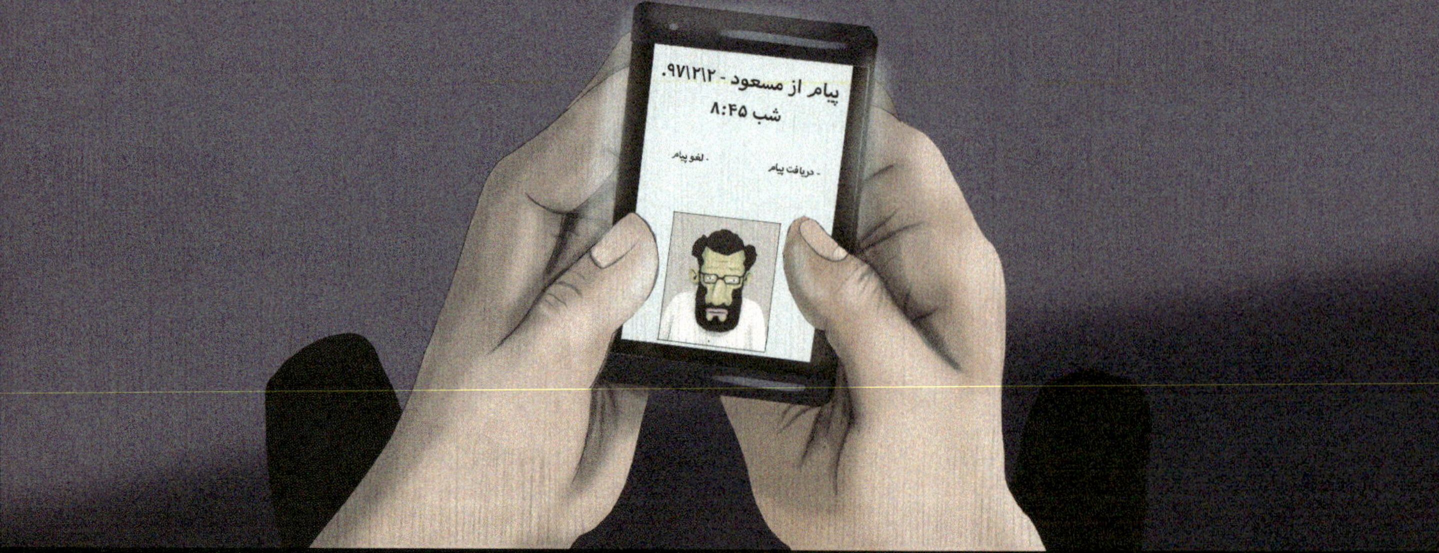
یه لحظه اینو بگیر عزیزم
اِ کجاست بابا موبایلم
پیام از مسعود - ۹۷/۱۳/۲.
شب ۸:۴۵
- دریافت پیام
- لغو پیام

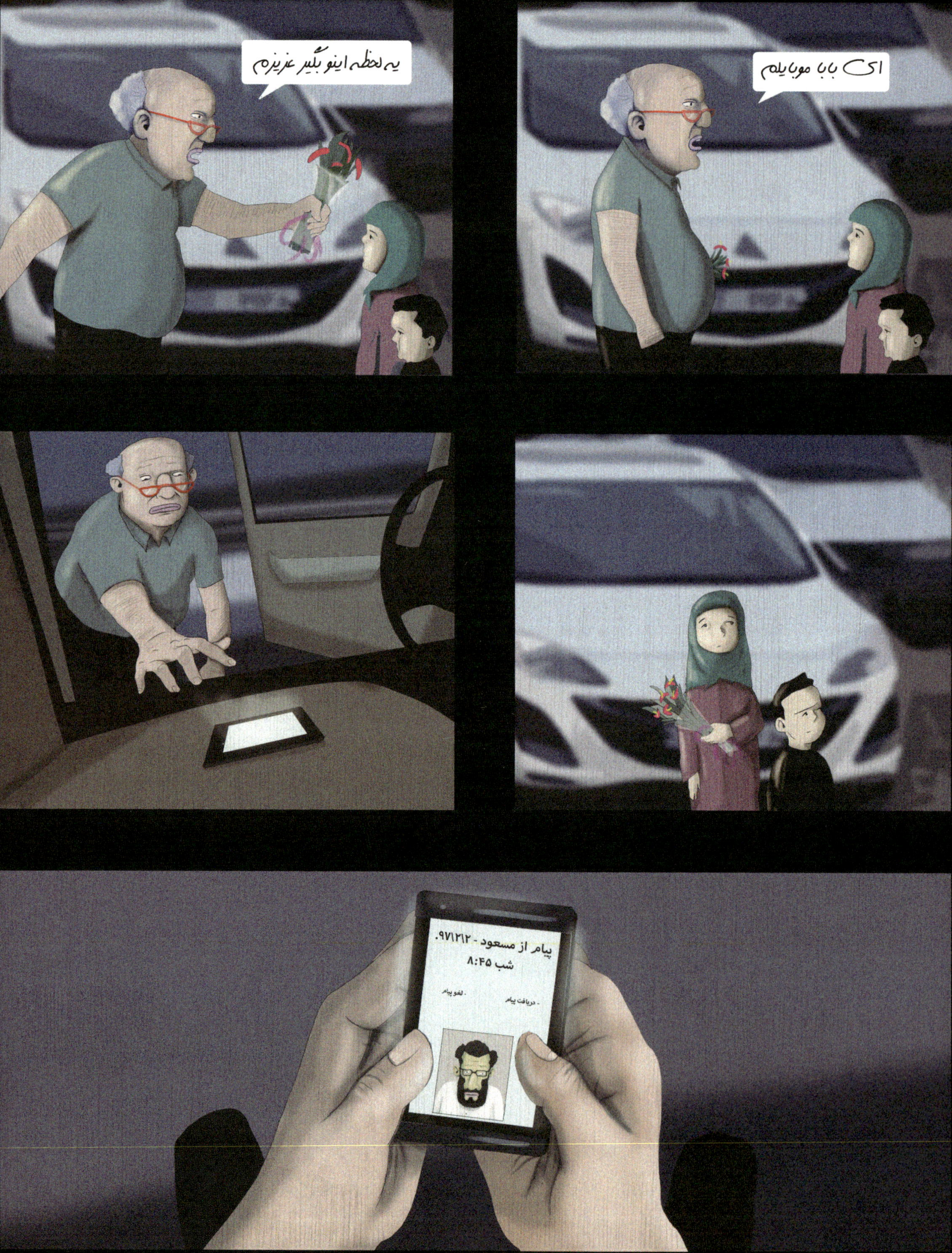

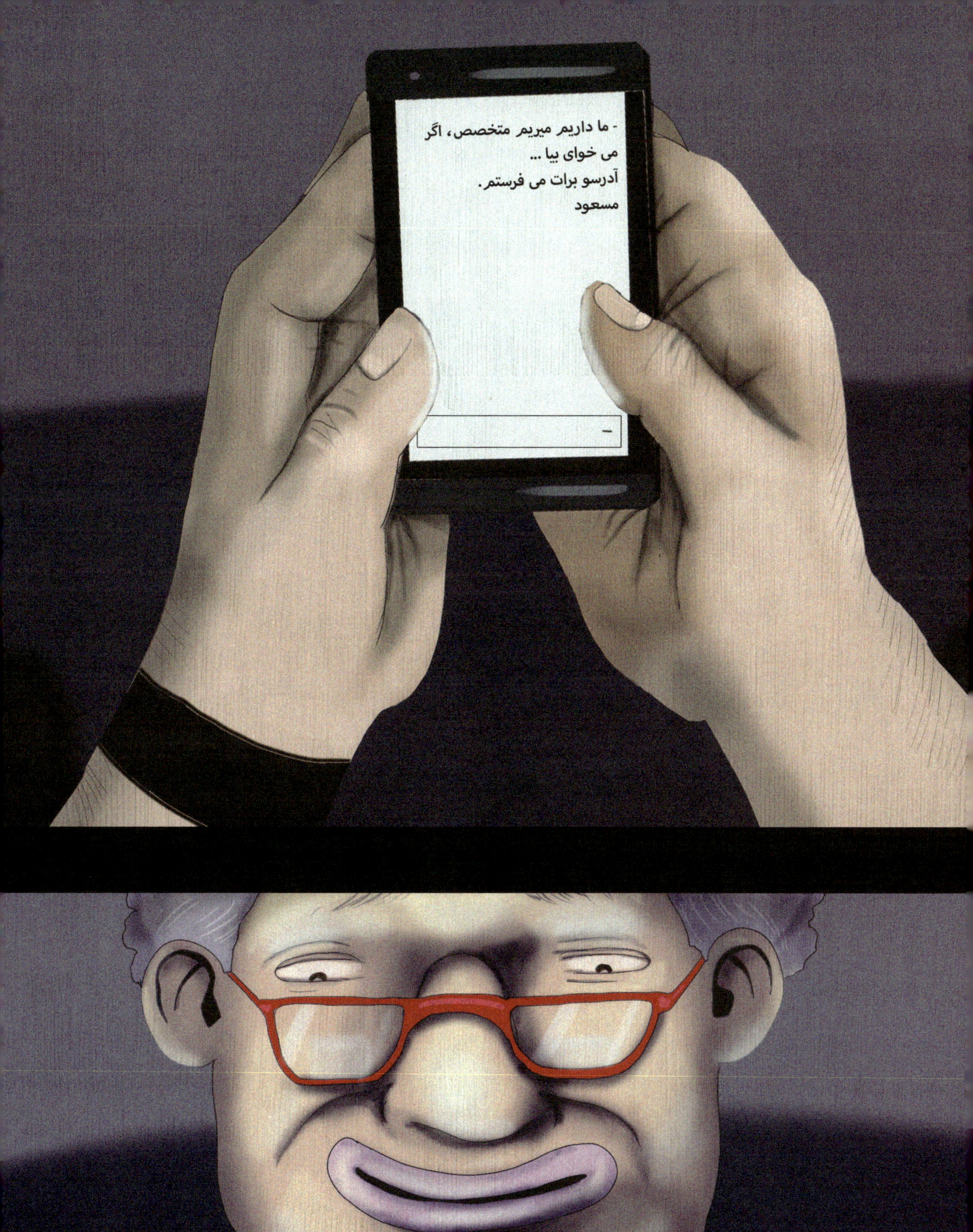

- ما داریم میریم متخصص، اگر می خوای بیا ...
آدرسو برات می فرستم.
مسعود

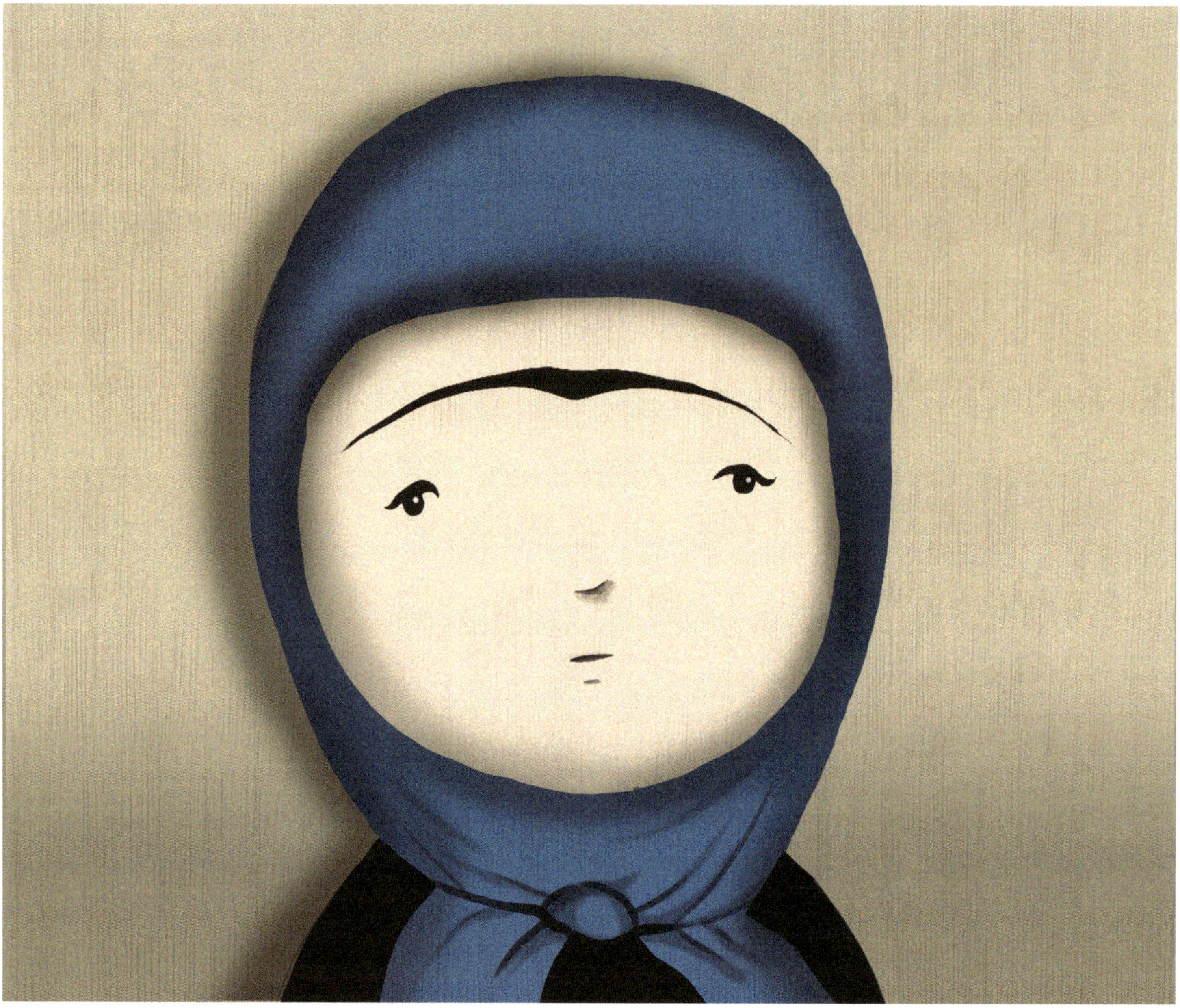

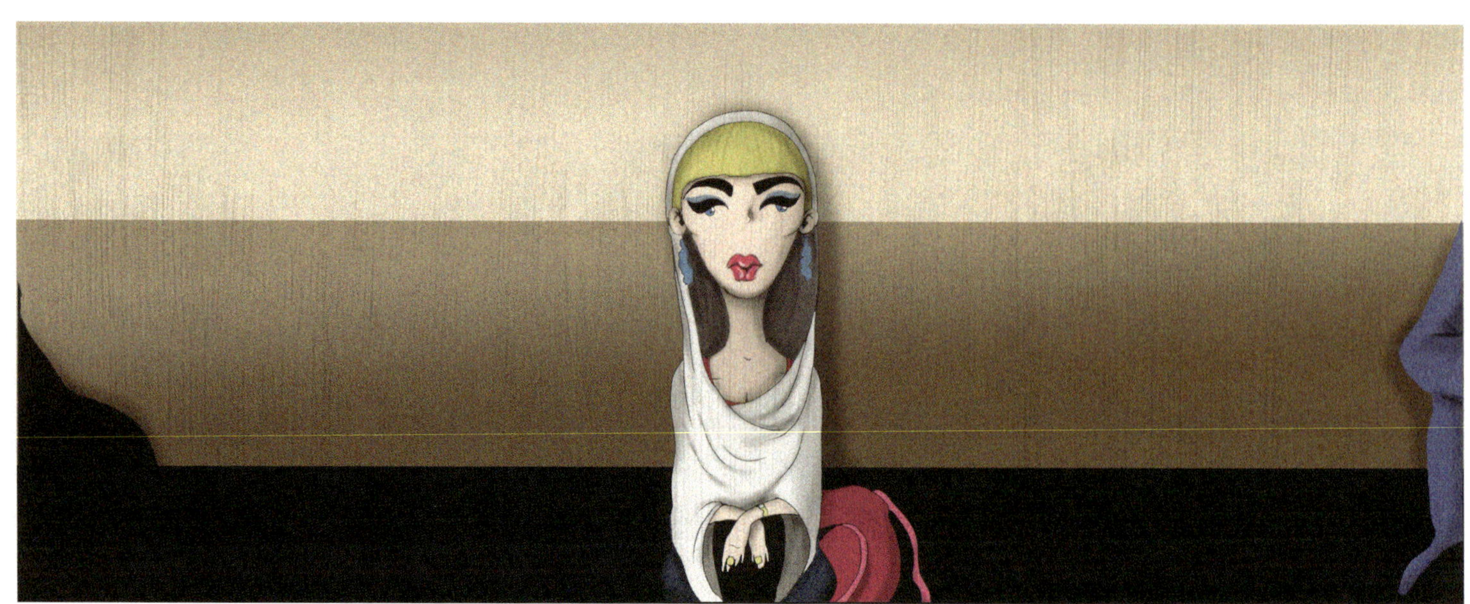

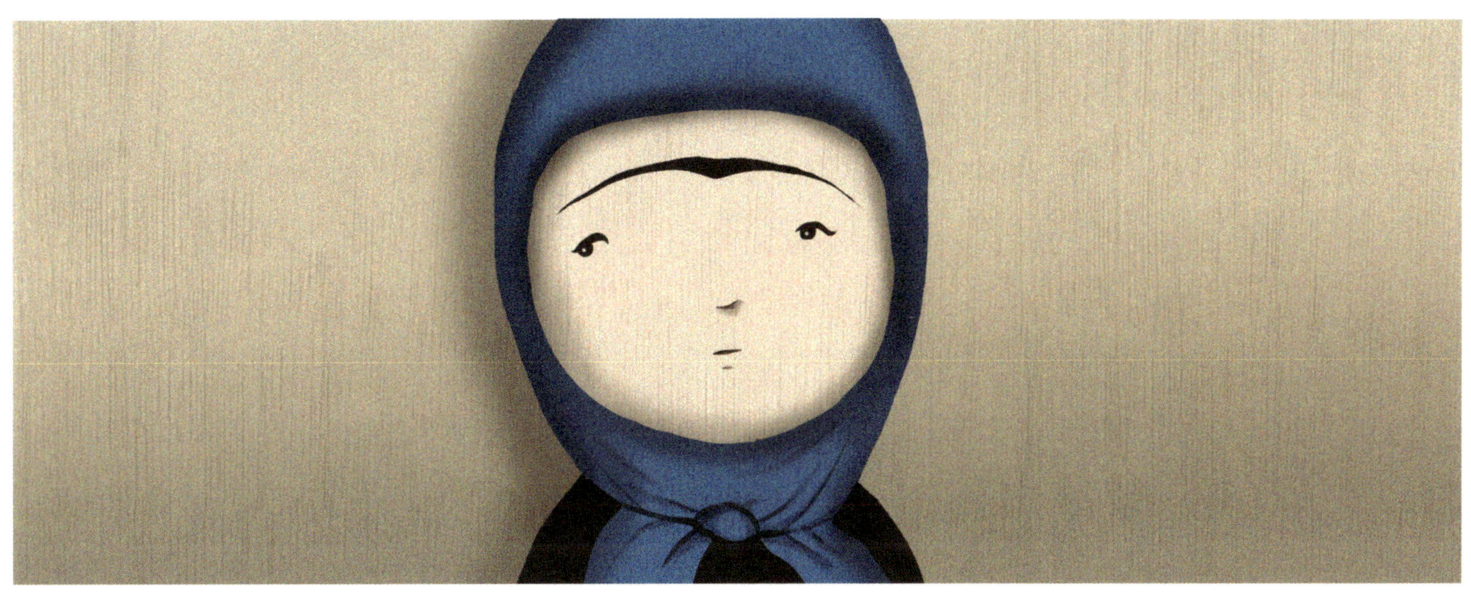

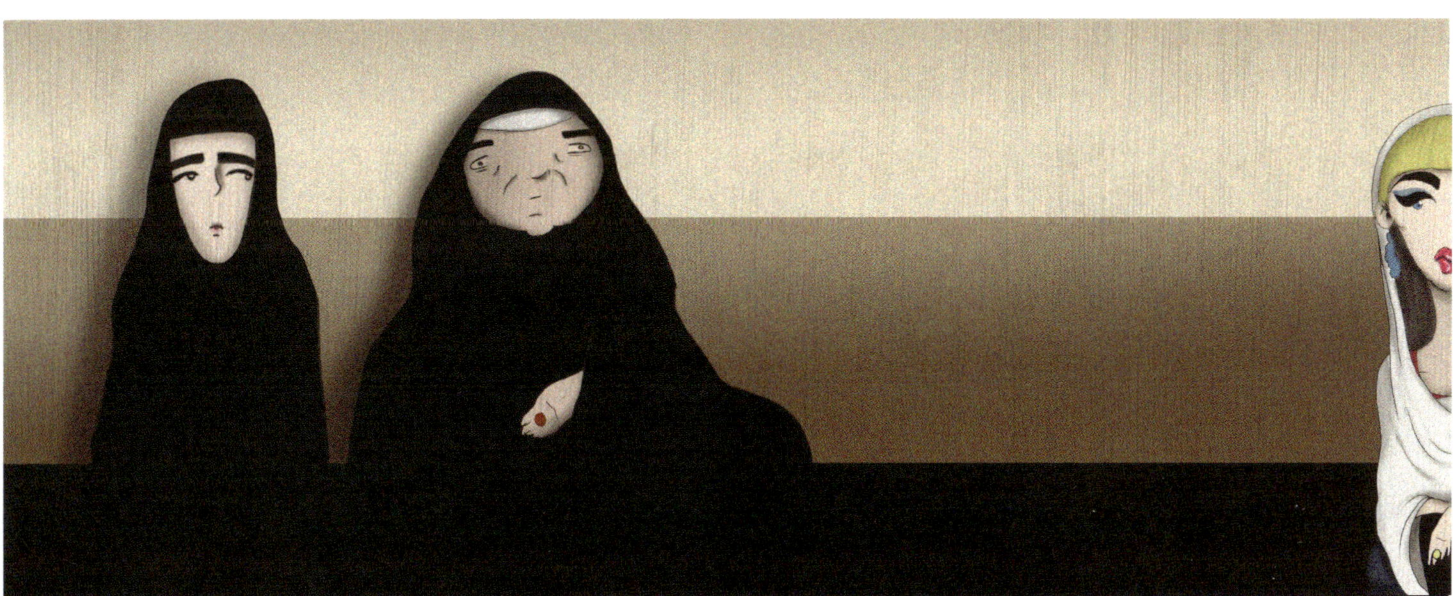

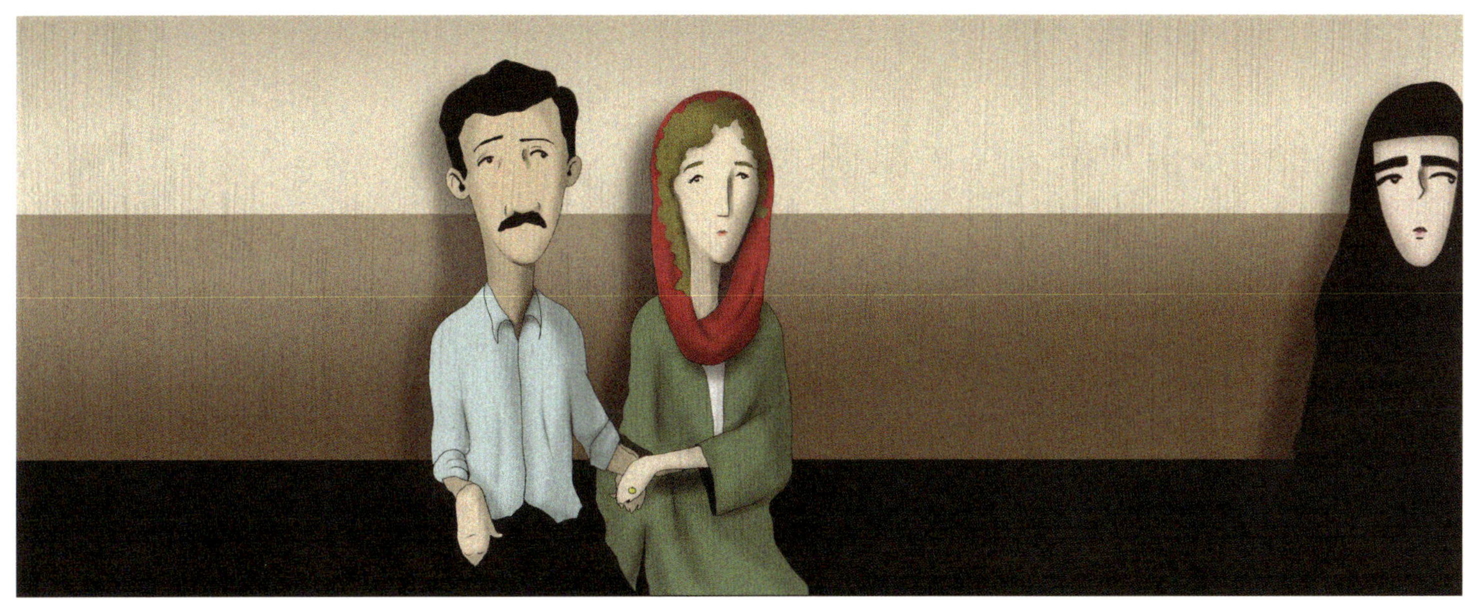

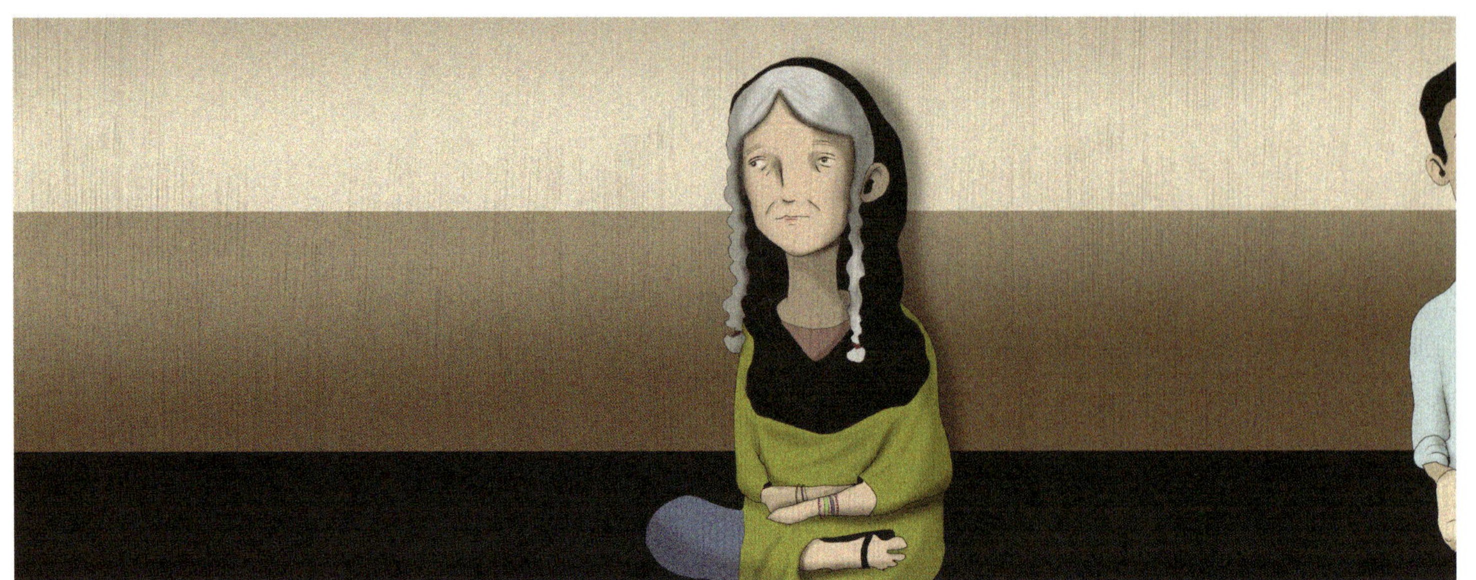

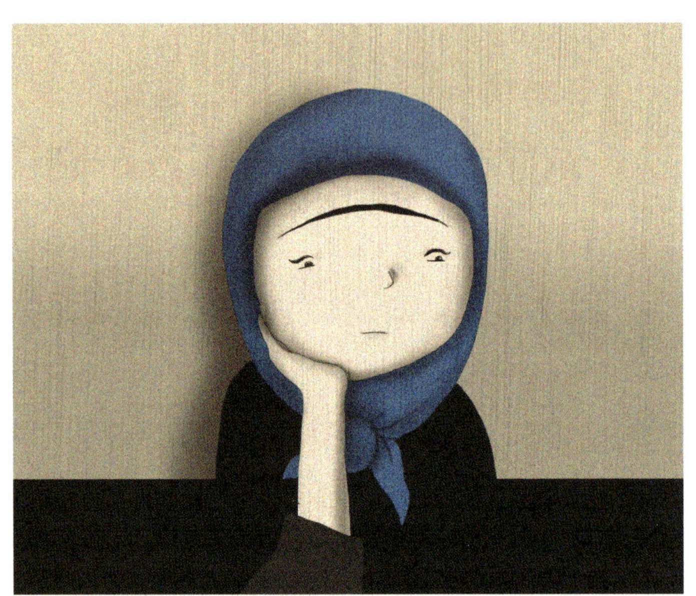

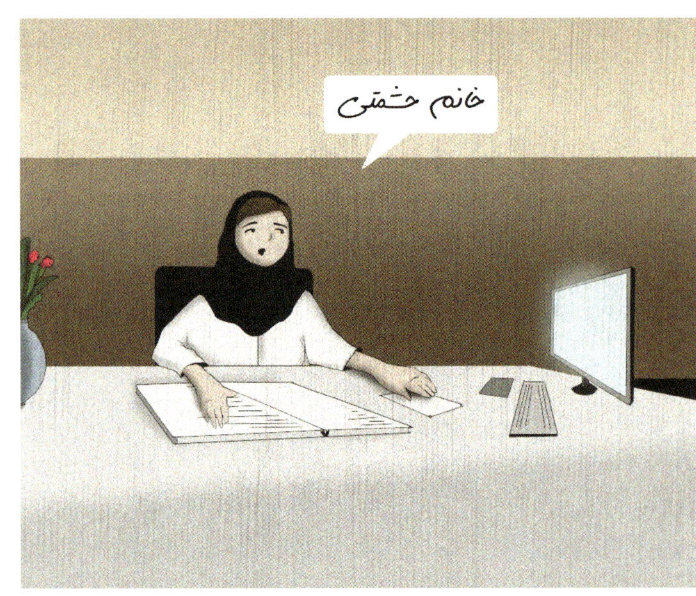

خانم حشمتی

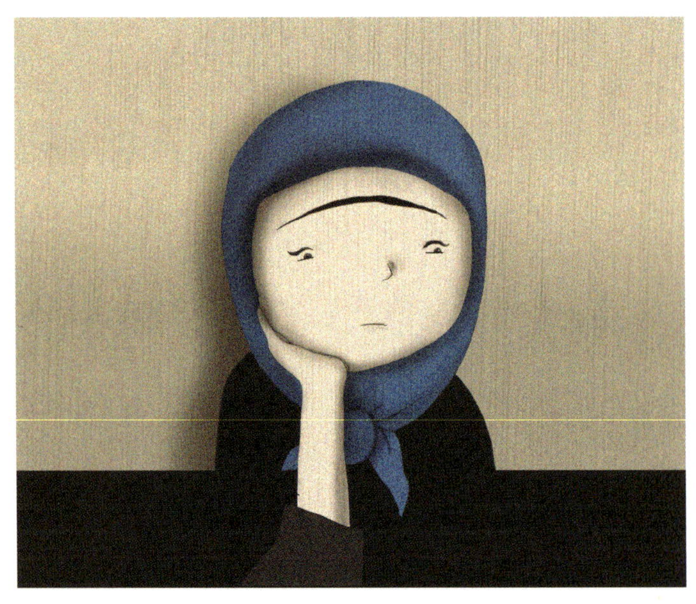

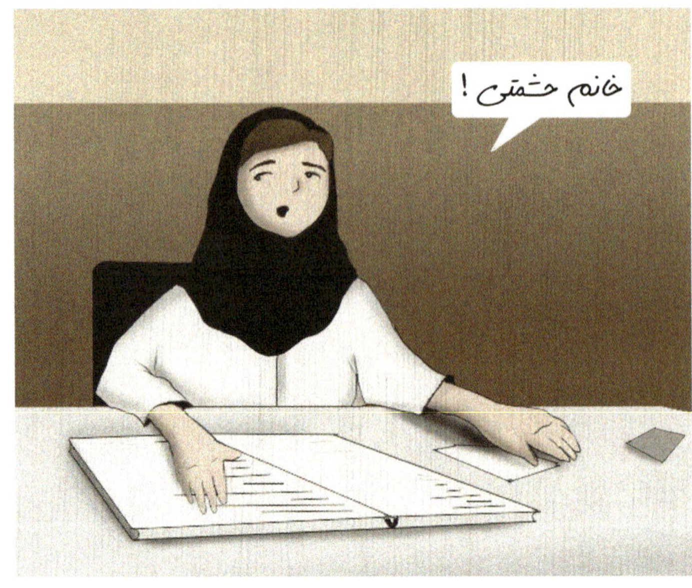

خانم حشمتی !

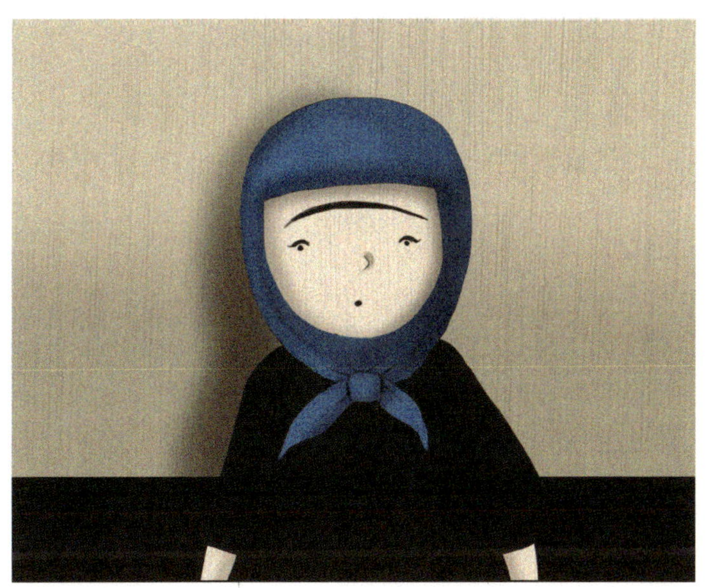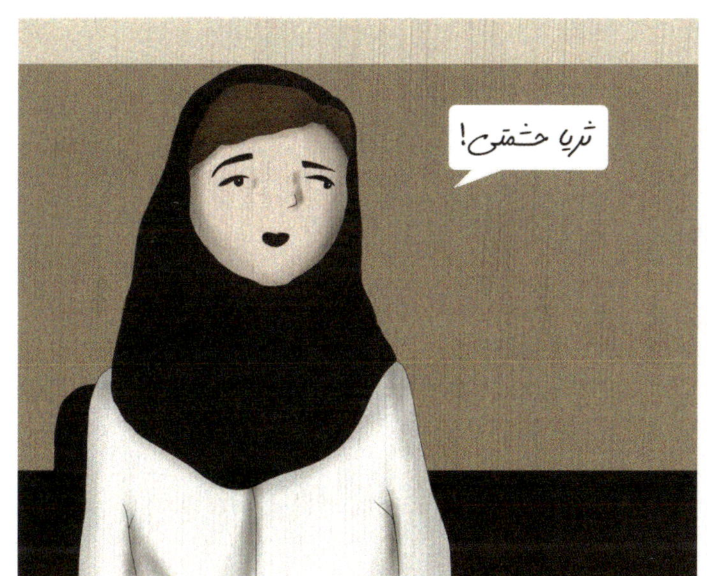
ثریا حشمتی!
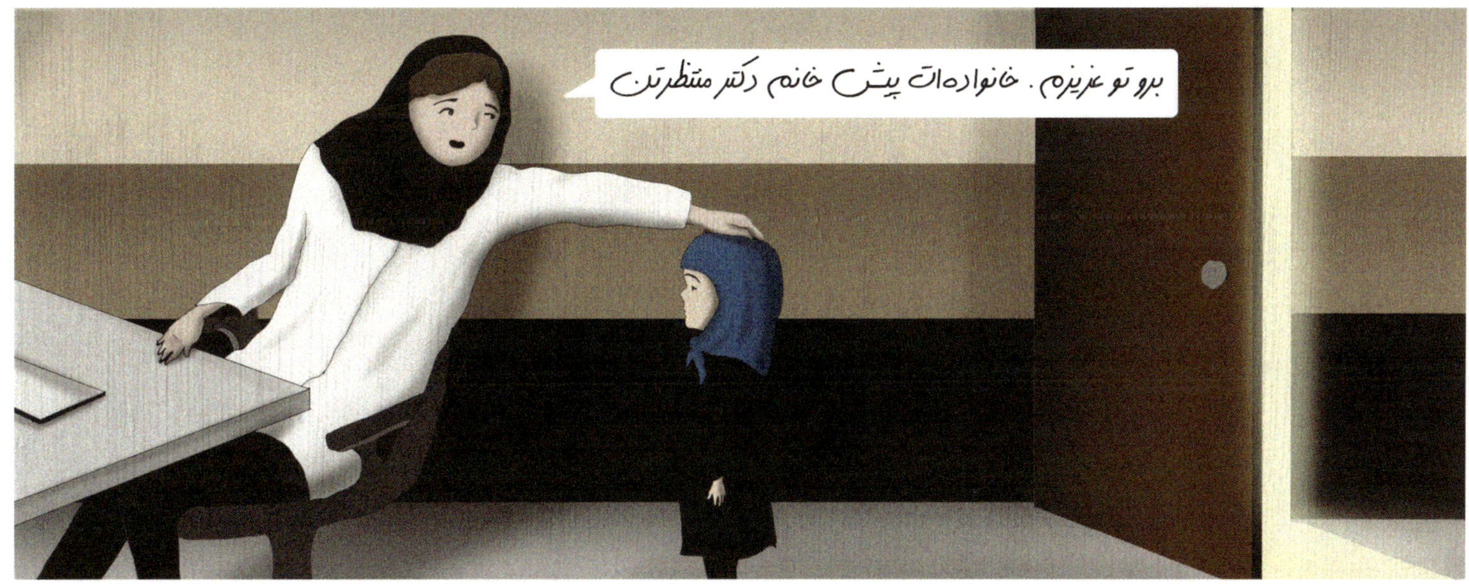
برو تو عزیزم. خانواده‌ات پیش خانم دکتر منتظرتن